Josef Imbach
Vom fröhlichen Hans und vom heiligen Franz

TVZ

Josef Imbach

# Vom fröhlichen Hans und vom heiligen Franz

## Die Weisheit der Märchen und die Bibel

Der Theologische Verlag Zürich wird vom Bundesamt für Kultur mit einem Strukturbeitrag für die Jahre 2021–2024 unterstützt.

Die Deutsche Bibliothek – Bibliografische Einheitsaufnahme
Die Deutsche Bibliothek verzeichnet diese Publikation in der Deutschen Nationalbibliografie; detaillierte bibliografische Daten sind im Internet über http://www.dnb.de abrufbar.

Umschlaggestaltung: Simone Ackermann, Zürich, unter Verwendung einer Illustration von Maria Mackiewicz-Adamus
Satz und Layout: Claudia Wild, Konstanz
Druck: CPI books GmbH, Leck
ISBN Print: 978-3-290-20214-9
ISBN E-Book (PDF): 978-3-290-20215-6

© 2021 Theologischer Verlag Zürich
www.edition-nzn.ch

Alle Rechte vorbehalten.

# Inhalt

**Es war einmal ... Statt eines Vorworts** .................. 9

**Der Fluch der bösen Tat**
Die Nixe im Teich .................................... 12
   »Halb zog sie ihn, halb sank er hin ...« ............ 14
   Was Erbsünde bedeutet ........................ 19
   Das Drama geht weiter ........................ 25

**Der Hirtenjunge und die Küchenmagd**
Aschenputtel ........................................ 37
   Ein Leben in der Asche ........................ 40
   Der neue Tag kommt über Nacht ................ 50
   Das Märchen geht bös aus ...................... 57
   Postskriptum .................................. 61
   Post-Postskriptum ............................. 61

**»Ich brauche dich, weil ich dich liebe«**
Der Froschkönig ..................................... 64
   Wie Menschen zu »Fröschen« werden ............ 67
   Ich liebe dich, weil ich dich brauche ............... 73
   Ich brauche dich, weil ich dich liebe ............... 75

**Die Lebensreise**
Der goldene Vogel ................................... 85
   Aufbruchstimmung ............................ 85
   Die »Sehnsucht nach dem ganz Anderen« .......... 93
   Das Knospen der Liebe und die Entdeckung
   der Anima .................................... 106
   Die Entscheidung zwischen Haben und Sein ....... 119

**Von der Tugend der Keckheit**
Das Eselein .................................................. 132
    Altlasten ............................................... 133
    Das Verlangen nach Nähe ........................ 143
    Die Grenzen akzeptieren ........................ 147
    Wüstenerfahrungen und Durststrecken ............ 154
    Was das Märchen andeutet ..................... 158
    Ich und Du und Er ............................. 164
    Die Kraft des Feuers ........................... 167

**»Ein Gast im Haus, Gott im Haus«**
Der Arme und der Reiche ........................... 172
    Was Geiz und Gier bewirken .................... 173
    Wie Menschen sich ins Unglück stürzen ........... 183
    »Jene Gerechte, ohne die kein Dorf leben kann« ..... 186

**Der fröhliche Hans und der heilige Franz**
Hans im Glück .................................... 190
    Ein Minus-Tauscher? ........................... 191
    »Lernt von den Lilien des Feldes!« ............... 198
    Ein Mensch, dem sie alles weggenommen haben,
    ist frei .......................................... 201
    Die Kunst des Loslassens ....................... 205
    Postskriptum .................................. 210

**Alle Menschen sind gleich**
Von dem Mäuschen, Vögelchen und der Bratwurst ....... 212
    Das Lügenmärchen des Menenius Agrippa ......... 213
    Wenn die Gleichmacher das Sagen haben ......... 217
    Was Erziehungsberechtigte manchmal vergessen ..... 226

**Wie man lernt über seinen Schatten zu springen**
Rotkäppchen ...................................... 229
    Der pädagogische Aspekt ....................... 236
    »Schuld« als Chance ........................... 242

**Vom Mehrwert des Gebens**
Die Sterntaler .................................... 248
    Der Weg aufs Feld ........................... 250
    Bis zur Selbstaufgabe? ........................ 254
    Kleiner Exkurs: Mitleid und Mit-leiden ............ 255
    Welche Welt ist die wahre? ..................... 257

**Literatur**
(in Auswahl) ..................................... 259

**Dank** .......................................... 261

## Es war einmal ... Statt eines Vorworts

Nicht die Kinder bloß speist man mit Märchen ab.
*Gotthold Ephraim Lessing, Nathan der Weise, III,6*

»Es war einmal eine kleine süße Dirne, die hatte jedermann lieb ...« Viele Erwachsene werden sich daran erinnern, wie ihnen die Großmutter das Märchen vom Rotkäppchen erzählte und dabei gleichzeitig eine ernste Ermahnung mit auf den Lebensweg gab – dass nämlich die Dinge bei Weitem nicht immer ein so gutes Ende nähmen wie im Märchen, wenn sie die Weisungen der Eltern nicht beachteten.

»Es war einmal ein reicher Mann, der sich in Purpur und feines Leinen kleidete und Tag für Tag glanzvolle Feste feierte«. Mit dieser – im Wortsinn *märchenhaften* – Einleitung überliefert der Evangelist Lukas die Geschichte vom armen Lazarus und vom reichen Prasser, die ihm zufolge auf Jesus selbst zurückgeht (vgl. Lukas 16,19–31). Sie handelt von einem reichen Mann, der keinerlei Mitleid mit dem von Geschwüren und Hunger geschlagenen Lazarus hat, der vor seiner Tür liegt und sich mit den Resten von dessen Tisch begnügt hätte. Weil der Reiche sich keinen Deut schert um die Not der Armen, erleidet er nach dem Tod in der Unterwelt qualvolle Schmerzen, während Lazarus nach seinem Ableben von Engeln in Abrahams Schoß getragen wird.[1]

Im griechischen Originaltext (den wir zitieren, um Liebhabern und Kennerinnen der Antike eine kleine Freude zu bereiten) lautet die Einleitung: »Ἄνθρωπος δέ τις ἦν πλούσιος – Es war ein reicher Mensch ...« Dass die *Zürcher Bibel* (Übersetzung von

---

1   Zur theologischen Deutung dieser Beispielgeschichte vgl. Josef Imbach, Und lehrte sie in Bildern. Die Gleichnisse Jesu – Geschichten für heute, Würzburg 1995, 143–161.

2007) und die *Deutsche Einheitsübersetzung* (2016), aber auch mehrere andere moderne Textübertragungen[2] die vielen Märchen eigene Einleitung »Es war einmal« für angemessen halten, hat schon seinen Grund.

Tatsächlich handelt es sich ursprünglich um ein ägyptisches Märchen, das Juden aus Alexandrien nach Palästina brachten. Dieses schließt mit der Belehrung: »Wer auf Erden gut ist, zu dem ist man auch im Totenreich gut, wer aber auf Erden böse ist, zu dem ist man auch dort böse.«[3]

Dieses Märchen formt der Evangelist zu einer *Beispielgeschichte* um, die er Jesus in den Mund legt, weil sie offenbar dessen Haltung entspricht. Er appelliert an die Besitzenden, sich um das Wohlergehen der vom Leben Gebeutelten zu kümmern.

Dieses Thema liegt auch vielen Märchen zugrunde. Immer wieder wird da gezeigt, dass die Kleinen, die Unbeachteten, die Randexistenzen, die auf der Verliererseite des Lebens stehen, den scheinbaren Gewinnern in humanitärer Hinsicht unendlich viel voraushaben.

Die Bibel erhebt den Anspruch, auf eine göttliche Inspiration zurückzugehen. Insofern scheint es völlig unangebracht, einzelne darin enthaltene Texte mit Märchen zu vergleichen, zumal Letztere lange Zeit lediglich als Gutenachtgeschichten für Kinder galten, eine Ansicht, die Gotthold Ephraim Lessing, ein ebenso luzider wie kritischer Geistesmann, in seinem *Nathan* teilte. Und dabei die Kinder- und Volksmärchen bedauerlicherweise den Lügenmärlein gleichstellte, mit denen Politikerinnen und Religionsverwalter seiner Ansicht nach unbedarfte Leute zu ködern versuchten.

Inzwischen hat es sich herumgesprochen, dass vor allem die Volksmärchen eine Botschaft enthalten, die gerade verunsicherten Menschen einen Weg in lichtere Gefilde weisen.

---

2   In diesem Buch wird die *Bibel* durchgängig zitiert nach der 2016 erschienenen deutschen *Einheitsübersetzung der Heiligen Schrift*.
3   Joachim Jeremias, Die Gleichnisse Jesu, Göttingen [7]1965, 182.

In der Bibel spiegeln sich Erfahrungen wider, die Menschen im Lauf von Jahrhunderten *im Umgang mit Gott* gemacht haben. In den Märchen hingegen verdichten sich *uralte Einsichten der Völker*. Auf narrative Weise bringen sie mittels Bildern und Symbolen existenzielle Wahrheiten und Lebensweisheiten zur Sprache. Sie berichten von Ereignissen, die nie geschehen sind und die sich doch ständig neu ereignen.

Sowohl in der Bibel als auch in den Märchen ist die Rede von Liebe und von Hass, von Zuversicht und Verrat, von Schuld und Angst und von der Sehnsucht nach Geborgenheit. Und von Gottvertrauen. In beiden Textgattungen geht es um Dinge, die den Rahmen des Individuellen sprengen, nämlich um seelische Konflikte und um geistige Entwicklungen, aber auch um Beziehungstragödien und um jahrhundertealte menschliche Sehnsüchte und Hoffnungen.

Beide, die Bibel und die Märchen, zeigen, dass unsere Welt nicht heil ist. Und dass wir hoffen dürfen, dass das Böse nicht das letzte Wort behält.

## Der Fluch der bösen Tat
Die Nixe im Teich

> Siehe, in Schuld bin ich geboren.
> *Psalm 51,7*

Wer meint, in der Bibel fänden sich lauter fromme Ermahnungen und erbauliche Erzählungen, sollte sich einmal ein bisschen Zeit nehmen und in diesem Buch der Bücher nicht nur blättern, sondern es lesen. Bisweilen stoßen wir dort auf Geschichten, die selbst gestandene Christenmenschen zur Verzweiflung und ihren Glauben ins Wanken bringen.

So schildert das ersttestamentliche Buch der Richter eine Episode, die einem das Blut in den Adern gefrieren lässt. Im Gebiet von Gilead, am Ostufer des Jordans, werden die Israeliten seit Generationen von den mit ihnen verfeindeten Ammonitern bedrängt. In dieser prekären Situation erinnern sich die Führer des Volkes an Jiftach, den Sohn einer Hure, der nach dem Tod des Vaters von seinen Halbbrüdern verstoßen wurde. Nun wollen sie ihn zum Heerführer und, falls er ihnen zum Sieg verhilft, zu ihrem Oberhaupt machen.

> Da kam der Geist des Herrn über Jiftach und Jiftach zog durch Gilead und Manasse und er zog nach Mizpa in Gilead und von Mizpa in Gilead zog er gegen die Ammoniter. Jiftach legte dem Herrn ein Gelübde ab und sagte: Wenn du die Ammoniter wirklich in meine Hand gibst und wenn ich wohlbehalten von den Ammonitern zurückkehre, dann soll, was immer mir aus der Tür meines Hauses entgegenkommt, dem Herrn gehören und ich will es als Brandopfer darbringen. Darauf zog Jiftach gegen die Ammoniter in den Kampf und der Herr gab sie in seine Hand. […]

Als Jiftach nach Mizpa zu seinem Haus kam, siehe, da kam ihm seine Tochter entgegen mit Handtrommeln und Reigentänzen. Sie war sein einziges Kind. Und es geschah, sobald er sie sah, zerriss er seine Kleider und sagte: Weh, meine Tochter! Du hast mich tief gebeugt und du gehörst zu denen, die mich ins Unglück stürzen. Habe ich doch dem Herrn gegenüber meinen Mund zu weit aufgetan und kann nun nicht mehr zurück. Sie erwiderte ihm: Mein Vater, du hast dem Herrn gegenüber deinen Mund zu weit aufgetan. Tu mit mir, wie es aus deinem Mund hervorgegangen ist, nachdem dir der Herr Rache an deinen Feinden, den Ammonitern, verschafft hat! Und sie sagte zu ihrem Vater: Nur das eine soll mir gewährt werden: Lass mir noch zwei Monate Zeit, damit ich in die Berge hinabgehe und zusammen mit meinen Freundinnen meine Jungfrauschaft beweine. Er entgegnete: Geh! und ließ sie für zwei Monate fort. Und sie ging mit ihren Freundinnen hin und beweinte in den Bergen ihre Jungfrauschaft. Und es geschah, als zwei Monate zu Ende waren, kehrte sie zu ihrem Vater zurück und er erfüllte an ihr sein Gelübde, das er gelobt hatte; sie aber hatte noch mit keinem Mann Verkehr gehabt.
So wurde es Brauch in Israel, dass Jahr für Jahr die Töchter Israels hingehen und die Tochter des Gileaditers Jiftach besingen, vier Tage lang, jedes Jahr (Richter 11,29–40).

Versprechen muss man halten, daran besteht kein Zweifel. Aber verlangt Gott das auch, wenn das Leben des eigenen Kindes auf dem Spiel steht? Jiftach konnte ja nicht damit rechnen, dass ihm bei seiner Heimkehr aus der Tür seines Hauses anstelle eines Hundes oder einer Katze seine Tochter entgegenkommen würde. Empörend ist die Tatsache, dass er der Tochter auch noch die Schuld gibt an ihrem Verderben (»Weh, meine Tochter! Du machst mich niedergeschlagen und stürzt mich ins Unglück!«).
Und wie reagiert die? Versprochen ist versprochen!
Die Bibelkundigen weisen darauf hin, dass wir es hier mit einer Ätiologie zu tun haben (vom griechischen *aitía* = Ursache, Grund). Im Bereich der Religion und der Mythologie versteht man darunter eine Erzählung, durch die etwas Unerklärliches verständlich gemacht werden soll.

Die Legende von Jiftachs Opfer entstand offenbar in der Absicht, den Brauch, demzufolge die Töchter Israels alljährlich vier Tage lang in die Berge gingen, zu erklären oder zu zementieren. Dieser Sachverhalt war dem (späteren) biblischen Erzähler allerdings nicht mehr vertraut. Für ihn fußt die Geschichte auf einer historischen Begebenheit. Versprochen ist versprochen – davon ist er überzeugt. Deshalb kann er ohne jede moralische Wertung ein Geschehnis schildern, das uns Heutigen ungeheuerlich erscheint.

Da stellt sich schon die Frage, ob ein Versprechen, das in völliger Unkenntnis der Folgen gemacht wurde, verbindlich ist. Abgesehen davon geschieht es immer wieder, dass Menschen, ohne es zu beabsichtigen, anderen Unheil zufügen. Darum wissen auch die Märchen. Erinnert sei etwa an *Das Mädchen ohne Hände* (KHM 31), wo ein Müller (ähnlich wie weiland Jiftach) vom Teufel Reichtum erhält, wenn er ihm das verspricht, was »hinter der Mühle steht« – wobei der Böse aber nicht den Apfelbaum meint, sondern des Müllers Tochter.

**»Halb zog sie ihn, halb sank er hin …«**

Ähnliches geschieht in einem anderen grimmschen Märchen, das gleichfalls von einem Müller handelt; es trägt den Titel *Die Nixe im Teich*.

> Es war einmal ein Müller, der führte mit seiner Frau ein vergnügtes Leben. Sie hatten Geld und Gut, und ihr Wohlstand nahm von Jahr zu Jahr noch zu. Aber Unglück kommt über Nacht; wie ihr Reichtum gewachsen war, so schwand er von Jahr zu Jahr wieder hin, und zuletzt konnte der Müller kaum noch die Mühle, in der er saß, sein Eigentum nennen. Er war voll Kummer, und wenn er sich nach der Arbeit des Tages niederlegte, so fand er keine Ruhe, sondern wälzte sich voll Sorgen in seinem Bett. Eines Morgens stand er schon vor Tagesanbruch auf, ging hinaus ins Freie und dachte, es sollte ihm leichter ums Herz werden. Als er über dem Mühldamm dahinschritt,

brach eben der erste Sonnenstrahl hervor, und er hörte in dem Weiher etwas rauschen. Er wendete sich um und erblickte ein schönes Weib, das sich langsam aus dem Wasser erhob. Ihre langen Haare, die sie über den Schultern mit ihren zarten Händen gefasst hatte, flossen an beiden Seiten herab und bedeckten ihren weißen Leib. Er sah wohl, dass es die Nixe des Teichs war, und wusste vor Furcht nicht, ob er davongehen oder stehen bleiben sollte. Aber die Nixe ließ ihre sanfte Stimme hören, nannte ihn beim Namen und fragte, warum er so traurig wäre. Der Müller war anfangs verstummt, als er sie aber so freundlich sprechen hörte, fasste er sich ein Herz und erzählte ihr, dass er sonst in Glück und Reichtum gelebt hätte, aber jetzt so arm wäre, dass er sich nicht zu raten wüsste. »Sei ruhig«, antwortete die Nixe, »ich will dich reicher und glücklicher machen, als du je gewesen bist, nur musst du mir versprechen, dass du mir geben willst, was eben in deinem Haus jung geworden ist.« Was kann das anders sein, dachte der Müller, als ein junger Hund oder ein junges Kätzchen? Und sagte ihr zu, was sie verlangte. Die Nixe stieg wieder in das Wasser hinab, und er eilte getröstet und guten Muts nach seiner Mühle. Noch hatte er sie nicht erreicht, da trat die Magd aus der Haustür und rief ihm zu, er sollte sich freuen, seine Frau hätte ihm einen kleinen Knaben geboren. Der Müller stand wie vom Blitz gerührt, er sah wohl, dass die tückische Nixe das gewusst und ihn betrogen hatte. Mit gesenktem Haupt trat er zu dem Bett seiner Frau, und als sie ihn fragte: »Warum freust du dich nicht über den schönen Knaben?«, erzählte er ihr, was ihm begegnet war, und was für ein Versprechen er der Nixe gegeben hatte. »Was hilft mir Glück und Reichtum«, fügte er hinzu, »wenn ich mein Kind verlieren soll? Aber was kann ich tun?« Auch die Verwandten, die herbeigekommen waren, Glück zu wünschen, wussten keinen Rat.

Ein »vergnügtes Leben« führen die Müllersleute. Das bedeutet: keine Probleme, keine Sorgen, keine Zukunftsängste. Für den Hausstand ist gesorgt, das Essen ist reichlich und gut, die Ärzte müssen wohl noch eine ganze Weile warten, bis sie an den beiden (vielleicht) etwas verdienen. Doch dann trifft ein, was viele erfahren, denen das Leben, haben sie es nun geplant oder improvisiert, plötzlich übel mitspielt. Die Boulevardpresse berichtet darüber ausführlich und genüsslich, oft nicht ohne Schadenfreude, vor allem wenn berühmte Persönlichkeiten oder Pseudoprominente ein Schicksal ereilt, das diese sich nie hätten vorstellen können. Mit vollen Händen haben sie ihr schnell und leicht verdientes Geld ausgegeben, haben gut gelebt und sich alles geleistet, was erstrebenswert war … und irgendwann sitzen sie auf einem Berg von Schulden, und ihre angeblichen Freunde scheinen sie nicht mehr zu kennen. Wetten, dass manche jetzt an Boris Becker denken, der Millionen verdiente und plötzlich Millionen an Schulden angehäuft hatte?

Irgendwie geht es in unserem Märchen genauso alltäglich zu wie im Leben einer Erbin oder eines Lottospielers, die das ihnen überraschend zugefallene Vermögen anschließend verspielt oder verjubelt oder sich verspekuliert haben.

Wie die Müllersleute zu ihrem Reichtum kamen, verrät der Erzähler nicht. Wir wissen auch nicht, warum es plötzlich derart bergab ging mit den beiden, sodass die Mühle womöglich bald schon unter den Hammer kommt. Was bedeuten würde, dass sie, um es in heutiger Sprache zu sagen, auf Sozialhilfeleistungen angewiesen sein werden. Zur Zeit der Brüder Grimm sprach man diesbezüglich vom Bettelstab. Was natürlich eine ungeheure Schande darstellt, zumal die beiden vorher überaus vergnüglich lebten. Dazu kommt, dass frühere Neider mit Spott und Schadenfreude reagieren werden.

Aber so weit kommt es nicht. Als sich der von Albträumen geplagte Müller eines Morgens außer Haus und an den Teich begibt, um sich Erleichterung zu verschaffen, taucht eine Nixe in Gestalt eines »schönen Weibes« aus dem Wasser empor und erkundigt sich mit »sanfter Stimme«, warum er so bekümmert sei.

Es ist nicht anzunehmen, dass der Müller Homers *Odyssee* gelesen hat, in der sich einer der ältesten bekannten Belege für die Existenz von Nixen findet. Dort heißen sie Sirenen und versuchen durch ihren todbringenden Gesang Odysseus und seine Gefährten von der Heimkehr nach Ithaka abzuhalten.

Auch bei der berühmten Loreley, die mit ihrem Sang die Rheinschiffe in die Tiefe zog, soll es sich um eine Nixe gehandelt haben.

In Goethes Ballade *Der Fischer* ist es ebenfalls eine Nixe, die einen Angler in ihr verborgenes Reich lockt.

Das Wasser rauscht', das Wasser schwoll,
ein Fischer saß daran,
sah nach dem Angel ruhevoll,
kühl bis ans Herz hinan.
Und wie er sitzt und wie er lauscht,
teilt sich die Flut empor:
Aus dem bewegten Wasser rauscht
ein feuchtes Weib hervor.

Sie sang zu ihm, sie sprach zu ihm:
»Was lockst du meine Brut
mit Menschenwitz und Menschenlist
hinauf in Todesglut?
Ach wüsstest du, wie's Fischlein ist
so wohlig auf dem Grund,
du stiegst herunter, wie du bist,
und würdest erst gesund.

Labt sich die liebe Sonne nicht,
der Mond sich nicht im Meer?
Kehrt wellenatmend ihr Gesicht
nicht doppelt schöner her?
Lockt dich der tiefe Himmel nicht,
das feuchtverklärte Blau?
Lockt dich dein eigen Angesicht
nicht her in ew'gen Tau?«

Das Wasser rauscht', das Wasser schwoll,
netzt' ihm den nackten Fuß;

ein Herz wuchs ihm so sehnsuchtsvoll
wie bei der Liebsten Gruß.
Sie sprach zu ihm, sie sang zu ihm;
da war's um ihn geschehn;
halb zog sie ihn, halb sank er hin
und ward nicht mehr gesehn.

Gewöhnlich erfreuen sich die Nixen großer Schönheit, aber keines guten Rufs. Sicher ist, dass der Müller hätte gewarnt sein müssen. Selbst wenn er von Homer, von Heine oder von Goethe keine Zeile gelesen hat, kennt er doch volkstümliche Überlieferungen, die davon erzählen, wie arglistig Nixen nun einmal sind. Dass es sich um gefährliche Wesen handelt, scheint er zumindest zu ahnen, weiß er doch bei ihrem Anblick vor lauter »Furcht nicht, ob er davongehen oder stehen bleiben« soll.

Sobald die Nixe ihren Mund öffnet, setzt sein Verstand aus. Sie verspricht dem Müller Reichtum und Glück. Als Gegengabe verlangt sie, was zuletzt in seinem Haus geboren wurde. Ein Hund oder eine Katze, denkt er, wird wohl Junge geworfen haben. Seinen Irrtum erkennt er kurz darauf, als er erfährt, dass seine Frau eben mit einem Knäblein niedergekommen ist – ein auf der Erzählebene absolut unwahrscheinlicher, tiefenpsychologisch aber einleuchtender Sachverhalt.

Der Müller scheint keine Ahnung zu haben von der fortgeschrittenen Schwangerschaft seiner Frau. Das bedeutet, dass die beiden, obwohl sie ein »vergnügtes Leben« führten, einander völlig fremd geworden sind.

Bisher haben wir das Märchen *objektstufig* betrachtet. Wenn wir von Objektstufe reden, meinen wir damit, dass die einzelnen auftretenden Gestalten als individuelle Wesen zu betrachten sind. Das bedeutet, dass wir uns mit unseren Gefühlen und Erfahrungen und Fragen in der einen oder anderen der vorkommenden Personen wiederfinden, uns für sie entscheiden und uns mehr oder weniger bewusst mit ihr identifizieren. Mittels eines Beispiels erläutert: Ich erkenne mich wieder in Kain *oder* in Abel, in Petrus *oder* in Judas, oder (um einen bekannten Romantitel von Hermann Hesse zu zitieren) in Narziss *oder* in Goldmund ... Anders verhält es sich, wenn wir eine Erzählung *subjektstufig* interpretieren. Auf der Subjektstufe repräsentieren die einzelnen Figuren, aber auch Tiere, Pflanzen oder Symbole jene Neigungen, Charakterzüge und Handlungsmuster, die uns selbst eigen sind und die unser Denken prägen und unser Tun bestimmen. Ich bin Kain *und* Abel, Petrus *und* Judas, Narziss *und* Goldmund ...

Subjektstufig gesehen gehören die Müllersfrau und die Nixe zusammen. Die beiden Gestalten stehen für zwei Seiten ein und derselben Person. Das merken wir, sobald wir auf die Symbolik des Märchens achten.

Tatsächlich teilt der Müller seine Sorgen nicht mit seiner Frau, sondern flüchtet sich vor ihr an den Teich. Seine Existenzangst offenbart er der Nixe. Die zeigt sich ihm als »schönes Weib«. »Ihre langen Haare«, die ihren »weißen Leib« bedecken, hat sie »mit zarten Händen über die Schulter gefasst«. Sie strahlt jene Sinnlichkeit aus, die er zu Beginn seiner Ehe an seiner Frau wahrgenommen hat und die ihr in seinen Augen jetzt abgeht, wie das in einer Partnerschaft im Lauf der Zeit und bedingt durch alltägliche Gewöhnung und Gewöhnlichkeiten vorkommen mag. Ähnlich ergeht es der Frau, die anfänglich zu ihrem Mann aufblickte wie zu einem Gott und allmählich erst erkannte, dass es sich um einen gewöhnlichen Sterblichen handelt. Und die ihn doch wieder an sich binden möchte, genauso wie die Nixe im Teich.

**Was Erbsünde bedeutet**

> Indessen kehrte das Glück in das Haus des Müllers wieder ein. Was er unternahm, gelang, es war, als ob Kisten und Kasten von selbst sich füllten und das Geld im Schrank über Nacht sich mehrte. Es dauerte nicht lange, so war sein Reichtum größer als je zuvor. Aber er konnte sich nicht ungestört darüber freuen. Die Zusage, die er der Nixe getan hatte, quälte sein Herz. Sooft er an dem Teich vorbeikam, fürchtete er, sie möchte auftauchen und ihn an seine Schuld mahnen. Den Knaben selbst ließ er nicht in die Nähe des Wassers. »Hüte dich«, sagte er

zu ihm: »Wenn du das Wasser berührst, so kommt eine Hand heraus, hascht dich und zieht dich hinab.« Doch als Jahr auf Jahr verging und die Nixe sich nicht wieder zeigte, so fing der Müller an sich zu beruhigen.

Der Knabe wuchs zum Jüngling heran und kam bei einem Jäger in die Lehre. Als er ausgelernt hatte und ein tüchtiger Jäger geworden war, nahm ihn der Herr des Dorfes in seine Dienste. In dem Dorf war ein schönes und treues Mädchen, das gefiel dem Jäger, und als sein Herr das bemerkte, schenkte er ihm ein kleines Haus; die beiden hielten Hochzeit, lebten ruhig und glücklich und liebten sich von Herzen.

Einstmals verfolgte der Jäger ein Reh. Als das Tier aus dem Wald in das freie Feld ausbog, setzte er ihm nach und streckte es endlich mit einem Schuss nieder. Er bemerkte nicht, dass er sich in der Nähe des gefährlichen Weihers befand, und ging, nachdem er das Tier ausgeweidet hatte, zu dem Wasser, um seine mit Blut befleckten Hände zu waschen. Kaum aber hatte er sie hineingetaucht, als die Nixe emporstieg, lachend mit ihren nassen Armen ihn umschlang und so schnell hinabzog, dass die Wellen über ihm zusammenschlugen.

In Panik wegen der drohenden Armut und gleichzeitig geblendet von der unverhofften Aussicht auf neuen Reichtum überlegt der Müller nicht lange und geht auf das Angebot der Nixe ein. Bedenkenlos akzeptiert er ihre Bedingungen. Erst als er von der Geburt seines Kindes erfährt, macht er sich Sorgen wegen seines fatalen Versprechens. Doch je weiter die Zeit voranschreitet, desto mehr treten seine Ängste in den Hintergrund.

Scheinbar mit gutem Grund. Der Sohn gedeiht prächtig, erlernt das Jägerhandwerk, kriegt vom Dorfvorsteher anlässlich seiner Hochzeit gar ein kleines Haus geschenkt – das Glück lacht ihm geradezu ins Gesicht. Eines Tages, nachdem er ein Reh erlegt und ausgeweidet hat, nähert er sich dem Teich, um seine blutigen Hände zu waschen. Die Warnung seines Vaters hat er längst vergessen und da geschieht es – die Nixe taucht auf und zieht ihn hinunter zu sich, in die Tiefe.

Dieser vorhersehbare Verlauf der Geschichte führt uns mitten hinein ins Feld der christlichen Theologie, in jenen dogmatischen Bereich, der von der Erbsünde handelt.

Was immer Menschen tun oder nicht tun, zeitigt Folgen (wie das unter anderem schon die alttestamentliche Geschichte von Jiftach zeigt). Wenn Menschen Übles tun, hat dieses Tun schlimme Konsequenzen. Genau das und nichts anderes meint die Lehre von der »Erbsünde«. Was der offizielle *Katechismus der katholischen Kirche* dazu zu sagen weiß, ist nicht sehr erhellend: »Adam und Eva haben ihren Nachkommen die durch ihre erste Sünde verwundete, also der ursprünglichen Heiligkeit und Gerechtigkeit ermangelnde menschliche Natur weitergegeben. Dieser Mangel wird ›Erbsünde‹ genannt.«[1] Alles klar?

Bei der biblischen Erzählung vom Sündenfall handelt es sich nicht um eine historische Darstellung, sondern um einen Mythos. Ausgehend von eigenen Erfahrungen sagt der Verfasser dieser Geschichte von den »Stammeltern« nur, was für die Menschen aller Zeiten zutrifft.

Aber gehen wir der Reihe nach vor!

Eine Sünde kann man weder erben noch vererben. Das Wesen der Sünde besteht in einem freien und willentlichen Verstoß gegen Gottes Weisung. Begreiflich daher, dass viele Gottesgelehrte schon seit Jahrzehnten betonen, dass der Begriff Erb*sünde* schlicht und einfach unsinnig ist.

Die damit gemeinte Sache bezeichnen wir besser als Erb*schuld*. Bekanntlich kann man nicht nur Vermögenswerte, sondern auch Schulden erben. Zwar sieht das geltende Recht vor, dass wir eine Erbschaft ausschlagen können. Diese zivilrechtliche Bestimmung ist auf der gesellschaftlich-sozialen Ebene nicht anwendbar. So unterstreicht die Geschichte vom Sündenfall der »Stammeltern«, dass deren Ungehorsam für ihre gesamte Nachkommenschaft verheerende Folgen hat (vgl. Genesis, Kapitel 3). Dieses Erbe wird zur Erb*last*, die spätere Generationen nicht einfach abschütteln können. Sie werden nicht in eine heile Welt hin-

---
1  Katechismus der katholischen Kirche (erschienen 1992), Nr. 417.

eingeboren, sondern müssen die Folgen des fehlerhaften Verhaltens ihrer Vorfahren mittragen. Wenn ein Krimineller einen Menschen umbringt, hat diese Untat unabsehbare Folgen; er stürzt nicht nur seine eigene Familie, sondern auch die des Opfers ins Unglück. Ein Übel zieht das nächste nach sich. Es ist, wie wenn man einen Stein ins Wasser wirft; immer größere Kreise breiten sich immer weiter aus. Um es mit Friedrich Schiller zu sagen: »Das eben ist der Fluch der bösen Tat, dass sie, fortzeugend, immer Böses muss gebären.«[2]

Was das konkret bedeutet, lässt sich mittels eines Falls verdeutlichen, der vor mehreren Jahren von den Medien aufgegriffen wurde und für beträchtliches Aufsehen sorgte.[3] Ein junger Mann heiratet eine Frau und schließt für sie eine Lebensversicherung ab. Kurz nach der Hochzeit bringt er sie um, wobei er einen Unfall vortäuscht. Die Sache fliegt auf, der Mörder wird zu einer langjährigen Gefängnisstrafe verurteilt. Irgendwann gerät ihm eine Bibel in die Hand. Der Mann geht in sich, studiert nach seiner Entlassung Theologie und wird evangelischer Pastor. Die Kirchenoberen sind über seine Vergangenheit informiert. Er lernt eine Frau kennen und erzählt ihr seine Geschichte. Ihre Reaktion? »Ich sehe dich so, wie du jetzt bist.« Die beiden heiraten und haben Kinder. Der Pastor geht auf die Menschen zu und auf ihre Anliegen ein. In seiner Gemeinde erfreut er sich größter Beliebtheit – bis seine Vergangenheit ihn doch noch einholt. Ein Verwandter bringt sein Vorleben an die Öffentlichkeit. Die Sache wird von der Presse ausgeschlachtet und erregt die Gemüter. »So einer ist in einem Kirchenamt nicht tragbar«, heißt es jetzt plötzlich. Oder: »Einmal Mörder, immer Mörder.« Seine Frau steht das nicht durch und wird psychisch krank. Eine seiner Töchter ver-

---

2   Friedrich Schiller, Wallenstein (Trilogie), Die Piccolomini, Fünfter Aufzug, erster Auftritt.
3   Vgl. dazu u. a. Bruno Schrep, »Einmal Mörder, immer Mörder«, in: *Der Spiegel*, 30/2006, 42 ff., URL=https://magazin.spiegel.de/EpubDelivery/spiegel/pdf/47822170 (15.3.2021).

sucht, sich vor ein Auto zu werfen, schluckt Schlaftabletten, wird eben noch rechtzeitig gerettet. In ihrer Wut und Hilflosigkeit nennt sie ihren Vater einen »verfickten Mörder«. Da hilft es nichts, wenn die Kirchenoberen anmahnen: »Wenn ein Mensch ehrlich bereut, darf ihm seine kriminelle Vergangenheit nicht ewig angelastet werden.«

Vielleicht begreifen wir nun, dass die mit der Rede von der Erbschuld gemeinte Sache höchst aktuell ist. Sie führt uns vor Augen, dass wir die Suppe auslöffeln müssen, die andere eingebrockt haben. Und erinnert uns daran, dass die Folgen unseres Versagens eben nicht uns allein, sondern auch unsere Mitmenschen betreffen – möglicherweise bis in die dritte und vierte Generation (vgl. Exodus 20,5).

Und damit sind wir wieder mittendrin in unserem Märchen.

Unüberlegt hat der Vater der Nixe etwas versprochen, was ihm im Nachhinein Sorgen bereitet. Mehr als er selbst aber ist der Sohn davon betroffen. Der Leichtsinn des Vaters gerät ihm zum Verhängnis. Belastet ist er aber auch von der Entfremdung, die zwischen dem Müller und seiner Frau herrscht.

Wir haben bereits darauf hingewiesen, dass die Nixe für die »andere Seite« der Müllerin steht, die von ihrem Mann offensichtlich vernachlässigt wird (nicht einmal ihre Schwangerschaft scheint er bemerkt zu haben!). Das erklärt, warum der Sohn in die Fänge der Nixe gerät – ohne Bild: dass sich die »andere Seite« der Mutter (verkörpert durch die Nixe) an ihren Sohn klammert und alles daransetzt, um ihn für sich zu behalten. Obwohl er heiratet, gibt sie ihn nicht frei.

Und der Sohn? Wird sich seinerseits von seiner Frau entfremden. Wohl heißt es, dass das junge Paar ruhig und glücklich lebt und sich von Herzen liebt. Das mag für die erste Zeit ihrer Ehe zutreffen. Von Anfang an ist der Sohn hin- und hergerissen, weil die Mutter zwischen den beiden steht. Immer mehr entfernt er sich innerlich von seiner Angetrauten.

Krankhafte Mutterbindungen gibt es vielfach auch unter unverheirateten Klerikern. Vor Jahren, ich unterrichtete damals an einer Päpstlichen theologischen Fakultät in Rom, sprach ich einem Pater nach dem Hinschied seiner 91-jährigen Mutter mein Beileid aus. Die Reaktion? »*Dopo che mia madre se ne andata, la mia vita non ha più senso* – nachdem meine Mutter verstorben ist, kommt mir mein Leben absolut sinnlos vor.«

Ein anderes Beispiel: Als junger Aushilfspriester war ich gelegentlich eingeladen bei einem älteren Ehepaar, das keine Kinder haben konnte. Angebaut an ihr Haus war das Haus der Mutter des Ehegatten. Jeweils nach dem Abendessen sagte der Mann, dass er noch bei seiner Mutter vorbeischauen müsse, ob alles in Ordnung sei. Beim dritten oder vierten Besuch klagte mir die Frau ihr Leid. Jeden Abend verbringe ihr Mann mit seiner Mutter; sie sitze dann hier allein und fühle sich total vernachlässigt. Ob da eine Spur Eifersucht mitschwang, ist unerheblich. Wichtig schien mir vielmehr der Umstand, dass die Schwiegermutter sich weigerte, ein oder zwei Mal die Woche mit den beiden das Abendessen einzunehmen. Mag sein, dass sie ihre Schwiegertochter nicht leiden konnte; das lassen wir hier offen. Verständlich ist, dass die Ehefrau sich an den Rand gedrängt fühlte, weil ihr Mann meinte, sich Abend für Abend seiner Mutter widmen zu müssen. Schwer nachvollziehbar ist, dass diese es offenbar als normal erachtete, dass ihr Sohn seine Frau fast allabendlich allein ließ.

Ähnliches scheint sich in der Beziehung zwischen der Frau und dem Jäger zuzutragen. Letzterer gibt sich darüber keine Rechenschaft. Im Gegensatz zu seiner Frau hat er damit kein Problem. Sobald es Schwierigkeiten gibt, wird er, statt gemeinsam mit ihr nach einer Lösung zu suchen, sich mit seiner Mutter aussprechen. Die Partnerin fühlt sich zurückgesetzt. Um den Sohn an sich zu binden, wird die Mutter ihm das Gefühl geben, auf seine Hilfe angewiesen zu sein, was unweigerlich dazu führt, dass die Schwiegertochter sich übergangen fühlt.

Ein weiteres klassisches Beispiel: Ein jungverheiratetes Paar will in Urlaub fahren, doch immer, wenn es soweit ist, fühlt sich die Mutter des Mannes schlecht und benötigt scheinbar Hilfe. Und die findet sie natürlich (!) nur bei ihrem Sohn. Genau wie das Märchen sagt – die Nixe umschlingt den Sohn, zieht ihn hinab und die Wellen schlagen über den beiden zusammen.

Und die Partnerin? Sie hat das Nachsehen. Dabei steht doch schon im ersten Buch der Bibel, dass der Mann Vater und Mutter verlässt um seiner Frau willen (Genesis 2,24). Nur – wie soll sie ihrem Mann, den sie doch liebt, beibringen, dass *sie* (und die Beziehung zwischen ihnen beiden) Vorrang hat? Wie soll sie ihre diesbezügliche Hilflosigkeit überwinden? Davon handelt der zweite Teil des Märchens.

**Das Drama geht weiter**

Im Folgenden geht es um das Schicksal des jungen Paares, wobei die Frau des Jägers im Mittelpunkt steht.

> Als es Abend war und der Jäger nicht nach Hause kam, so geriet seine Frau in Angst. Sie ging aus, ihn zu suchen, und da er ihr oft erzählt hatte, dass er sich vor den Nachstellungen der Nixe in Acht nehmen müsste und nicht in die Nähe des Weihers sich wagen dürfte, so ahnte sie schon, was geschehen war. Sie eilte zu dem Wasser, und als sie am Ufer seine Jägertasche liegen fand, da konnte sie nicht länger an dem Unglück zweifeln. Wehklagend und händeringend rief sie ihren Liebsten mit Namen, aber vergeblich. Sie eilte hinüber auf die andere Seite des Weihers, und rief ihn aufs Neue. Sie schalt die Nixe mit harten Worten, aber keine Antwort erfolgte. Der Spiegel des Wassers blieb ruhig, nur das halbe Gesicht des Mondes blickte unbeweglich zu ihr herauf.
>
> Die arme Frau verließ den Teich nicht. Mit schnellen Schritten, ohne Rast und Ruhe, umkreiste sie ihn immer von Neuem, manchmal still, manchmal einen heftigen Schrei ausstoßend, manchmal in leisem Wimmern. Endlich waren ihre Kräfte zu Ende; sie sank zur Erde nieder und verfiel in einen tiefen Schlaf. Bald überkam sie ein Traum.

Das Märchen untertreibt gewaltig, wenn es sagt, dass die junge Frau »ahnt«, was da vor sich geht; das weiß sie schon längst! Genauso wie sie weiß, dass sie ihren Liebsten vergeblich »mit Namen«

ruft. Aber was anderes soll sie in ihrer Verzweiflung tun? Sich in einer Buchhandlung ein paar esoterische Schriften aufschwatzen lassen? Bei einer Handleserin Rat suchen oder eine Wahrsagerin konsultieren? Oder im Kaffeesatz lesen?

Was Letzteres betrifft, fände sie im Internet genügend Hinweise.[4] »Kaffeesatz lesen ist eine weit verbreitete Tradition und kann aufschlussreiche Erkenntnisse über Ihre Gegenwart und Zukunft liefern«, wird da versprochen. »Sie leeren den Kaffeesatz oder die Teeblätter in eine weiße Porzellantasse, schütteln sie gut durch, bis die Blätter oder der Satz die ganze Innenfläche der Tasse bedecken. Dann drehen Sie die Tasse um und schütten die losen Teilchen in die Untertasse oder in den Abfalleimer. Was in der Tasse haften bleibt, bildet die Figuren, aus denen man wahrsagen kann.« Hat der Kaffeesatz die Form eines Vogels, »werden bald alle Probleme gelöst sein«. Da wird die Frau zunächst aufatmen. Vermutlich wird sie einen zweiten Versuch starten. Falls dann zufällig ein Ring »deutlich am oberen Rand« der Tasse erscheint, muss sie sich ziemlich veräppelt vorkommen; denn das wäre ein Zeichen, dass sie in einer »glückliche[n] Ehe« lebt. Spätestens jetzt wird sie sich überlegen, ob sie nicht doch auf Filterkaffee verzichten und sich eine Nespresso-Maschine zulegen soll.

Von solchen Praktiken scheint das Märchen wenig zu halten; zu Recht. Vielmehr berichtet es, dass die Frau in einen tiefen Schlaf fällt, währenddessen sie ein Traumgesicht hat.

Träume beschäftigen die Menschheit seit Vorzeiten. Oft galten sie als göttliche Offenbarung (wovon die Bibel hinreichend Zeugnisse ablegt), als Orakel auch oder als Anleitung zum richtigen Handeln. Seit Sigmund Freud (der sich neben C. G. Jung eingehend mit der Traumforschung und der Traumdeutung befasste) betrachten wir Träume nicht mehr als numinose oder gar übernatürliche Zeichen, sondern interpretieren sie als Wortmeldungen des Unbewussten. Häufig fördern sie zutage, was im Wachzustand

---

4  Wahrsagen mit Kaffeesatz – Symbole und Deutungen, URL=https:// www.viversum.ch/online-magazin/wahrsagen-mit-kaffeesatz vom 22.7.2013 (26.4.2021). Dort auch die folgenden Zitate.

durch Selbstzensur verdrängt oder durch die Macht des Über-Ichs beiseitegeschoben wurde.

Die junge Frau ist überzeugt, dass sie ihren Ehemann gewissermaßen an die durch die Nixe versinnbildlichte Mutter verloren hat. Aber verloren gibt sie ihn dennoch nicht.

> Sie stieg zwischen großen Felsblöcken angstvoll aufwärts; Dornen und Ranken hakten sich an ihre Füße, der Regen schlug ihr ins Gesicht und der Wind zauste ihr langes Haar. Als sie die Anhöhe erreicht hatte, bot sich ein ganz anderer Anblick dar. Der Himmel war blau, die Luft mild, der Boden senkte sich sanft hinab, und auf einer grünen, bunt beblümten Wiese stand eine reinliche Hütte. Sie ging darauf zu und öffnete die Tür, da saß eine Alte mit weißen Haaren, die ihr freundlich winkte. In dem Augenblick erwachte die arme Frau. Der Tag war schon angebrochen, und sie entschloss sich gleich, dem Traum Folge zu leisten. Sie stieg mühsam den Berg hinauf, und es war alles so, wie sie es in der Nacht gesehen hatte. Die Alte empfing sie freundlich und zeigte ihr einen Stuhl, auf den sie sich setzen sollte. »Du musst ein Unglück erlebt haben«, sagte sie, »weil du meine einsame Hütte aufsuchst.« Die Frau erzählte ihr unter Tränen, was ihr begegnet war. »Tröste dich«, sagte die Alte, »ich will dir helfen; da hast du einen goldenen Kamm. Harre, bis der Vollmond aufgestiegen ist, dann geh zu dem Weiher, setze dich am Rand nieder und strähle dein langes, schwarzes Haar mit diesem Kamm. Wenn du aber fertig bist, so lege ihn am Ufer nieder, und du wirst sehen, was geschieht.«

> Die Frau kehrte zurück, aber die Zeit bis zum Vollmond verstrich ihr langsam. Endlich erschien die leuchtende Scheibe am Himmel, da ging sie hinaus an den Weiher, setzte sich nieder und kämmte ihre langen, schwarzen Haare mit dem goldenen Kamm, und als sie fertig war, legte sie ihn an den Rand des Wassers nieder. Nicht lange, so brauste es aus der Tiefe, eine Welle erhob sich, rollte an das Ufer und führte den Kamm mit sich fort. Es dauerte nicht länger, als der Kamm nötig hatte, auf den Grund zu sinken, so teilte sich der Wasserspiegel, und der Kopf des Jägers stieg in die Höhe. Er sprach nicht, schaute aber seine Frau mit traurigen Blicken an. In demselben Augenblick

kam eine zweite Welle herangerauscht und bedeckte das Haupt des Mannes. Alles war verschwunden, der Weiher lag so ruhig wie zuvor, und nur das Gesicht des Vollmondes glänzte darauf.

Im Traum erfährt die Jägersfrau, dass sie fast übermenschliche Kräfte benötigt, wenn sie ihren Mann zurückgewinnen will. Die Hindernisse scheinen schier unüberwindbar zu sein; von Felsblöcken, von Dornen und Ranken, von Wind und Wetter ist die Rede. Und von einem steilen Aufstieg.

Das erinnert an den Auszug der Israeliten aus Ägypten. Überdrüssig der ertragenen Sklaverei machen sie sich auf den Weg in das ihnen von Gott versprochene Land. Aber dieser Weg erweist sich als überaus beschwerlich. Vierzig Jahre lange dauert die Wanderung durch die Wüste; Hunger und Wassermangel und alle nur denkbaren Bürden sind der Preis, den es zu entrichten gilt, um endlich den Duft der Freiheit zu kosten.

So wenig wie die Israeliten anfänglich ahnten, welche Widerstände sich ihnen entgegenstellen würden, kann auch die Frau in unserem Märchen die sie zu erwartenden Beschwernisse voraussehen. Im Moment will sie nur eines, nämlich ihren Mann wiederum und *ganz* für sich gewinnen.

Wie sie ihn für sich gewinnen kann, sagt ihr die alte Frau.

Tiefenpsychologisch handelt es sich bei dieser Figur um einen Archetypen. Solchen begegnen wir nicht nur in den uralten, auch religiösen Überlieferungen der Menschheit, sondern ebenfalls in Legenden, Mythen und Märchen sowie in künstlerischen Darstellungen. Es handelt sich um genetisch verankerte Bilder und Symbole, die den Menschen seit Urzeiten vertraut sind. So bedeutet der Wald oft das Unbewusste, die Höhle hingegen das Bedürfnis nach Schutz und Geborgenheit, gelegentlich aber auch die Unterwelt und damit oft den (unbewussten) Todeswunsch. Eine archetypische Funktion kommt häufig auch bestimmten Gestalten zu, die in der Gesellschaft eine besondere Stellung ein- oder eine besondere Aufgabe wahrnehmen. So erinnern der Magier oder die Hexe an die verborgenen Kräfte, die in einem Menschen schlummern. Märtyrer und Glaubenszeuginnen verweisen auf

Haltungen wie Wahrhaftigkeit und Mut. Der Prophet symbolisiert die Stimme des Herzens oder das Gewissen.

Sie alle (wie auch die weise Frau im Märchen) hausen nicht auf einem schwer zugänglichen Berg, sondern in uns selbst, in unserem Unterbewusstsein.

Und dieses sagt der Jägersfrau, was zuvörderst nottut. Sie soll zur Ruhe und so zu sich selbst kommen. Die Bilder, die darauf hinweisen, sind bezeichnend – ein blauer Himmel, Blumenwiesen, ein mildes Lüftchen …

Von der Alten erhält die Frau einen Kamm. Wozu der gut ist, weiß sie, auch wenn sie Heinrich Heines Lied von der *Loreley* nicht kennen sollte.

> Die schönste Jungfrau sitzet
> dort oben wunderbar;
> ihr goldnes Geschmeide blitzet,
> sie kämmt ihr goldenes Haar.
>
> Sie kämmt es mit goldenem Kamme
> und singt ein Lied dabei;
> das hat eine wundersame,
> gewaltige Melodei.
>
> Den Schiffer im kleinen Schiffe
> ergreift es mit wildem Weh;
> er schaut nicht die Felsenriffe,
> er schaut nur hinauf in die Höh.
>
> Ich glaube, die Wellen verschlingen
> am Ende Schiffer und Kahn;
> und das hat mit ihrem Singen
> die Lore-Ley getan.

Dass die Loreley die Schiffer ins Verderben lockt, ist tragisch – aber hier nicht so wichtig. Bedeutsam ist hingegen die Art, wie sie die Unglücklichen verführt. Mit goldenem Kamm kämmt sie ihr

Haar. Es ist dies eine einladende erotische Geste, von der die Jägersfrau nur lernen kann. In dem Maß, als sie sich bemüht, ihre weiblichen Reize zur Geltung zu bringen, besteht die Möglichkeit, dass ihr Mann sie nicht nur gelegentlich begehrt, gleich zur Sache kommt und damit hat sich's – sondern dass er sich von seiner Mutter löst und sich seiner Angetrauten endlich ganz zuwendet. Aber – das Märchen ist hier realistisch – dazu bedarf es mehr als bloßer Verführungskünste sexueller oder erotischer Art.

Wohl teilt sich der Wasserspiegel; zum Vorschein kommt aber nur der Kopf des Mannes, der kein Wort über die Lippen bringt, sondern seine Frau mit traurigen Augen anschaut.

> Trostlos kehrte die Frau zurück, doch der Traum zeigte ihr die Hütte der Alten. Abermals machte sie sich am nächsten Morgen auf den Weg und klagte der weisen Frau ihr Leid. Die Alte gab ihr eine goldene Flöte und sprach: »Harre, bis der Vollmond wiederkommt, dann nimm diese Flöte, setze dich an das Ufer, blas ein schönes Lied darauf, und wenn du damit fertig bist, so lege sie auf den Sand; du wirst sehen, was geschieht.«

> Die Frau tat, wie die Alte gesagt hatte. Kaum lag die Flöte auf dem Sand, so brauste es aus der Tiefe. Eine Welle erhob sich, zog heran, und führte die Flöte mit sich fort. Bald darauf teilte sich das Wasser, und nicht bloß der Kopf, auch der Mann bis zur Hälfte des Leibes stieg hervor. Er breitete voll Verlangen seine Arme nach ihr aus, aber eine zweite Welle rauschte heran, bedeckte ihn und zog ihn wieder hinab.

Die Schiffer betört die Loreley nicht nur, indem sie mit dem goldenen Kamm durch ihre goldglänzenden Locken fährt. Vielmehr singt sie dazu eine »wundersame gewaltige Melodei«. Ebenso spielt auch im Märchen die Musik eine Rolle. Als die Frau ungetröstet zu der Alten zurückkehrt, übergibt ihr diese eine goldene Flöte. Damit soll sie sich erneut zum Teich begeben und ein schönes Lied darauf spielen.

Dem hinduistischen Gott Krishna wird nachgesagt, dass er mit dem weichen Klang seines Flötenspiels die Frauen von den nicht zu Ende gemolkenen Kühen, von ihren Familien und sogar von den noch im Feuer kochenden Speisen wegzulocken vermochte. Eine ähnliche Fähigkeit schrieb man in der Antike dem griechischen Hirtengott und Flötenspieler Pan zu. Euterpe, die Muse der lyrischen Dichtung, wird häufig mit einer Flöte oder Doppelflöte dargestellt.

All dem liegt wohl die Erkenntnis zugrunde, dass Musik Türen öffnet, die der Sehnsucht, der Emotionalität, vor allem aber den Gefühlen Einlass geben. Das weist darauf hin, dass die Frau ihren Mann mit erotischen Verführungskünsten allenfalls zeitweise, auf keinen Fall jedoch dauernd an sich zu binden vermag. Aber indem sie ihren Gefühlen Ausdruck verleiht, kann sie ihn dazu bringen, sich ihr erneut zu nähern. Was im Märchen darin zum Ausdruck kommt, dass er jetzt nicht allein mit dem Kopf, sondern immerhin bis zur Körperhälfte aus dem Teich auftaucht – bevor er wieder im Wasser verschwindet.

Niemand hätte ein Recht, der Frau einen Vorwurf zu machen, wenn sie jetzt daran dächte, ihr Werben nicht weiter fortzusetzen. Der mühsame Aufstieg zu der weisen Frau, und der zweimalige vergebliche Versuch, ihren Mann an sich zu binden, konfrontiert sie mit den Grenzen ihrer psychischen Belastbarkeit. Indes aber wachsen uns oft gerade dann neue Kräfte zu, wenn alles sinnlos erscheint. So zeigt der Fortgang des Märchens, dass längst nicht immer schon sämtliche Möglichkeiten ausgeschöpft sind, wenn wir den Eindruck haben, ein bestimmtes Ziel erfolglos angestrebt zu haben.

>»Ach, was hilft es mir«, sagte die Unglückliche, »dass ich meinen Liebsten nur erblicke, um ihn wieder zu verlieren.« Der Gram erfüllte aufs Neue ihr Herz, aber der Traum führte sie zum dritten Mal in das Haus der Alten. Sie machte sich auf den Weg, und die weise Frau gab ihr ein goldenes Spinnrad, tröstete sie und sprach: »Es ist noch nicht alles vollbracht, harre bis der Vollmond kommt, dann nimm das Spinnrad, setze dich an das Ufer und spinn die Spule voll, und wenn du fertig bist, so stelle das Spinnrad nahe an das Wasser, und du wirst sehen, was geschieht.«

Die Frau befolgte alles genau. Sobald der Vollmond sich zeigte, trug sie das goldene Spinnrad an das Ufer und spann emsig, bis der Flachs zu Ende und die Spule mit dem Faden ganz angefüllt war. Kaum aber stand das Rad am Ufer, so brauste es noch heftiger als sonst in der Tiefe des Wassers, eine mächtige Welle eilte herbei und trug das Rad mit sich fort. Alsbald stieg mit einem Wasserstrahl der Kopf und der ganze Leib des Mannes in die Höhe. Schnell sprang er ans Ufer, fasste seine Frau an der Hand und entfloh. Aber kaum hatten sie sich eine kleine Strecke entfernt, so erhob sich mit entsetzlichem Brausen der ganze Weiher und strömte mit reißender Gewalt in das weite Feld hinein. Schon sahen die Fliehenden ihren Tod vor Augen, da rief die Frau in ihrer Angst die Hilfe der Alten an, und in dem Augenblick waren sie verwandelt, sie in eine Kröte, er in einen Frosch. Die Flut, die sie erreicht hatte, konnte sie nicht töten, aber sie riss sie beide voneinander und führte sie weit weg.

Was kommt, wissen wir bereits, zumal die Dreizahl in vielen Märchen (und nicht nur in ihnen) eine wichtige Rolle spielt. Ein erster Versuch, das Angestrebte zu erreichen, geht daneben, ein weiterer erweist sich als Fehlschlag. Wird es beim dritten Anlauf endlich klappen? Die Frage ist realistisch. Nur zu oft verlieren wir den Mut, ein ins Auge gefasstes Ziel nach anfänglichem Scheitern weiterzuverfolgen, statt es beharrlich mit anderen Mitteln oder ergänzenden Maßnahmen neu anzupeilen.

Diesmal gibt die Alte der Frau ein goldenes Spinnrad mit auf den Weg. In der Antike wurde die Kunst des Webens häufig mit den Schicksalsgöttinnen in Verbindung gebracht. Bei den alten Griechen hießen sie Moiren. Die Römer wiederum opferten den drei Parzen, drei Geburtsgöttinnen, die sie später mit den Moiren gleichsetzten. Die Germanen verehrten die drei Nornen Urd, Skuld und Verdandi, die den Lebensfaden spinnen und so bei der Geburt eines Menschen über dessen Los und Lebensende bestimmen.

Ganz anders hier. Es sind nicht irgendwelche Schicksalsgöttinnen, die den Lebensfaden spinnen und über das Geschick der Menschen entscheiden. Vielmehr soll *die Frau* die Sache *selbst* in die Hand nehmen. Allein von ihr und nicht von irgendwelchen höheren Mächten hängt ihre Zukunft ab; *ihr* ist aufgetragen, die »Spule voll« zu spinnen; dann wird sie sehen, was geschieht – oder wie *ihr* geschieht. Dann vermag sie, wenn sie nur will, bezüglich ihrer Beziehung *Neues zu schaffen*.

Damit hat es sich nicht. Ausdrücklich weist das Märchen darauf hin, dass sie diese Möglichkeit nicht sich selbst verdankt; das Spinnrad wurde ihr ja *geschenkt*. Aber in ihrer Macht liegt es, mit dessen Hilfe ihr Ziel zu erreichen, was ihr dem Anschein nach auch gelingt. Ihr Mann taucht auf aus den Fluten, fasst sie bei der Hand, und die beiden entfliehen. Und beide leben jetzt, da der Sohn sich endlich aus der Umklammerung der erpresserischen Mutter gelöst hat, glücklich zusammen bis an ihr seliges Ende?

An dieser Stelle zeigt sich, dass Märchen, im Gegensatz zu Kolportage- und Kitschromanen, uns nichts vorgaukeln, sondern vom wirklichen Leben berichten.

Wohl haben sich der Jäger und seine Frau gefunden, aber *zueinander* gefunden haben sie längst noch nicht. Die schnelle Versöhnung täuscht nicht darüber hinweg, wie viel es noch zu bereinigen gilt.

Im wirklichen Leben verhält es sich so, dass Paare, die sich nach allen nur möglichen Schwierigkeiten wieder näherkommen, sehr bald wieder aneinander- oder gar auseinandergeraten. Dies unter anderem, weil die neuentdeckte Anziehungskraft aufgrund falscher Erwartungshaltungen bald wieder schwindet.

Was impliziert, dass die beiden nicht einfach da ansetzen können, wo sie vorher standen.

Darauf verweist das Märchen mit einem eindrücklichen Bild. Kaum dass sie eine kleine Strecke miteinander gegangen sind, bricht neues Unheil herein. Das aus dem Weiher strömende Wasser droht sie zu vernichten.

Um dem »Tod« (das heißt dem endgültigen Bruch der Beziehung) zu entkommen, verwandelt die Frau sich in eine Kröte und der Mann sich in einen Frosch. Frosch und Kröte können sich sowohl im Wasser als auch auf festem Boden aufhalten. Sie deuten auf einen Übergang hin. Wenn der Jäger und seine Frau wirklich zueinanderfinden wollen, müssen sie sich *verändern*. Diese Veränderung führt zunächst zu großen Unsicherheiten.

Als das Wasser sich verlaufen hatte und beide wieder den trocknen Boden berührten, so kam ihre menschliche Gestalt zurück. Aber keiner wusste, wo das andere geblieben war; sie befanden sich unter fremden Menschen, die ihre Heimat nicht kannten. Hohe Berge und tiefe Täler lagen zwischen ihnen. Um sich das Leben zu erhalten, mussten beide die Schafe hüten. Sie trieben lange Jahre ihre Herden durch Feld und Wald und waren voll Trauer und Sehnsucht.

»Hohe Berge und tiefe Täler lagen zwischen ihnen.« Noch haben die beiden nicht zueinandergefunden. Noch ist ihr Leben ein Nebeneinander, aber kein Miteinander. Wirklich zueinanderfinden können sie nur, wenn sie sich kritisch mit ihrer Beziehung auseinandersetzen – und zwar *ohne Schuldzuweisungen auszusprechen*. Jetzt gilt es, sich einer ganzen Reihe von Fragen zu stellen. Warum habe ich meine Mutter mehr ins Vertrauen gezogen als meine Frau? Weshalb hatte ich nicht die Kraft, mich aus ihren Umklammerungen zu lösen? Aber auch: Habe ich meinem Partner wirklich zugehört oder das Gespräch einfach abgeblockt, wenn er über Dinge reden wollte, die mir unangenehm waren? Habe ich ihn vielleicht gar in die Arme seiner Mutter *getrieben*?

Dann zeigt sich, dass die eingefahrenen Muster nicht tragen, sondern durch neue Verhaltensweisen ersetzt werden müssen.

Das geschieht nicht von heute auf morgen. Vielmehr handelt es sich um einen *Prozess*, der sich über einen längeren Zeitraum hinzieht und viel Geduld erfordert. Das Märchen spricht diesbezüglich vom »Schafe hüten«. Wir brauchen uns die damit verbundene Trennung nicht unbedingt räumlich vorzustellen (obwohl eine solche in manchen Fällen angebracht ist). Als Hirten sind die beiden ganz auf sich selbst gestellt. In der Einsamkeit können sie nicht aufeinander einreden, sondern sind gezwungen, auf ihr Inneres oder Unbewusstes zu hören. Wenn ihnen das gelingt, kann alles gut werden.

Als wieder einmal der Frühling aus der Erde hervorgebrochen war, zogen beide an einem Tag mit ihren Herden aus, und der Zufall wollte, dass sie einander entgegenzogen. Er erblickte an einem fernen Bergesabhang eine Herde und trieb seine Schafe nach der Gegend hin. Sie kamen in einem Tal zusammen, aber sie erkannten sich nicht, doch freuten sie sich, dass sie nicht mehr so einsam waren. Von nun an trieben sie jeden Tag ihre Herden nebeneinander. Sie sprachen nicht viel, aber sie fühlten sich getröstet. Eines Abends, als der Vollmond am Himmel schien und die Schafe schon ruhten, holte der Schäfer die Flöte aus seiner Tasche und blies ein schönes aber trauriges Lied. Als er fertig war, bemerkte er, dass die Schäferin bitterlich weinte. »Warum weinst du?«, fragte er. »Ach«, antwortete sie, »so schien auch der Vollmond, als ich zum letzten Mal dieses Lied auf der Flöte blies und das Haupt meines Liebsten aus dem Wasser hervorkam.« Er sah sie an, und es war ihm, als fiele eine Decke von den Augen, er erkannte seine liebste Frau. Und als sie ihn anschaute und der Mond auf sein Gesicht schien, erkannte sie ihn auch. Sie umarmten und küssten sich, und ob sie glückselig waren, braucht keiner zu fragen.

Der erstaunlichste und gleichzeitig selbstverständlichste Satz in diesem Finale: »Sie erkannten einander nicht.«

Wie das?

Vorher *meinten* sie, einander zu kennen. Wenn zwei Menschen einander begegnen und die Begegnung in eine gewisse Tiefe reicht, macht sich jeder ein Bild vom anderen. Das ist normal, denn anders würden sie einander gar nicht näherkommen. Mit dem Bild sind bestimmte Erwartungen verbunden. Werden die nicht erfüllt, reagiert man mit Zurückweisung oder – in engeren Beziehungen – mit Liebesentzug. Das bedeutet, dass die Liebe nicht dem oder der anderen als Person galt, sondern dem Bild, das man sich von ihr oder von ihm gemacht hatte.

Es spricht nichts dagegen, sich von anderen ein Bild zu machen. Oft ist das sogar notwendig – etwa wenn es darum geht, Fähigkeiten, Leistungen oder Charaktereigenschaften im Hinblick auf eine bestimmte Aufgabe zu beurteilen, mit der man jemanden betrauen möchte. Der gravierende Fehler besteht darin, andere auf dieses Bild festzulegen. Praktisch bedeutet das, dass man ihnen die Möglichkeit abspricht, sich ändern zu können. Auf der Beziehungsebene ist die Katastrophe damit vorprogrammiert.

»Sie erkannten einander nicht.« Das bezieht sich scheinbar auf die Identität des Jägers und seiner Frau. In Wirklichkeit wird damit gesagt, dass die Frau im Mann und der Mann in der Frau ganz neue Seiten entdeckt haben, für die sie vorher aufgrund ihrer Vorurteile blind waren. Mit den vom Märchen benutzten Bildern ausgedrückt: Die Frau darf weinen, ohne dass ihr Mann sich hilflos oder verärgert von ihr abwendet. Er hat kein Gewehr mehr in der Hand, sondern eine Flöte. Beide haben begriffen, dass im Gegenüber Möglichkeiten stecken, von denen sie wegen ihrer vorgefassten Ansichten nichts ahnten.

Nicht zufällig spielt das Ende dieser Geschichte in der ersten Jahreszeit. Denn nicht nur in der Natur, sondern auch im Herzen und im Leben der beiden ist endlich Frühling geworden.

## Der Hirtenjunge und die Küchenmagd
## Aschenputtel

> Da sagte Maria: Meine Seele preist die Größe des Herrn und mein Geist jubelt über Gott, meinen Retter. Denn auf die Niedrigkeit seiner Magd hat er geschaut.
> *Lukas 1,46–48*

Vor Jahrzehnten, als ich die Grundschule besuchte, bezeichnete man den Sportunterricht noch als Turnstunde. Abgesehen von ein paar Leibesübungen wurde meistens Handball gespielt. Zuerst beauftragte der Lehrer zwei Alpha-Typen, abwechslungsweise die einzelnen Spieler auszuwählen. Klar, dass die Geschicktesten immer zuerst aufgerufen wurden. Mein Name fiel in der Regel als letzter. Einer meiner Kameraden meinte einmal, dieses Auswahlverfahren sei purer Sadismus. Auf diese Weise habe ich ein Fremdwort dazugelernt, und das nicht einmal im Deutschunterricht.

Diese ganze Sache ist mir wieder eingefallen, als ich beim Blättern in der Bibel auf die Geschichte stieß, welche berichtet, wie David, der von allen Söhnen Isais scheinbar am wenigsten taugte, vom Propheten Samuel zum König über Israel gesalbt wurde.

> Der Herr sagte zu Samuel: […] Fülle dein Horn mit Öl und mach dich auf den Weg! Ich schicke dich zu dem Betlehemiter Isai; denn ich habe mir einen von seinen Söhnen als König ausersehen. […] Nimm ein junges Rind mit und sag: Ich bin gekommen, um dem Herrn ein Schlachtopfer darzubringen. Lade Isai zum Opfer ein! Ich selbst werde dich dann erkennen lassen, was du tun sollst: Du sollst mir nur den salben, den ich dir nennen werde. Samuel tat, was der Herr befohlen hatte. Als er nach Betlehem kam, gingen ihm die Ältesten der Stadt zitternd entgegen und fragten: Bedeutet dein Kommen Frieden? Er antwortete: Frieden. Ich bin gekommen, um dem Herrn ein Schlacht-

opfer darzubringen. Heiligt euch und kommt mit mir zum Opfer! Dann heiligte er Isai und seine Söhne und lud sie zum Opfer ein. Als sie kamen und er den Eliab sah, dachte er: Gewiss steht nun vor dem Herrn sein Gesalbter. Der Herr aber sagte zu Samuel: Sieh nicht auf sein Aussehen und seine stattliche Gestalt, denn ich habe ihn verworfen; Gott sieht nämlich nicht auf das, worauf der Mensch sieht. Der Mensch sieht, was vor den Augen ist, der Herr aber sieht das Herz. Nun rief Isai den Abinadab und ließ ihn vor Samuel treten. Dieser sagte: Auch ihn hat der Herr nicht erwählt. Isai ließ Schima kommen. Samuel sagte: Auch ihn hat der Herr nicht erwählt. So ließ Isai sieben seiner Söhne vor Samuel treten, aber Samuel sagte zu Isai: Diese hat der Herr nicht erwählt. Und er fragte Isai: Sind das alle jungen Männer? Er antwortete: Der jüngste fehlt noch, aber der hütet gerade die Schafe. Samuel sagte zu Isai: Schick jemand hin und lass ihn holen; wir wollen uns nicht zum Mahl hinsetzen, bevor er hergekommen ist. Isai schickte also jemand hin und ließ ihn kommen. David war rötlich, hatte schöne Augen und eine schöne Gestalt. Da sagte der Herr: Auf, salbe ihn! Denn er ist es. Samuel nahm das Horn mit dem Öl und salbte David mitten unter seinen Brüdern. Und der Geist des Herrn war über David von diesem Tag an. Samuel aber brach auf und kehrte nach Rama zurück (1 Samuel 16,1–13).

Nicht aus eigenem Antrieb, sondern im Auftrag Gottes verlässt da einer, der viel beschäftigt ist mit denkerischer Gottesarbeit, seine Klause und macht sich auf den Weg zu dem Betlehemiter Isai. Einer von dessen Söhnen soll König werden in Israel. Nachdem Samuel die Familie des Isai gesegnet und »geheiligt« hat (der Erzähler denkt hier vermutlich an eine rituelle Waschung), soll Gott mit einem Schlachtopfer geehrt werden. Isai allerdings weiß noch nichts von der Anweisung, die der Prophet von Gott erhalten hat. Sicher aber ahnt er, dass Samuel nicht bei ihm vorbeischaut, um den Misthaufen vor seinem Hof zu begutachten.

Wie nun Isais Söhne in Erscheinung treten, geht der Gottesmann davon aus, dass Eliab, der Älteste, zum König bestimmt ist. Doch wie er zum Füllhorn greift, um ihn zu salben, kriegt er einen Muskelkrampf oder (so der Erzähler) hört Gottes Stimme: Der ist es nicht, den ich erwählt! Sieben Söhne führt Isai Samuel vor. Wenn nicht der Erste und Älteste und auch der Zweite und der Dritte nicht König werden soll, dann ganz gewiss der Siebte! Doch sieben Mal hintereinander winkt Gott ab: Der ist es nicht, den ich zum Herrscher bestimmt habe über Israel! Denn, so wiederum der Erzähler, vor Gott zählen weder stattliches Aussehen noch Wohlgestalt – und schon gar nicht das Alter.

Samuel ist irritiert. Erlaubt sich der Allerhöchste etwa einen Scherz mit ihm? Erst schickt er ihn nach Betlehem; das Schlachtopfer ist hergerichtet – und nun soll der ganze Aufwand umsonst gewesen sein? Dann ist sein Ruf lädiert. Isai wird ihn als Narren beschimpfen. Als Afterprophet wird er fortan verspottet werden in Israel. In seiner Hilflosigkeit fällt Samuel nichts Besseres ein, als eine dumme Frage zu stellen: »Das sind alle deine Söhne?« »Gewiss – das heißt, es wäre da noch einer, aber der taugt zu nichts, außer vielleicht noch zum Schafehüten.« »Lass ihn dennoch holen«, sagt Samuel. Und wie der Blondschopf mit den schönen Augen auftaucht, hört Samuel in seinem Inneren wiederum die Stimme: »Auf, ihn salbe!«

Nicht den Ältesten und nicht den Siebten also hat Gott zum König bestimmt, sondern den Jüngsten.

Die Sieben ist eine heilige Zahl. Sie bezieht sich auf die Fülle. Das heißt, der jüngste Sohn, der achte, ist überzählig und zählt nicht. Der ist, der Wagen war ja damals schon erfunden, das fünfte Rad am Karren. Das geht schon aus der Antwort des Vaters auf die Frage des verunsicherten Propheten hervor, ob das alle seine Söhne seien: »Zwar wäre da noch einer, der jüngste …« Nicht zufällig benennt der Vater ihn nicht einmal mit seinem Namen (den gibt uns erst der Erzähler preis!). Gesellschaftlich ist David ein Niemand, anders als die sieben Söhne auf dem Hof, mit denen der Vater sich in der Dorfversammlung sehen lassen kann; der achte, der unbeachtete und überzählige treibt sich irgendwo auf dem Feld herum, als Schafhüter. Wobei diese Tätigkeit alles andere als ein angenehmer Zeitvertreib ist. Tagsüber steht er unter der brennenden Sonne, nachts übermannt ihn die Kälte. Reisende, die das Heilige Land nicht bloß als Hoteltouristen kennen, sondern es pilgernd durchstreift haben, wissen um die Temperaturschwankungen in diesen Gegenden. Die Herde gilt es zu schützen vor Wildgetier. Oder vor Raubgesindel. Von den Mahlzeiten am väterlichen Hof kann der Hirte nur träumen. Und dieser verdreckte, verlauste, verlorene Junge soll dem Propheten vorgeführt und womöglich gar König werden? Isais Gelächter und das Lachen seiner sieben Söhne tönt so laut, dass es durch die Jahrhunderte hallt; noch immer ist es zu vernehmen!

Wir Heutigen haben jenen, die diese Geschichte zum ersten Mal gehört und wohl auch laut mitgelacht haben, einiges voraus. Wir kennen das Finale. Und wundern uns nicht allzu sehr, haben wir doch mehr als einmal davon gehört, dass selbst Tellerwäscher es schafften, Milliardäre zu werden. Wobei dieser Vergleich nicht nur hinkt, sondern lahmt. Denn während die Tellerwäscher sich in der Regel emporgearbeitet haben, ist Isais Jüngstem die Königskrone sozusagen aufgenötigt worden.

Der biblische Schriftsteller (genauer gesagt, der Endredaktor des Buches Samuel, der diese Überlieferung in seine Schrift einfügt) sieht in Davids Karrieresprung eine *Erwählung* seitens Jahwes. Er deutet diese Episode aus der Sicht seines Gottesglaubens. Für uns aber ist diese Begebenheit auch in tiefenpsychologischer Hinsicht von Interesse.

**Ein Leben in der Asche**

Stets sind es die Benachteiligten, die Armen, Waisen und Witwen, die Leidenden auch, die Gebeugten und die Unterdrückten, für die Gott Partei ergreift.

Oder die Behinderten, wie Mose, von dem berichtet wird, dass er sprachgehemmt, also ein Stotterer war. Ausgerechnet er, der »nicht gut reden« kann und dessen »Mund und Zunge schwerfällig« sind (Exodus 4,10), wird von Gott erwählt, zum Pharao zu sprechen und seine Landsleute, die Israeliten, herauszuführen aus Ägypten, ins Land der Verheißung. Kein Mächtiger, kein Theologe und kein Gelehrter, sondern er, der Beeinträchtigte, wird vom Gottesberg herabsteigen mit den Tafeln, auf denen die heiligen Wegweisungen eingemeißelt sind in Stein. Ihm, der sich ständig überfordert fühlt, wird die Gewichtslast einer murrenden Menge auf die Schultern gelegt. Er, der an sich zweifelt, wird zum Anführer des Volks.

Die Hoffnung, dass Gott »die Niedrigen erhöht« (Lukas 1,52 und 14,11), findet sich nicht erst im Neuen Testament. Diese Erwartung (oder handelt es sich um eine Verheißung?) wird in manchen biblischen Berufungsgeschichten narrativ ausgestaltet.

Besonders deutlich zeigt das die Geschichte von Davids Erhöhung. Was empfand David, bevor der Prophet ihn rufen ließ? Dieser Aspekt bleibt in der biblischen Erzählung ausgeblendet. Was und wie es gewesen sein könnte, erfahren wir aus dem von den Brüdern Grimm überlieferten Märchen vom *Aschenputtel*.

> Einem reichen Mann, dem wurde seine Frau krank, und als sie fühlte, dass ihr Ende herankam, rief sie ihr einziges Töchterlein zu sich ans Bett und sprach: »Liebes Kind, bleibe fromm und gut, so wird dir der liebe Gott immer beistehen, und ich will vom Himmel auf dich herabblicken, und will um dich sein.« Darauf tat sie die Augen zu und verschied. Das Mädchen ging jeden Tag hinaus zu dem Grab der Mutter und weinte, und blieb fromm und gut. Als der Winter kam, deckte der Schnee ein weißes Tüchlein auf das Grab, und als die Sonne im Frühjahr es wieder herabgezogen hatte, nahm sich der Mann eine andere Frau.
>
> Die Frau hatte zwei Töchter mit ins Haus gebracht, die schön und weiß von Angesicht waren, aber garstig und schwarz von Herzen. Da ging eine schlimme Zeit für das arme Stiefkind an. »Soll die dumme Gans bei uns in der Stube sitzen?«, sprachen sie, »wer Brot essen will, muss verdienen: Hinaus mit der Küchenmagd!« Sie nahmen ihm seine schönen Kleider weg, zogen ihm einen grauen alten Kittel an und gaben ihm hölzerne Schuhe. »Seht einmal die stolze Prinzessin, wie sie geputzt ist!« riefen sie, lachten und führten es in die Küche. Da musste es von Morgen bis Abend schwere Arbeit tun, früh vor Tag aufstehn, Wasser tragen, Feuer anmachen, kochen und waschen.

> Obendrein taten ihm die Schwestern alles ersinnliche Herzeleid an, verspotteten es und schütteten ihm die Erbsen und Linsen in die Asche, sodaß es sitzen und sie wieder auslesen musste. Abends, wenn es sich müde gearbeitet hatte, kam es in kein Bett, sondern musste sich neben den Herd in die Asche legen. Und weil es darum immer staubig und schmutzig aussah, nannten sie es Aschenputtel.

Zum Lauf der Welt gehört es, dass sich die Dinge nicht immer so entwickeln, wie wir uns das vorstellen, und so kann ein liebenswertes Töchterlein in den Augen anderer schon einmal zur »dummen Gans« werden. Die Frage ist dann, ob das Töchterchen sich auch so sieht, wie die anderen es sehen – und ob oder wie lange es sich mit seinem Schicksal abfindet.

Die sterbende Mutter meint, sich keine Sorgen machen zu müssen im Hinblick auf die materielle Absicherung ihres Kindes. Sicher meint sie es gut, wenn sie der Tochter eine Ermahnung moralischer Art mit auf den Weg gibt: Fromm soll das Kind bleiben – »so wird dir der liebe Gott immer beistehen, und ich will vom Himmel auf dich herabblicken, und will um dich sein«. Und das Kind, heißt es, blieb fromm und lieb und gut. Lieb, gut und fromm aber kann man nur *bleiben*, wenn man schon fromm und gut und lieb *war*. Vermutlich hört das Kind aus den Worten der Mutter keine leise Drohung heraus (ich passe auf dich auf; ich sehe alles, was du tust), sondern empfindet die Äußerung als trostreichen Zuspruch (ich passe weiter auf dich auf, damit dir nichts Übles zustößt).

Täglich begibt sich die Tochter zum Grab, über das der Schnee ein weißes Tüchlein breitet; es ist kalt, nicht nur draußen in der freien Natur, sondern auch im Herzen des Kindes, das sich verlassen fühlt. Und der Frühling kommt ins Land und mit dem Frühling wieder eine Frau ins Haus; wärmer aber wird's nimmer. Und die Mutter, die vom Himmel herabblickt, kann nicht verhindern, dass das Leben ihrer Tochter für diese zur Hölle wird. Eine schlimme Zeit bricht an und eine Welt zusammen. Aus der Stube wird sie in die Küche verbannt. Nicht einmal ein Bett gesteht man ihr zu. Weil sie gezwungen wird, neben dem Herd in der Asche zu schlafen, verhöhnt man sie als *Aschenputtel*. Bezeichnenderweise wird ihr richtiger Name nie genannt, als bestünde ihre Bestimmung darin, diesem Unnamen lebenslang nachleben zu müssen.[1]

Wie reagiert ein Mensch, dem solches widerfährt? Unbewusst akzeptiert er, dass er nie er selbst sein darf, wenn er von den anderen akzeptiert werden will. Wer und was er als Person ist, hat keine Bedeutung. Im Grunde ist er nichts als ein Spott*objekt*, mit dem die anderen nach Belieben umspringen und über das sie sich, wann immer sich eine Gelegenheit bietet, amüsieren. In ihren Augen haben solche Menschen weder Wert noch Würde – und das spüren sie selbst, ohne dass man sie es spüren lässt. Nie fällt es jemandem ein, sie danach zu fragen, was ihnen am Herzen liegt oder was für sie wichtig ist. Festgenagelt auf ihre Rolle beginnen sie an sich selbst zu zweifeln, bis sie schließlich nicht mehr wissen, wer sie sind und was sie wollen. Sie fühlen sich minderwertig und dieses Gefühl steigert sich im Lauf der Zeit bis zur totalen Selbstablehnung. Was bedeute ich denn schon den anderen? Ich bin überflüssig, überzählig wie David, an den kein Mensch denkt und der allenfalls noch gut genug ist, die Schafe zu hüten. Oder wie Aschenputtel, das für die anderen die Drecksarbeit erledigt und dafür auch noch mit Spott und Hohn überhäuft wird.

Eine solche von außen bedingte Selbsteinschätzung kann dazu führen, dass die Betroffenen schließlich zu der Überzeugung gelangen, dass sie nichts wert sind, dass sie keinerlei Beachtung verdienen und dass sie schon dankbar sein müssten, wenn man sie überhaupt toleriert.

Genau so fühlt sich Aschenputtel, zumal die beiden Töchter der Stiefmutter alles daran setzen, ihre Stiefschwester auf jede nur mögliche Art zu quälen, zu kränken und zu erniedrigen. »Schön und weiß von Angesicht« sind die zwei falschen Schwestern, aber »garstig und schwarz« in der Seele. Sie zwingen Aschenputtel, die schönen Kleider herauszurücken und einen grauen Kittel und höl-

---
1 Zum Folgenden vgl. Martin Bauschke, Abraham und Aschenputtel. Brückenschlag zwischen Bibel und Märchen, Stuttgart 2006, 18–21.

zerne Schuhe zu tragen. Offensichtlich gehören die Schwestern zu jener Art von Menschen, die sich auf Kosten anderer profilieren müssen und deren Selbstwertgefühl in dem Maß wächst, wie sie andere abwerten und sich dann mit ihnen vergleichen können. In dieser Hinsicht ist Aschenputtel ein geradezu »großartiges Opfer«.[2]

> Es trug sich zu, dass der Vater einmal in die Messe ziehen wollte, da fragte er die beiden Stieftöchter, was er ihnen mitbringen sollte. »Schöne Kleider«, sagte die eine, »Perlen und Edelsteine«, die zweite. »Aber du, Aschenputtel«, sprach er, »was willst du haben?« »Vater, das erste Reis, das Euch auf Eurem Heimweg an den Hut stößt, das brecht für mich ab!« Er kaufte nun für die beiden Stiefschwestern schöne Kleider, Perlen und Edelsteine, und auf dem Rückweg, als er durch einen grünen Busch ritt, streifte ihn ein Haselreis und stieß ihm den Hut ab. Da brach er das Reis ab und nahm es mit. Als er nach Haus kam, gab er den Stieftöchtern, was sie sich gewünscht hatten, und dem Aschenputtel gab er das Reis von dem Haselbusch. Aschenputtel dankte ihm, ging zu seiner Mutter Grab und pflanzte das Reis darauf, und weinte so sehr, dass die Tränen darauf niederfielen und es begossen. Es wuchs aber und ward ein schöner Baum. Aschenputtel ging alle Tage dreimal darunter, weinte und betete, und allemal kam ein weißes Vöglein auf den Baum, und wenn es einen Wunsch aussprach, so warf ihm das Vöglein herab, was es sich gewünscht hatte.

Wir erinnern uns: Seinen jüngsten Sohn hat Isai dem Propheten nicht mit Namen vorgestellt; den erfahren wir erst vom Erzähler. Und genau das trifft auch in unserem Märchen zu. Der Vater redet die eigene Tochter nicht mit ihrem Namen an; er nennt sie Aschenputtel! Und fixiert sie damit gleichzeitig auf die ihr von den Schwestern (und später auch von der Stiefmutter) zugeteilte Rolle. Aschenputtel gehört zu jenen Menschen, denen man so lange keine Beachtung schenkt, bis sie selbst davon überzeugt sind, keine Aufmerksamkeit zu verdienen. Wohl könnte man einwenden, dass der Vater die leibliche Tochter nicht gänzlich ver-

---

2  Verena Kast, Vom gelingenden Leben, Zürich/Düsseldorf 1998, 116.

leugnet; auch ihr will er ja ein kleines Geschenk mitbringen vom Markt. Bezeichnend jedoch ist, dass er sie *zuletzt* nach ihrem Begehren fragt. Und an das von ihr gewünschte Reis denkt er erst wieder, als sein Hut einen Haselstrauch streift und daran hängen bleibt! Wichtiger als die eigene Tochter sind dem Vater die Stieftöchter, bei denen er sich zuerst erkundigt, was sie sich wünschen, nämlich Kleider, Perlen und Edelsteine. Menschen, die ihr Selbstwertgefühl mittels Abwertung anderer gewinnen, fixieren sich aufs Materielle; je mehr sie haben, desto mehr meinen sie zu sein.

Aschenputtel hingegen liegt nichts an toten Dingen; es wünscht sich etwas, aus dem neues Leben keimt. Und wirklich wächst das Reis, das es auf das Grab der Mutter pflanzt, zu einem »schönen Baum« heran.

> Es begab sich aber, dass der König ein Fest anstellte, das drei Tage dauern sollte und wozu alle schönen Jungfrauen im Lande eingeladen wurden, damit sich sein Sohn eine Braut aussuchen möchte. Die zwei Stiefschwestern, als sie hörten, dass sie auch dabei erscheinen sollten, waren guter Dinge, riefen Aschenputtel, und sprachen: »Kämm uns die Haare, bürste uns die Schuhe und mache uns die Schnallen fest, wir gehen zur Hochzeit auf des Königs Schloss.« Aschenputtel gehorchte, weinte aber, weil es auch gern zum Tanz mitgegangen wäre, und bat die Stiefmutter, sie möchte es ihm erlauben. »Du Aschenputtel«, sprach sie, »bist voll Staub und Schmutz und willst zur Hochzeit? Du hast keine Kleider und Schuhe, und willst tanzen!« Als es aber mit Bitten anhielt, sprach sie endlich: »Da habe ich dir eine Schüssel Linsen in die Asche geschüttet, wenn du die Linsen in zwei Stunden wieder ausgelesen hast, so sollst du mitgehen.« Das Mädchen ging durch die Hintertür nach dem Garten und rief: »Ihr zahmen Täubchen, ihr Turteltäubchen, all ihr Vöglein unter dem Himmel, kommt und helft mir lesen,
> die guten ins Töpfchen,
> die schlechten ins Kröpfchen.«
>
> Da kamen zum Küchenfenster zwei weiße Täubchen herein, und danach die Turteltäubchen, und endlich schwirrten und schwärmten

alle Vöglein unter dem Himmel herein, und ließen sich um die Asche nieder. Und die Täubchen nickten mit den Köpfchen und fingen an pick, pick, pick, pick, und da fingen die übrigen auch an pick, pick, pick, pick, und lasen alle guten Körnlein in die Schüssel. Kaum war eine Stunde herum, so waren sie schon fertig und flogen alle wieder hinaus. Da brachte das Mädchen die Schüssel der Stiefmutter, freute sich und glaubte, es dürfte nun mit auf die Hochzeit gehen. Aber sie sprach: »Nein, Aschenputtel, du hast keine Kleider, und kannst nicht tanzen; du wirst nur ausgelacht.« Als es nun weinte, sprach sie: »Wenn du mir zwei Schüsseln voll Linsen in einer Stunde aus der Asche rein lesen kannst, so sollst du mitgehen«, und dachte, »das kann es ja nimmermehr«. Als sie die zwei Schüsseln Linsen in die Asche geschüttet hatte, ging das Mädchen durch die Hintertür nach dem Garten und rief: »Ihr zahmen Täubchen, ihr Turteltäubchen, all ihr Vöglein unter dem Himmel, kommt und helft mir lesen,
die guten ins Töpfchen,
die schlechten ins Kröpfchen.«

Da kamen zum Küchenfenster zwei weiße Täubchen herein und danach die Turteltäubchen, und endlich schwirrten und schwärmten alle Vöglein unter dem Himmel herein und ließen sich um die Asche nieder. Und die Täubchen nickten mit ihren Köpfchen und fingen an pick, pick, pick, pick, und da fingen die übrigen auch an pick, pick, pick, pick, und lasen alle guten Körner in die Schüsseln. Und eh eine halbe Stunde herum war, waren sie schon fertig und flogen alle wieder hinaus. Da trug das Mädchen die Schüsseln zu der Stiefmutter, freute sich und glaubte, nun dürfte es mit auf die Hochzeit gehen. Aber sie sprach: »Es hilft dir alles nichts. Du kommst nicht mit, denn du hast keine Kleider und kannst nicht tanzen, wir müssten uns deiner schämen.« Darauf kehrte sie ihm den Rücken zu und eilte mit ihren zwei stolzen Töchtern fort.
Als nun niemand mehr daheim war, ging Aschenputtel zu seiner Mutter Grab unter den Haselbaum und rief:
»Bäumchen, rüttel dich und schüttel dich,
wirf Gold und Silber über mich.«

Da warf ihm der Vogel ein golden und silbern Kleid herunter, und mit Seide und Silber ausgestickte Pantoffeln. In aller Eile zog es das Kleid an und ging zur Hochzeit. Seine Schwestern aber und die Stiefmutter kannten es nicht, und meinten, es müsste eine fremde Königstochter sein, so schön sah es in dem goldenen Kleide aus. An Aschenputtel dachten sie gar nicht und dachten, es säße daheim im Schmutz und suchte die Linsen aus der Asche. Der Königssohn kam ihm entgegen, nahm es bei der Hand und tanzte mit ihm. Er wollte auch mit sonst niemand tanzen, also dass er ihm die Hand nicht losließ, und wenn ein anderer kam, es aufzufordern, sprach er: »Das ist meine Tänzerin.«

Es tanzte, bis es Abend war; da wollte es nach Hause gehen. Der Königssohn aber sprach: »Ich gehe mit und begleite dich«, denn er wollte sehen, wem das schöne Mädchen angehörte. Sie entwischte ihm aber und sprang in das Taubenhaus. Nun wartete der Königssohn bis der Vater kam und sagte ihm, das fremde Mädchen wär in das Taubenhaus gesprungen. Der Alte dachte, sollte es Aschenputtel sein, und sie mussten ihm Axt und Hacken bringen, damit er das Taubenhaus entzweischlagen konnte; aber es war niemand darin. Und als sie ins Haus kamen, lag Aschenputtel in seinen schmutzigen Kleidern in der Asche, und ein trübes Öllämpchen brannte im Schornstein; denn Aschenputtel war geschwind aus dem Taubenhaus hinten herabgesprungen, und war zu dem Haselbäumchen gelaufen. Da hatte es die schönen Kleider abgezogen und aufs Grab gelegt, und der Vogel hatte sie wieder weggenommen, und dann hatte es sich in seinem grauen Kittelchen in die Küche zur Asche gesetzt.

Am anderen Tag, als das Fest von Neuem anhub, und die Eltern und Stiefschwestern wieder fort waren, ging Aschenputtel zu dem Haselbaum und sprach:
»Bäumchen, rüttel dich und schüttel dich,
wirf Gold und Silber über mich.«

Da warf der Vogel ein noch viel stolzeres Kleid herab als am vorigen Tag. Und als es mit diesem Kleide auf der Hochzeit erschien, erstaunte jedermann über seine Schönheit. Der Königssohn aber hatte gewartet, bis es kam, nahm es gleich bei der Hand und tanzte nur allein mit ihm. Wenn die anderen kamen und es aufforderten, sprach er: »Das ist meine Tänzerin.«

»Es begab sich aber …« Das deutet darauf hin, dass sich eine Wende anbahnt. Eine Wende in wessen Leben? Geladen zum Fest sind ja nur die beiden Schwestern. Und Aschenputtel soll mit dazu beitragen, dass sich der Prinz für eine von ihnen entscheidet (»Kämm uns die Haare, bürste uns die Schuhe …«)?

Doch dann geschieht, womit niemand gerechnet hat. Aschenputtel, das sich immer nur fügsam zeigte, *wünscht sich etwas für sich selbst*; auch es möchte an dem Fest teilnehmen – und dies, obwohl es nicht einmal geladen ist! Es ist dies ein erster, wenn auch nur ganz kleiner Anflug von Selbstvertrauen. Offen bleibt vorläufig, ob Aschenputtel einfach nur »gern zum Tanz« gehen möchte. Oder liegt dem Wunsch eine tiefere Absicht zugrunde, die aber so unrealistisch scheint, dass es sie gar nicht zu Ende zu denken wagt?

Waren es bislang nur die falschen Schwestern, welche Aschenputtel demütigten, tritt jetzt auch die Stiefmutter auf den Plan: »Du bist voll Staub und Schmutz … Du hast keine Kleider und Schuhe …« Dass es sich um einen Vorwand handelt, beweist der Fortgang der Geschichte. Zwei Mal schüttet die Stiefmutter Linsen in die Asche, die Aschenputtel in kurzer Zeit aussortieren soll.

Das ist Sadismus pur. Erst verlangt die Stiefmutter das Unmögliche; anschließend bricht sie sogar noch ihr Versprechen. Das Sortieren der Linsen steht für einen Reifeprozess. Aschenputtel muss lernen zu unterscheiden, nicht zwischen Gut und Böse, sondern zwischen dem, was gut und was schlecht ist *für sein eigenes Leben*.[3] Bislang hat es akzeptiert, was man ihm eingetrichtert hat: Du bist der letzte Dreck! Solange es so von sich denkt, kann

---

3 Vgl. Kast, 120; Bauschke, 22.

es sich nicht wehren gegenüber den Stiefschwestern. Doch jetzt, beim »Lesen« der Linsen lernt es, was ins *Töpfchen* gehört und was ins *Kröpfchen* kommt. Schon mit dem Wunsch, beim Tanz dabei zu sein, hat es unbewusst zu verstehen gegeben: Ich bin nicht nur Asche, nicht nur Schmutz; in mir steckt mehr, als ihr glaubt; auch ich habe ein Anrecht auf Freude und Glück.

»Wo aber Gefahr ist, wächst das Rettende auch.« Dass dieses Wort in Friedrich Hölderlins Hymne *Patmos* nicht nur für unmittelbar drohende Gefahren gilt, sondern auch für Hindernisse, Schwierigkeiten, für scheinbar unüberbrückbare Abgründe, zeigt nun eben unser Märchen. Hier tritt das Rettende von außen her in Erscheinung – allerdings nicht wie in der Erzählung von Davids Erwählung, wie ein *deus ex machina*. Isais Jüngster wird weggerufen vom Feld. Die entscheidende Begegnung kommt ohne sein Zutun zustande. Solche geschenk- oder gnadenhafte Wendungen kommen tatsächlich vor. Realistischer aber scheint, was das Märchen uns vermittelt, nämlich *dass wir die Initiative zumeist selbst ergreifen müssen, um eine Änderung herbeizuführen.* Ebendies trifft für Aschenputtel zu. Offensichtlich hat es den Wunsch der sterbenden Mutter (»Bleibe fromm und gut!«) bis anhin so verstanden, dass es sich mit seinem Los abzufinden und sich unterzuordnen hat. Praktisch bedeutet das: Gib klein bei! Lehn dich ja nicht auf! Was letztlich auf den gut gemeinten Ratschlag der Mutter hinausläuft, stets fromm und gut zu sein. Ja, aber wenn nötig, auch aufsässig und rebellisch! Und listig! Ja, listig. Nachdem die Stiefmutter Aschenputtel getäuscht hat, sieht sich die junge Frau gezwungen, sie ihrerseits zu hintergehen; durch die *Hintertür* entwischt sie in den Garten und bittet die Tauben und die Vögel um Hilfe.

Jetzt, beim »Lesen« der Linsen, begreift Aschenputtel endlich, dass es aufbegehren *muss*, wenn andere es in seiner Entfaltung behindern, und dass es ein *Anrecht* hat auf das, was das Leben für es bereithält. Und dass es nicht gehalten ist, jemanden um Erlaubnis zu bitten, wenn es darum geht, diesen Anspruch durchzusetzen.

**Der neue Tag kommt über Nacht**

Während die falschen Schwestern zum Tanz gehen, geht Aschenputtel dorthin, wo es jeden Tag hingegangen ist seit dem Tod seiner Mutter, nämlich zu deren Grab, wo das eingepflanzte Reis inzwischen zum Haselstrauch herangewachsen ist.

Durch diese täglichen Besuche und dank dem auf dem Grab gedeihenden Haselbusch bleibt Aschenputtel der toten Mutter verbunden. Die hatte ihrer Tochter versprochen, vom Himmel her auf sie herabzuschauen. Immer deutlicher begreift diese, dass die Mahnung, »fromm und gut« zu bleiben, nicht bedeutet, eine Dulderexistenz zu führen. Hatte Aschenputtel die Stiefmutter noch darum *gebeten*, am Fest teilnehmen zu dürfen, verlegt es sich jetzt aufs *Fordern*: »Bäumchen, rüttel dich und schüttel dich, wirf Gold und Silber über mich!«

Und siehe da – Wunsch und Wirklichkeit fallen plötzlich in eins. Aschenputtel braucht nicht einmal auszusprechen, was es haben möchte; es erhält, worum es bittet, nämlich ein güldenes Kleid und mit Silber bestickte Seidenpantoffeln.

*Wir*, die wir uns in den Märchenlandschaften zumeist ganz gut zurechtfinden, ahnen, worauf Aschenputtels Wunsch hinausläuft. Wie aber verhält es sich mit Aschenputtel? Weiß es schon, was es will? Geht es ihm wirklich nur um die Teilnahme am Fest und um die Freude am Tanz? Oder sind seine Gedanken nicht doch beim Prinzen? Wohl möglich. Sicher ist nur, dass es von ihm spätestens in dem Augenblick ganz eingenommen ist, als es zum ersten Mal mit ihm tanzt. Warum aber entwischt es ihm dann gleich drei Mal, obwohl er es bereits anlässlich der ersten Begegnung als die Seine betrachtet (»Das ist *meine* Tänzerin!«)?

Hier zeigt sich einmal mehr, dass Märchen der Wirklichkeit hart auf den Fersen bleiben, ihr gelegentlich gar voraus sind.

Die Botschaft ist klar: Liebe macht nicht blind, sie macht sehend – aber mit dem Erwachen der Liebe melden sich auch Ängste. Anders verhält es sich mit jenem Zustand, den man als Verliebtheit oder als Verknalltsein bezeichnet. Eltern wissen, dass es ganz und gar unmöglich ist, ihre Tochter, die sich Hals über

Kopf in einen gewalttätigen Verbrecher verliebt hat, davon zu überzeugen, dass diese Sache nicht gut ausgehen wird. Vermutlich wäre es leichter, einen Rasenden dazu zu bringen, nach Noten zu schreien, als ihr das klarzumachen. Die junge Frau wird ihre Ansicht erst ändern, wenn sie am eigenen Leib erfahren hat, dass sich Ganoven nicht immer so charmant verhalten wie an dem Abend, an dem sie zum ersten Mal zur Pizza ausgeführt werden.

Hätte es Aschenputtel darauf angelegt, sich einen vermögenden Industriellen zu angeln, würde es die erste sich bietende Gelegenheit beim Schopf packen, ihn umgarnen und umarmen. Keinesfalls würde es die Flucht ergreifen! Aschenputtel hingegen flieht, bevor sich zwischen ihm und dem Prinzen eine tiefere Bindung anbahnt. Nicht kalt berechnend, sondern völlig verwirrt müssen wir uns die junge Frau vorstellen, absolut unfähig auch, in diesem Zustand das Für und Wider gegeneinander sachlich abzuwägen. Die Unsicherheit, die sie angesichts einer ihr bisher völlig unbekannten Empfindung verspürt, macht Angst. Konfrontiert mit einem unerwarteten Tohuwabohu der Gefühle unternimmt sie vorerst gar nichts. Zuerst gilt es, sich über ihre Absichten und Erwartungen Klarheit zu verschaffen. Auch hier ist das Märchen realistischer als das Verhalten mancher, die sich in einer ähnlichen Situation befinden und gedankenlos in verhängnisvolle Situationen hineinstolpern.

Aschenputtel zieht sich zurück. Dabei gibt es sich Rechenschaft, dass es sich zu dem Prinzen hingezogen fühlt. Nur dass es sich über diese Gefühle nicht im Klaren ist. Daher die wiederholte Flucht!

Am dritten Abend erscheint Aschenputtel auf dem Fest in einem Kleid, »das war so prächtig und glänzend, wie es noch keins gehabt hatte, und die Pantoffeln waren ganz golden«. Welch umwerfende Symbolik! Aus der Verliebtheit ist Liebe geworden. Wobei zu beachten ist, dass das Märchen (wie so viele andere) hier psychische, geistige und allgemeinmenschliche Entwicklungen im Zeitraffer darstellt. Im richtigen Leben geschieht eine derartige Entwicklung nicht von heute auf morgen; vielmehr handelt es sich um einen *Prozess*, der sich über eine längere Zeitspanne erstreckt.

Als es nun Abend war, wollte Aschenputtel fort, und der Königssohn wollte es begleiten, aber es entsprang ihm so geschwind, dass er nicht folgen konnte. Der Königssohn hatte aber eine List gebraucht und die ganze Treppe mit Pech bestreichen lassen. Da war, als es hinabsprang, der linke Pantoffel des Mädchens hängen geblieben. Der Königssohn hob ihn auf, und er war klein und zierlich und ganz golden. Am nächsten Morgen ging er damit zu dem Mann und sagte zu ihm: »Keine andere soll meine Gemahlin werden als die, an deren Fuß dieser goldene Schuh passt.« Da freuten sich die beiden Schwestern, denn sie hatten schöne Füße. Die älteste ging mit dem Schuh in die Kammer und wollte ihn anprobieren, und die Mutter stand dabei. Aber sie konnte mit der großen Zehe nicht hineinkommen, und der Schuh war ihr zu klein. Da reichte ihr die Mutter ein Messer und sprach: »Hau die Zehe ab. Wenn du Königin bist, so brauchst du nicht mehr zu Fuß zu gehen.« Das Mädchen hieb die Zehe ab, zwängte den Fuß in den Schuh, verbiss den Schmerz und ging hinaus zum Königssohn. Da nahm er sie als seine Braut aufs Pferd und ritt mit ihr fort. Sie mussten aber an dem Grab [von Aschenputtels Mutter] vorbei, da saßen die zwei Täubchen auf dem Haselbäumchen und riefen:
»Rucke di guck, rucke di guck,
Blut ist im Schuck [Schuh].
Der Schuck ist zu klein,
die rechte Braut sitzt noch daheim.«

Da blickte der Prinz auf ihren Fuß und sah, wie das Blut herausquoll. Er wendete sein Pferd, brachte die falsche Braut wieder nach Hause und sagte, das wäre nicht die rechte; die andere Schwester solle den Schuh anziehen. Da ging diese in die Kammer und kam mit den Zehen glücklich in den Schuh, aber die Ferse war zu groß. Da reichte ihr die Mutter ein Messer und sprach: »Hau ein Stück von der Ferse ab. Wenn du Königin bist, brauchst du nicht mehr zu Fuß zu gehen.« Das Mädchen hieb ein Stück von der Ferse ab, zwängte den Fuß in den Schuh, verbiss den Schmerz und ging heraus zum Königssohn. Da nahm er sie als seine Braut aufs Pferd und ritt mit ihr fort. Als sie

an dem Haselbäumchen vorbeikamen, saßen die zwei Täubchen darauf und riefen:
»Rucke di guck, rucke di guck,
Blut ist im Schuck.
Der Schuck ist zu klein,
die rechte Braut sitzt noch daheim.«

Er blickte nieder auf ihren Fuß und sah, wie das Blut aus dem Schuh quoll und an den weißen Strümpfen ganz rot heraufgestiegen war. Wieder wendete er sein Pferd und brachte die falsche Braut wieder nach Hause. »Das ist auch nicht die rechte«, sprach er, »habt ihr keine andere Tochter?« »Nein«, sagte der Mann, »nur von meiner verstorbenen Frau ist noch ein kleines verbuttetes Aschenputtel da; das kann unmöglich die Braut sein.« Der Königssohn sprach, er sollte es heraufschicken; die Mutter aber antwortete: »Ach nein, das ist viel zu schmutzig, das darf sich nicht sehen lassen.« Er wollte es aber durchaus haben, und Aschenputtel musste gerufen werden. Da wusch es sich erst Hände und Angesicht rein, ging dann hin und neigte sich vor dem Königssohn, der ihm den goldenen Schuh reichte. Dann setzte es sich auf einen Schemel, zog den Fuß aus dem schweren Holzschuh und steckte ihn in den Pantoffel; der war wie angegossen. Und als es sich in die Höhe richtete und der König ihm ins Gesicht sah, so erkannte er das schöne Mädchen, das mit ihm getanzt hatte, und rief: »Das ist die rechte Braut.« Die Stiefmutter und die beiden Schwestern erschraken und wurden bleich vor Ärger. Er aber nahm Aschenputtel aufs Pferd und ritt mit ihm fort. Als sie an dem Haselbäumchen vorbeikamen, riefen die zwei weißen Täubchen:
»Rucke di guck, rucke di guck,
Kein Blut im Schuck.
Der Schuck ist nicht zu klein,
die rechte Braut, die führt er heim.«

Und als sie das gerufen hatten, kamen sie beide herabgeflogen und setzten sich dem Aschenputtel auf die Schultern, eines rechts, das andere links, und blieben da sitzen.

Erstaunlich scheint, dass Aschenputtel dem Prinzen auch am dritten Abend noch zu entwischen sucht. Offenbar gibt es Ängste, die uns daran hindern, uns selbst jenen Menschen gegenüber zu öffnen, die uns besonders nahestehen. Was ist, wird Aschenputtel sich wohl fragen, wenn der Prinz nicht mehr mit mir tanzen will, sobald er um meine Herkunft weiß? Wird er mich fallen lassen, wenn er mich in meiner gewohnten Kleidung erblickt? Hat er es ernst gemeint, als er sagte: »Das ist *meine* Tänzerin!« Wenn es ihm ernst war, wird er doch alles daransetzen, um mich zu finden. Dadurch erst wird sich zeigen, was ich ihm wert bin. Kurzum, die junge Frau möchte vom Prinzen nicht wegen ihrer prächtigen Aufmachung erwählt werden, sondern von ihm so akzeptiert werden, wie sie wirklich ist.[4]

Aschenputtel fragt *den Prinzen* nicht, was es ihm wert ist. Vielmehr fragt es *sich*, ob der Sohn des Königs es liebt. Wird er alles tun, um *seine* Tänzerin zu finden?

Gewitzt durch deren Verschwinden an den beiden vorausgegangenen Abenden entscheidet sich der Prinz für eine List. Während die Geladenen sich beim Tanz amüsieren, lässt er die Treppe mit Pech bestreichen. Dann wendet er sich an Aschenputtels Vater, der ihm schon in den beiden Nächten zuvor Hand bot. Der wittert seine Chance und stellt dem Königssohn die beiden falschen Schwestern vor. Und – wir erinnern uns – wie Isai seinen jüngsten Sohn verleugnet, verschweigt der Vater Aschenputtels Existenz.

Die zwei Schwestern setzen alles daran, um den Prinzen zum Gemahl zu bekommen – nicht weil sie ihn lieben (davon ist überhaupt nicht die Rede), sondern in der Absicht, später einmal neben dem zukünftigen Herrscher auf dem Thron zu sitzen. Für sie zählt einzig der Erfolg.

Entscheidend aber sind vielmehr *die Ziele*, die wir verfolgen. Diese Ziele gilt es anzustreben. Der Erfolg darf nie das Ziel sein. Alles Gelingen ist lediglich *eine Folge* unserer Anstrengungen.

---

4   Vgl. Bruno Bettelheim, Kinder brauchen Märchen, München [17]1994, 308.

Wohin es führt, wenn der Erfolg das Ziel ist, zeigt unser Märchen. Die eine Schwester schneidet sich die große Zehe ab, die andere verstümmelt ihre Ferse. Was tut's! Als Königinnen, sagt ihre Mutter, brauchen sie ja nicht mehr zu gehen. Die Symbolik könnte deutlicher nicht sein. Sei's die erste der Schwestern, sei's die zweite – sie werden nie mehr auf zwei Füßen stehen und gehen müssen, sondern in einer Sänfte getragen werden. Sie werden die Bodenhaftung und damit jeglichen Sinn für die Realitäten verlieren. Damit demonstrieren sie auf erschreckende Weise, zu welch seelischen, psychischen (im Extremfall gar physischen) Selbstverstümmelungen Menschen fähig sind, wenn der Erfolg ausschlaggebend ist und nicht das Ziel.

Dass Menschen sich selbst verstümmeln, kommt immer wieder vor. Ein Beispiel dafür findet sich in Dostojewskis frühem Roman *Erniedrigte und Beleidigte*. Dort berichtet eine Frau davon, dass sie einem jungen launischen, absolut unreifen Fürsten gänzlich verfallen sei; sie wolle ihn einfach haben, ungeachtet aller nur möglichen Einwände. Sie glaube nicht einmal an dessen Liebe – und doch …

> Ich liebe ihn wie eine Wahnsinnige. Ich liebe ihn in krankhafter Weise. Ich habe selbst in unseren glücklichsten Augenblicken immer vorausgefühlt, dass er mir nur Qualen bereiten wird. Doch was soll ich machen, wenn mir selbst die Qualen, die ich um seinetwillen leide, ein Glück bedeuten? Ich selber habe ihm gesagt, ich selber, dass ich ihn in keiner Weise binden wolle. Für ihn ist es besser so. Fesseln sind jedem lästig, mir am allermeisten. Ich bin glücklich, seine Sklavin zu sein, seine freiwillige Sklavin, alles und jedes von ihm zu ertragen, wenn er nur bei mir ist, wenn ich ihn nur sehen kann. Möge er sogar eine andere lieben, wenn es nur nicht hinter meinem Rücken geschieht, damit ich auch daran teilhaben kann. Ist das nicht erbärmlich, so etwas zu wünschen? Ich weiß es ja selber. Wenn er mich aber verlässt, werde ich ihm nachlaufen bis ans Ende der Welt, auch wenn er mich von sich stößt, mich davonjagt. Kehre ich heute um, würde ich morgen doch wieder zu ihm laufen; er befiehlt – ich komme; er pfeift, ruft mich wie ein Hündchen – ich laufe ihm nach … Qualen!

Doch von ihm fürchte ich keine Qualen. Sobald ich weiß, dass ich seinetwegen leide ... Ach, das lässt sich gar nicht in Worte fassen. Er hat mir alles Mögliche versprochen. Deshalb hat er mich ja heute zu sich gerufen, um sich heimlich morgen mit mir außerhalb der Stadt trauen zu lassen; aber er weiß ja gar nicht, was er tut. Vielleicht weiß er nicht einmal, wie man es anfangen muss, sich trauen zu lassen. Und was für ein Gatte würde er sein! Zum Lachen, nicht wahr? Wenn wir uns wirklich verheirateten, würde er so unglücklich sein, mir solche Vorwürfe machen ... Ich will aber nicht, dass er mir jemals über irgendetwas Vorwürfe macht ... Alles, alles will ich ihm geben, er aber soll mir nichts geben.[5]

Ein solcher Wahnwitz spricht für sich selbst – und gegen die Person, die ihm erliegt.

Immer wieder kommt es vor, dass Menschen ihr ganzes Trachten und Tun Zielen unterordnen, von denen sie in ihrem Innersten spüren, dass sie sich damit ruinieren. Wie die falschen Schwestern in unserem Märchen sind sie am Ende unfähig, auf eigenen Füßen zu stehen. Aus Angst, ihren Partner oder ihre Partnerin zu verlieren, gehen sie auf den verquersten Wunsch noch ein. Sie sind dermaßen fremdbestimmt, dass sie keine Identität mehr besitzen. So finden sie sich schließlich in der gleichen Situation, in der Aschenputtel im Begriff ist zu entrinnen, nämlich im grauen Kittel, bei der Asche am Herd. Dort ist inzwischen ja Platz genug. Denn die von ihrem Vater, ihrer Stiefmutter und den falschen Schwestern gedemütigte junge Frau sitzt bereits auf dem Pferd des Prinzen, das (die Annahme scheint berechtigt) zum Königspalast galoppiert.

Verwunderlich ist allerdings, dass der Königssohn zuvor schon mit Aschenputtels Schwestern davongeritten ist, weil er sich von deren Reizen blenden ließ. Ohne Warnung seitens der zwei Tauben hätte er eine falsche Braut heimgeführt und zur Königin gemacht. Das Märchen zeigt, dass höchste Gefahr im Verzug ist,

---

5 Fjodor Michailowitsch Dostojewski, Erniedrigte und Beleidigte, München 1966, 60 f. (8. Kapitel; gekürzt).

wenn die Hormone dermaßen verrücktspielen, dass die Vernunft auf der Strecke bleibt. Zugutekommt dem Königssohn, dass er auf die Tauben hört – und so wiederholt sich genau das, was wir schon aus der Geschichte von Davids Erwählung kennen. Dort fragt der Prophet Isai: »Sind das alle deine Söhne?« Jein – oder kann ein Schafhüter vielleicht König werden? Genauso verhält es sich im Märchen: »Habt ihr keine andere Tochter?«, fragt der Prinz den Vater. Die Antwort ist die gleiche: »Jein«, sagt der Mann. »Nur von meiner verstorbenen Frau ist noch ein kleines verbuttetes Aschenputtel da, das kann unmöglich die Braut sein.« Wie Samuel darauf besteht, dass man den bäurischen Hirtenjungen vom Feld holt, pocht der Prinz darauf, das angeblich verbuttete (zurückgebliebene) Mägdlein zu sehen. Die falschen Schwestern haben ihn durch ihr Aussehen beeindruckt. Jetzt erst, da Aschenputtel in Erscheinung tritt, fixiert er seinen Blick *nicht auf die Gestalt*, sondern *schaut aufs Gesicht*. Und erkennt seine Tänzerin wieder. Aschenputtel seinerseits befreit seinen Fuß von dem »schweren Holzschuh« und schlüpft in den goldenen Pantoffel, und der sitzt wie angegossen. Endlich darf es sie selbst sein!

Dass es überhaupt so weit kommen konnte, verdankt sich *auch* einem Anstoß von außen. Es sind ja die beiden Täubchen, die den Prinzen darauf aufmerksam machen, dass er zweimal eine falsche Braut aufs Pferd gehoben hat (»Blut ist im Schuck!«). Ähnliches konnten wir schon bezüglich der Erwählung Davids feststellen. Dort ist es Gottes Stimme, welche den Propheten vergewissert, dass der Jüngste König werden soll: »*Der* ist es! *Ihn* salbe!«

**Das Märchen geht bös aus**

> Als die Hochzeit mit dem Königssohn sollte gehalten werden, kamen die falschen Schwestern, wollten sich einschmeicheln und teil an seinem Glück nehmen. Als die Brautleute nun zur Kirche gingen, war die älteste zur rechten, die jüngste zur linken Seite. Da pickten die Tauben einer jeden das eine Auge aus. Hernach, als sie herausgingen, war die älteste zur Linken und die jüngste zur Rech-

ten. Da pickten die Tauben einer jeden das andere Auge aus. Und waren sie also für ihre Bosheit und Falschheit mit Blindheit auf ihr Lebtag bestraft.

Kaum hat sich das Blatt gewendet, wenden sich die falschen Schwestern erneut dem Prinzen zu. Auf seinem Pferd haben sie ja schon gesessen; nun möchten sie wenigstens an der Hochzeitstafel und später am Hof einen Ehrenplatz ergattern. Woher haben sie überhaupt diese Chuzpe? Müssen sie nicht befürchten, dass die Neuvermählte ihrem Gemahl von den erlittenen Demütigungen erzählt? Dass sie ihm berichtet, dass ihr die schönen Kleider weggenommen wurden? Dass man sie in die Küche verbannte und dass ein Haufen Asche ihr als Lagerstatt diente? Wäre es nicht verständlich, wenn die zur Braut Erkorene sich an ihren Schwestern rächen würde?

Es ist die Geschwisterrivalität, die zwischen Aschenputtel und seinen falschen Schwestern zur Entzweiung führt. Und da gilt, was für jeden Konkurrenzkampf zutrifft: Die Stärkeren dominieren und die Schwächeren verlieren.

Ein Beispiel dafür ist die biblische Geschichte vom ägyptischen Josef. Josef ist der erste der zwei Söhne, die Jakob mit Rahel zeugte. Seine zehn älteren Halbbrüder hingegen entstammen Jakobs Verbindung mit Rahels Schwester Lea und den Sklavinnen der beiden Frauen. Da Jakob Rahel wegen ihrer Schönheit und Art zeitlebens bevorzugte, können wir leicht nachvollziehen, dass dessen besondere Zuwendung Rahels Erstgeborenem Josef gilt. Immer wieder – Thomas Mann lässt hier seiner Fantasie freien Lauf – macht er ihm kleine Geschenke, verwöhnt ihn mit Sondergaben und zärtlichen Aufmerksamkeiten, mit Leckereien, hübschen Töpferstücken, Huldsteinen, Purpurschnüren, Skarabäen, mit diesem und jenem – alles diesbezüglich Erwähnenswerte hier eigens aufzählen zu wollen, würde zu weit führen.[6]

---

6 Literaturkundige, die mir bezüglich der Aufreihung von Jakobs Zuwendungen an seinen Zweitjüngsten einen Plagiatsvorwurf machen, sind voll im Recht. Die Aufzählung der Geschenke findet sich bei

Zum Aufstand der Brüder kommt es erst, als Jakob dem 17-Jährigen über die Maßen von ihm Bevorzugten einen bunten Rock schenkt, was die neidischen Halbbrüder zur Weißglut bringt. Die bemächtigen sich Josefs, werfen ihn heimlich in eine Zisterne. Wenig später verkaufen sie ihn an ismaëlitische Sklavenhändler, die ihn an Potifar, den Kämmerer des Pharao, weiterverkaufen. Potifars Frau (selbst für biblische Überlieferungen Unsensible werden bemerkt haben, dass wir es hier nicht mit historischen Überlieferungen, sondern mit einer Novellendichtung zu tun haben) verliebt sich in den schönen Josef, will ihn verführen; der weist sie ab. Vor lauter Frustration dreht die Verschmähte den Spieß um und erzählt ihrem Gatten, dass Josef sie verführen, was heißt schon verführen, dass er sie vergewaltigen wollte, worauf dieser nicht nach kurzem Prozess, sondern ganz ohne jedes Gerichtsverfahren ins Verlies gesteckt wird. Dort macht er sich als Traumdeuter einen Namen. Die Sache spricht sich herum, und weil auch ein Pharao ab und an von nächtlichen Alb-, gelegentlich aber auch von wirren Zukunftsträumen heimgesucht wird, wird der in solcherart Dingen hinreichend versierte Josef vor den Nilherrscher zitiert, in dessen Pupillen sich nächtens einmal sieben fette und sieben magere Kühe spiegelten, die einen weidend, die anderen mit dermaßen weit heraushängenden Zungen, dass der Pharao jäh erwacht und wachend noch mehr erschrickt als während des Traumgesichts. Josef, erfahren von Kindheit an im Herdenhüten und in Hirtengeschäften, enträtselt das von dem Träumenden sinnbildlich Erschaute: Ägypten stehen sieben ertragreiche Jahre bevor; sieben Not beladene Zeiten werden folgen. Worauf der Pharao weitsichtig Vorsorge trifft und Getreide für die auf die fruchtbaren Zeiten folgenden Hungerjahre zu lagern befiehlt. Weil der Warner das im Traum Geschaute entschlüsselte, ernennt der Pharao ihn zu seinem obersten Verwalter und Stellvertreter. Dass Josef eine Frau heimführt und mit

---

Thomas Mann, Joseph und seine Brüder. Der junge Joseph (Fischer Taschenbücher 9436), Frankfurt a. M. ¹⁴2008, 84 f.

ihr zwei Söhne zeugt, ist hier so wenig von Interesse wie der beiden Sprösslinge Namen, die wir unseren bibelunkundigen Zeitgenossen nicht vorenthalten möchten: Ephraim und Manasse. Wichtig erscheint uns der Umstand, dass die vom Traumleser angekündigte Dürre auch eintrifft, was die Bewohner der Nachbarländer dazu bewegt, in Ägypten Getreide zu kaufen. Unter diesen befinden sich Josefs Brüder, die ihn, den vom Vater Bevorzugten und deswegen von ihnen Gehassten, einstmals als Sklaven verkauften. Doch jetzt, die Jahre haben sich gemehrt und die Gesichter der Menschen entsprechend sich verdüstert oder verfettet, ganz sicher aber verändert, erkennen die Brüder ihren Bruder nicht wieder.

Josef jedoch erkennt sie. Und gibt sich ihnen zu erkennen. Rächt sich nicht an seinen einstigen Peinigern, versöhnt sich vielmehr mit ihnen und überhäuft sie sogar mit Geschenken. Welch ein Zeichen von Größe!

So wenig wie Josef seinen Brüdern vergilt, was diese ihm angetan, rächt Aschenputtel sich an seinen falschen Schwestern.

Für die Schwestern geht das Märchen dennoch böse aus. Dass ihnen ausgerechnet die Tauben, die zumeist die göttliche Inspiration und den Frieden versinnbildlichen, die Augen auspicken, wird allenfalls Symbolunkundige befremden. Bedeutet wird damit, dass die Schwestern nicht daran denken, *sich mit Aschenputtel zu versöhnen*; sie wollen sich lediglich *einschmeicheln beim Prinzen*. Nach wie vor sind sie *mit Blindheit geschlagen*; es fehlt ihnen jedes Gespür für das, was im Leben wirklich und wahrhaft zählt, nämlich die Liebe.

Um es in Anspielung auf das Matthäusevangelium zu sagen: Den Demütigen nur und den Bescheidenen wird solches Glück zuteil; die Überheblichen und Stolzen hingegen werden vergeblich danach suchen (vgl. Matthäus 11,25).

Das illustrieren sowohl die Geschichte von Davids Erwählung als auch das Märchen vom Aschenputtel. Aschenputtel und David sind gewissermaßen Geschwister. Beide werden von ihren Vätern verleugnet, beide sind angeblich zu nichts nütze, und auf beide wartet ein Königsthron.

Zunächst aber werden beide abgeschoben von jenen, die sie abgeschrieben haben. Menschen, die diese Erfahrung machen müssen, können kein Selbstwertgefühl entwickeln. Sie fühlen sich minderwertig. Sie sind nicht einmal mehr fähig zu dem Gedanken, was denn die anderen machen würden, wenn sie deren Schafe nicht hüten oder ihnen kein Essen kochen und ihre Wäsche nicht waschen würden.

Wer kein Selbstvertrauen mehr besitzt, ist auf fremde Unterstützung angewiesen, wenn sich etwas ändern soll. In Betlehem tritt ein Prophet in Erscheinung, im Märchen ein Prinz. Allerdings gibt es da einen wesentlichen Unterschied. David fällt die Königskrone gleichsam aufs Haupt. Aschenputtel hingegen muss um seinen Prinzen kämpfen.

Im Märchen geht es darum, wie ein Mensch, der von allen an den Rand gedrängt wurde, ein Selbstwertgefühl entwickeln kann. Der biblische Verfasser hingegen verfolgt eine religiöse Absicht. Er möchte zeigen, dass Gott auch die Unscheinbaren und Kleinen zu Großem beruft.

**Postskriptum**

Was die eingangs erwähnten Auswahlverfahren beim Handball betrifft, habe ich nie darunter gelitten, dass ich fast immer als Letzter an der Reihe war. Unter anderem auch deshalb, weil jene, die sich beim Sport am geschicktesten anstellten, alles taten, um von mir die Hausaufgaben abschreiben zu dürfen. Das hat meinem Selbstwertgefühl gutgetan.

**Post-Postskriptum**

Nach Abschluss dieser Überlegungen bin ich auf eine Geschichte gestoßen, die das Gesagte, nämlich dass es die Kleinen und Geringen sind, die am Ende das Richtige sagen oder tun, zu bestätigen scheint. Sie handelt von einem ungebildeten Kutscher, der sich über den Lauf der Welt keine großen Gedanken macht, dafür aber weiß, wie er mit seinen Pferden umzugehen hat.

In einer kleinen Stadt in Galizien gab es im frühen 19. Jahrhundert zwei etwa gleich große und miteinander rivalisierende Bevölkerungsgruppen: Juden und russisch-orthodoxe Christen. Zu den gegenseitigen Sticheleien gehörte, dass man die jeweils anderen für notorisch dumm erklärte. Eines Tages trat ein neuer Pope seinen Dienst in der christlichen Gemeinde dieses Ortes an, der nach einiger Zeit die Idee unterbreitete, man solle doch ein für alle Mal diesen bösen Zank beenden. Dazu schlug er vor, er und der Rabbi sollten stellvertretend für ihre Gemeinden einen geistigen Wettkampf ausfechten. Dabei sollten sie einander wechselweise Fragen stellen und wer zum ersten Mal sagen müsste »Ich weiß nicht«, habe verloren, und die leidige Streitfrage sei endgültig geklärt. Das war ein guter und Frieden verheißender Vorschlag.

Es gab da nur ein Problem. Der neue Pope, das hatte sich rasch herausgestellt, war ein überaus gebildeter Mann und der Rabbi – nun, das konnte man von diesem wackeren und bescheidenen Mann leider nicht sagen. Die jüdische Gemeinde war ratlos. Der Wettstreit schien von vornherein aussichtslos, aber kneifen konnte man auch nicht, denn dann hätte man ja schon gleich den eigenen Mangel an Wissen und Intelligenz eingeräumt. Man versuchte trotz aller Bedenken den Rabbi zu bewegen, sich wenigstens der gegenseitigen Befragung zu stellen, aber der verweigerte standhaft, sich und damit die ganze Gemeinde zu blamieren.

Die Ratlosigkeit wuchs ins Uferlose. Da meldete sich Menachem, der Kutscher. Er wolle für den Rabbi gegen den Popen antreten. Er habe nur eine einzige Forderung, er wolle nämlich die erste Frage stellen dürfen. Nun galten Kutscher schlechthin als nicht gerade sonderlich gebildete Menschen und dieser schon gar nicht. Ehrlich gesagt: Der war geradezu ein Ausbund voll Nichtwissen! Aber was sollte man tun? Immer noch besser im Wettstreit zu unterliegen als sich ihm gar nicht zu stellen.

So wurde es also beschlossen. Der siegessichere orthodoxe Priester war selbstredend generös bereit, dem jüdischen Kutscher Menachem die erste Frage zu überlassen.

»Sag mir doch«, begann der Kutscher, »was heißt auf Hebräisch *enänni jodea*?«

Der Pope, der neben vielem anderen auch hervorragend Hebräisch konnte, antwortete wie aus der Pistole geschossen: »Ich weiß nicht.«

Riesenjubel der Jüdinnen und Juden. Ein wunderbarer, ein mit geradezu talmudisch-vertracktem Scharfsinn errungener Sieg! Man umarmte Menachem, den Kutscher, gratulierte ihm wieder und wieder für seine fantastische Idee und fragte ihn schließlich, wie er denn auf diese tolle Frage gekommen sei.

»Ach«, sagte der, »ich hab' mich daran erinnert, dass ich vor vielen Jahren einmal unseren früheren, und, Gott sei's geklagt, verstorbenen gelehrten Rabbi gefragt hatte: ›Was heißt Hebräisch *enänni jodea*?‹ Da hat der Rabbi gesagt: ›Ich weiß nicht.‹ Und da hab ich mir gedacht: Wenn der Rabbi das nicht weiß, dann weiß es der Pope bestimmt auch nicht.«[7]

*In Wirklichkeit heißt* enänni jodea *tatsächlich* Ich weiß nicht!

---

7 Bei Jürgen Ebach, Neue Schrift-Stücke. Biblische Passagen, Gütersloh 2012, 102 f.

## »Ich brauche dich, weil ich dich liebe«
## Der Froschkönig

> Das Alte ist vergangen, siehe, Neues ist geworden.
> *2 Korinther 5,17*

Da lernt eine junge Frau einen sympathischen Mann kennen, die beiden kommen einander näher, und irgendwann reden sie vom Heiraten. Bei dieser Gelegenheit fragt die Frau den Mann: »Aber Schatz, sag mir jetzt einmal: Warum willst du mich heiraten? Was erwartest du von mir?« »Was ich von dir erwarte? Das ist doch klar. Dass du den Haushalt in Schuss hältst, dass du eine perfekte Köchin und Gastgeberin bist und die Wäsche besorgst und die Socken flickst ...« Wenn die Frau mit diesem Mann noch immer die Ehe eingehen will, hat sie keinen besseren verdient.

Es sei denn ...

Statt weitere Spekulationen anzustellen, greifen wir zu den *Kinder- und Hausmärchen* der Brüder Grimm und nehmen uns gleich die erste der dort gesammelten zweihundert Geschichten vor. Sie trägt den Titel *Der Froschkönig oder der eiserne Hans*.

> In den alten Zeiten, wo das Wünschen noch geholfen hat, lebte ein König, dessen Töchter waren alle schön, aber die jüngste war so schön, dass die Sonne selber, die doch so vieles gesehen hat, sich verwunderte, sooft sie ihr ins Gesicht schien. Nahe bei dem Schloss des Königs lag ein großer dunkler Wald, und in dem Wald unter einer alten Linde war ein Brunnen. Wenn nun der Tag sehr heiß war, so ging das Königskind hinaus in den Wald und setzte sich an den Rand des kühlen Brunnens. Und wenn sie Langeweile hatte, so nahm sie eine goldene Kugel, warf sie in die Höhe und fing sie wieder; und das war ihr liebstes Spielwerk.

Viel erfahren wir nicht über diese Königstochter – aber das wenige ist vielsagend. Zunächst einmal fällt auf, dass wohl von ihrem Vater, nicht aber von der Mutter die Rede ist. Die wird auch im weiteren Verlauf der Erzählung nie erwähnt. Die Tochter ist daran, zur Frau heranzureifen, ist sie doch in einem Alter, in dem sie sich ganz allein hinauswagt in den Wald. Noch aber eignet ihr eine kindliche Verspieltheit. Was besonders auffällt: Sie ist noch entzückender als ihre reizenden Schwestern. Ist die Vermutung so abwegig, dass der Erzähler andeuten will, was *der Vater* für diese Tochter empfindet, wenn er behauptet, dass selbst die Sonne sich verwundert angesichts solcher Schönheit?

Geschildert wird eine heile, helle Welt, wie wir alle sie uns wünschen. Von einem Schloss ist die Rede, das von einem König und seinen liebreizenden Töchtern bewohnt wird, von denen eine durch besondere Wohlgestalt hervorsticht.

Aber ist die Kindheit der Königstochter wirklich so glücklich, wie wir uns einbilden möchten? Wir haben bereits darauf hingewiesen, dass die Mutter und damit das fürsorgliche und behütende Prinzip fehlt. Unnütz darüber zu spekulieren, ob sie bereits verstorben ist, ob sie ganz im Schatten des Königs steht oder ob dieser sie gar verstoßen hat. Tatsache ist, dass das weibliche Gegengewicht zum männlichen Pol, das für die Entwicklung eines Kindes wesentlich ist, hier offensichtlich nicht zum Zug kommt. Der weitere Verlauf des Geschehens wird zeigen, dass der Vater eine sehr dominante Rolle einnimmt. Dass etwas Wesentliches fehlt, deutet das Märchen dadurch an, dass die Königstochter unter Langeweile leidet. Offensichtlich vermag die Schönheit, derer sie sich erfreut, ihre innere Leere nicht auszufüllen. Also wagt sie einen Ausbruchsversuch. Der führt sie immer wieder hinein in einen nahen dunklen Wald.

In Sagen und Märchen ist der Wald oft von Hexen, Riesen und wilden Tieren bewohnt; er hat etwas Unheimliches und Bedrohliches. Gleichzeitig steht er für das Unbewusste und damit für die Desorientiertheit, aus der Menschen herausfinden müssen. Nur so kann eine Entwicklung stattfinden. Mit einem Wort, der Weg führt weg vom Schloss und von der Kindheit hinaus in eine

Welt, in der Eigenständigkeit und Durchsetzungsvermögen unabdingbar sind, um in ihr zu bestehen.

Der Bruch mit ihrer Vergangenheit ist alles andere als radikal. Mittels der goldenen Kugel, die sie jeweils zum Spielen mitnimmt, versucht die Prinzessin, ihre Kindheit zu verlängern. Bezeichnend auch, dass sie sich ihr Plätzchen unter einer Schutz gewährenden Linde und am Leben spendenden Wasser aussucht. Die beiden mütterlichen Symbole deuten darauf hin, dass sie unbewusst draußen sucht, woran es ihr im Schloss mangelt. All das verweist darauf, dass die Königstochter sich in einer höchst zwiespältigen Situation befindet. Nicht mehr Kind und noch nicht Frau, versucht sie sich von zu Hause zu lösen; aber sie hat keine Ahnung, wie es mit ihr weitergehen soll.

> Nun trug es sich einmal zu, dass die goldene Kugel der Königstochter nicht in ihr Händchen fiel, das sie in die Höhe gehalten hatte, sondern vorbei auf die Erde schlug und geradezu ins Wasser hineinrollte. Die Königstochter folgte ihr mit den Augen nach, aber die Kugel schwand, und der Brunnen war tief, so tief, dass man keinen Grund sah. Da fing sie an zu weinen und weinte immer lauter und konnte sich gar nicht trösten. Und wie sie so klagte, rief ihr jemand zu: »Was hast du vor, Königstochter, du schreist ja, dass sich ein Stein erbarmen möchte.« Sie sah sich um, woher die Stimme käme, da erblickte sie einen Frosch, der seinen dicken hässlichen Kopf aus dem Wasser streckte. »Ach, du bist's, alter Wasserpatscher«, sagte sie, »ich weine über meine goldene Kugel, die mir in den Brunnen hinabgefallen ist.« »Sei still und weine nicht«, antwortete der Frosch, »ich kann wohl Rat schaffen, aber was gibst du mir, wenn ich dein Spielwerk heraufhole?« »Was du haben willst, lieber Frosch«, sagte sie, »meine Kleider, meine Perlen und Edelsteine, auch noch die goldene Krone, die ich trage.«

Eines Tages geschieht das Unfassbare. Die Kugel rollt in den Brunnen und der ist so tief, dass die Königstochter sie unmöglich herausholen kann. Ohne Bild: Die behütete Kindheit kann nicht ewig dauern. Irgendwann wird sich der Mensch bewusst, dass er erwachsen wird – oder es werden müsste. Dass es ihm auferlegt ist, sich vom Behüteten zum Hüter oder zur Hüterin zu wandeln. Dies wiederum bedeutet, dass er von nun an für sein Schicksal selbst verantwortlich ist und dass jetzt wichtige Entscheidungen auf ihn warten. Dieses anfänglich noch unausgeprägte Wissen verursacht Unsicherheit und Angst und führt so zu dem zumeist unbewussten oder uneingestandenen Wunsch, den Schritt hinaus ins »feindliche Leben«[1] hinauszuzögern. Wie groß der durch diese Angst bedingte Wunsch sein kann, in einem infantilen Zustand zu verharren, zeigt das Märchen auf sehr drastische Weise. Die Prinzessin ergeht sich in Weinen und Jammern und Seufzen, obwohl sie nur ihre Kugel verloren hat. Für die Wiederbeschaffung ist sie bereit, Kleider, Perlen, Edelsteine, ja sogar ihre Krone herzugeben – alles Dinge, die nüchtern Denkende nie eintauschen würden für ein Spielzeug, und sei es aus Gold.

Dass der Frosch auftaucht, erscheint ihr als Glücksfall. Dass es sich bei dem Frosch um einen verwunschenen Königssohn handelt (wir befinden uns ja im Märchenland), ist so gewiss, dass wir bereit sind, darauf ein ganzes Jahresgehalt, unseren Weinkeller oder was immer zu wetten.

### Wie Menschen zu »Fröschen« werden

Die Frage ist nun allerdings: Wie wird ein Mensch, ein Prinz gar, zum Frosch? Weiterhelfen kann uns hier eine Erzählung von Franz Kafka; sie trägt den Titel *Die Verwandlung*.[2] Und die beginnt so:

> Als Gregor Samsa eines Morgens aus unruhigen Träumen erwachte, fand er sich in seinem Bett zu einem ungeheuren Ungeziefer verwandelt. Er lag auf seinem panzerartig harten Rücken und sah, wenn er den Kopf ein wenig hob, seinen gewölbten, braunen, von bogenförmigen Versteifungen geteilten Bauch, auf dessen Höhe sich die Bettde-

---

1 Aus Friedrich Schillers »Lied von der Glocke«.
2 Franz Kafka, Die Verwandlung, in: Sämtliche Erzählungen (Fischer Bücherei, Bd. 1078), Frankfurt a. M. 1970, 56–99.

cke, zum gänzlichen Niedergleiten bereit, kaum noch erhalten konnte. Seine vielen, im Vergleich zu seinem sonstigen Umfang kläglich dünnen Beine flimmerten ihm hilflos vor Augen.

Wie seine 17-jährige Schwester wohnt Gregor noch immer bei seinen Eltern. Nach dem Zusammenbruch des väterlichen Geschäfts hat er eine Stelle als Handlungsreisender angenommen und für den Unterhalt der Familie gesorgt. Naturgemäß schafft er es an diesem Morgen nicht mehr, rechtzeitig zur Arbeit zu erscheinen. Allmählich wird ihm bewusst, dass er seinen Beruf wird aufgeben müssen – und dass die Angehörigen angesichts seines unerklärlichen Zustandes bald mit Entsetzen und Ekel, bald mit Verzweiflung und Angst auf seine Gegenwart reagieren.

Als Gregor erkennt, welchen Abscheu er auslöst, verkriecht er sich tagelang unter dem Sofa seines Zimmers. Seine Schwester, die ihm gegenüber schon immer eine besondere Anhänglichkeit bekundete, legt ihm manchmal ein paar Abfälle und Speisereste hin. Als Gregor jedoch anfängt, an den Wänden hochzukriechen, beginnt auch sie sich vor ihm zu fürchten und verhält sich zunehmend abweisend und feindselig. Als er sich eines Tages durch die zufällig offen gebliebene Tür ins Wohnzimmer vorwagt und schon durch seine bloße Gegenwart unter den Angehörigen Panik auslöst, »bombardiert« ihn der Vater mit Äpfeln, von denen einer in seinen Rücken eindringt und »als sichtbares Andenken im Fleische sitzen« bleibt.

> Den verfaulten Apfel in seinem Rücken und die entzündete Umgebung, die ganz von weichem Staub bedeckt war, spürte er schon kaum. An seine Familie dachte er mit Rührung und Liebe zurück. Seine Meinung darüber, dass er verschwinden müsse, war womöglich noch entschiedener als die seiner Schwester. In diesem Zustand leeren und friedlichen Nachdenkens blieb er, bis die Turmuhr die dritte Morgenstunde schlug. Den Anfang des allgemeinen Hellerwerdens draußen vor dem Fenster erlebte er noch. Dann sank sein Kopf ohne seinen Willen gänzlich nieder, und aus seinen Nüstern strömte sein letzter Atem schwach hervor.

Wie kommt ein Schriftsteller zu einem solchen Stoff, und was veranlasst ihn, diesen aufzugreifen und erzählerisch auszugestalten? Eine Antwort darauf enthält der berühmte *Brief an den Vater*, den Kafka im Jahr 1919, im Alter von 36 Jahren schrieb.

Schon der Anfang lässt durchblicken, dass dieser Brief nicht nur ein Rechenschaftsbericht über die Beziehung zu seinem Vater, sondern gleichzeitig eine Art Abrechnung mit ihm darstellt.[3]

> Lieber Vater, du hast mich letzthin einmal gefragt, warum ich behaupte, ich hätte Furcht vor dir. Ich wusste dir, wie gewöhnlich, nichts zu antworten, zum Teil eben aus Furcht, die ich vor dir habe, zum Teil deshalb, weil zur Begründung dieser Furcht zu viele Einzelheiten gehören, als dass ich sie im Reden halbwegs zusammenhalten könnte.

Diese Furcht ist tief verwurzelt; sie reicht hinab bis in die Jahre der Kindheit.

> Ich war ja schon niedergedrückt durch deine bloße Körperlichkeit. Ich erinnere mich zum Beispiel daran, wie wir uns öfters zusammen in einer [Bade-]Kabine auszogen. Ich mager, schwach, schmal, du stark, groß, breit. Schon in der Kabine kam ich mir jämmerlich vor, und zwar nicht nur vor dir, sondern vor der ganzen Welt, denn du warst für mich das Maß aller Dinge. Traten wir dann aus der Kabine vor die Leute hinaus, ich an deiner Hand, ein kleines Gerippe, unsicher, bloßfüßig auf den Planken, in Angst vor dem Wasser, unfähig, deine Schwimmbewegungen nachzumachen, die du mir in guter Absicht, aber tatsächlich zu meiner tiefen Beschämung immerfort vormachtest, dann war ich sehr verzweifelt, und alle meine schlimmen Erfahrungen auf allen Gebieten stimmten in solchen Augenblicken großartig zusammen.

Rein theoretisch betrachtet wäre auch die entgegengesetzte Reaktion denkbar, dass nämlich das Kind die Kraft und Stärke des Vaters nicht als Furcht einflößend, sondern als Schutz gewährend

---
3 Franz Kafka, Brief an den Vater, Frankfurt a. M. 1962.

empfände. Die Tatsache, dass der Junge seinen Vater schon auf der rein körperlichen Ebene nicht als Beschützer, sondern als bedrohliche Übermacht erlebt, hat erfahrungsbedingte Gründe. Er sieht im Vater eine nicht mehr hinterfragbare Autorität, die »letzte Instanz«. Mit anderen Worten, alles, was der Vater denkt, was der Vater sagt, was der Vater tut, hat irgendwie göttlichen Charakter.

> In deinem Lehnstuhl regiertest du die Welt. Deine Meinung war richtig, jede andere war verrückt, überspannt, meschugge, nicht normal. Dabei war dein Selbstvertrauen so groß, dass du gar nicht konsequent sein musstest und doch nicht aufhörtest, recht zu haben. Es konnte auch vorkommen, dass du in einer Sache gar keine Meinung hattest und infolgedessen alle Meinungen, die hinsichtlich der Sache überhaupt möglich waren, ohne Ausnahme falsch sein mussten. Du konntest zum Beispiel auf die Tschechen schimpfen, dann auf die Deutschen, dann auf die Juden, und zwar nicht nur in Auswahl, sondern in jeder Hinsicht, und schließlich blieb niemand mehr übrig außer dir. Du bekamst für mich das Rätselhafte, das alle Tyrannen haben, deren Recht auf ihrer Person, nicht auf ihrem Denken begründet ist. Wenigstens schien es mir so. [...] Man war gegen dich vollständig wehrlos. [...]

> Es ist dir von vornherein nicht möglich, ruhig über eine Sache zu sprechen, mit der du nicht einverstanden bist oder die bloß nicht von dir ausgeht; dein herrisches Temperament lässt das nicht zu. [...] Du verwechselst die Sache mit der Person; die Sache springt dir ins Gesicht, und du entscheidest sie sofort ohne Anhören der Person; was nachher noch vorgebracht wird, kann dich nur weiter reizen, niemals überzeugen. Dann hört man von dir nur noch: »Mach, was du willst; von mir aus bist du frei; du bist großjährig; ich habe dir keine Ratschläge zu geben«, und alles das mit dem fürchterlichen heiseren Unterton des Zornes und der vollständigen Verurteilung, vor der ich heute nur deshalb weniger zittere als in der Kinderzeit, weil das ausschließliche Schuldgefühl des Kindes zum Teil ersetzt ist durch den Einblick in unser beider Hilflosigkeit.

Vor diesem Hintergrund leuchtet ein, dass Kafka in seiner Erzählung *Die Verwandlung* nicht ein imaginäres Horrorszenario entwirft, sondern seine eigenen horrenden Erfahrungen verschlüsselt zur Sprache bringt. Das belegt der erschütternde Brief, in dem der Sohn dem Vater entgegenhält: »Mein Schreiben handelte von dir, ich klagte dort ja nur, was ich an deiner Brust nicht klagen konnte.«

In seinem Brief erinnert Kafka den Vater daran, dass er alles, was dem Sohn irgendwie wichtig war, von vornherein ablehnte; »das bezog sich auf Gedanken so gut wie auf [mit mir befreundete] Menschen«, vom Vater kurzerhand als »Hunde und Flöhe« und als »Ungeziefer« bezeichnet. Solche Herabsetzungen hinterlassen Spuren, weil ja der Vater ein »so ungeheuer maßgebender Mensch« ist, vor dem sich der Sohn nur in sein Zimmer »verkriechen« kann.

Dieser Brief, den Kafka übrigens nie abgeschickt hat, bildet den Schlüssel zur Entzifferung der Hieroglyphenschrift, in der *Die Verwandlung* abgefasst ist.

Gregor Samsa verwandelt sich über Nacht in ein Ungeziefer, weil er sich schon längst als solches fühlt. Und wenn er sich nicht nur in sein Zimmer zurückzieht, sondern sich dort auch noch unter dem Sofa versteckt, geschieht das aus purer Angst vor dem füßestampfenden und stockschwingenden Vater, von dem ihn nicht nur eine verschlossene Tür, sondern Welten trennen. Weil dieser allmächtige Vater sich auf gar keinen Fall irren kann, steht für Gregor fest, dass auch alle anderen Menschen in ihm ein »Untier« erblicken, denen er seine Gegenwart nicht zumuten kann. Schließlich stirbt Gregor an der tödlichen Wunde, die ihm der Vater beigefügt hat, als er mit den Äpfeln nach ihm warf. Damit bringt der Schriftsteller verschlüsselt zur Sprache, was der Briefschreiber im Klartext ausspricht, nämlich dass »man hätte annehmen können, dass du mich einfach niederstampfen wirst, dass nichts von mir übrig bleibt«.

Physisch hat der Vater den Sohn nicht vernichtet. Hinsichtlich der psychischen Schäden jedoch hält Kafka gleich zu Beginn seines Briefes fest, dass es ihm um die Schilderung seiner Gefühle und nicht um eine moralische Schuldzuweisung geht:

> Wobei ich dich aber immerfort bitte, nicht zu vergessen, dass ich niemals im Entferntesten an eine Schuld deinerseits glaube. Du wirktest so auf mich, wie du wirken musstest, nur solltest du aufhören, es für eine besondere Bosheit meinerseits zu halten, dass ich dieser Wirkung erlegen bin.

Kafka fühlt sich von seinem als übermächtig empfundenen Vater buchstäblich erdrückt. Daran ändert sich auch nichts, als er sich auf dem Gebiet der Literatur durchzusetzen beginnt; im Gegenteil. Wenn er dem Vater ein eben erschienenes Buch überreicht, beschränkt sich dessen Reaktion auf die Aufforderung, es auf den Nachttisch zu legen. Der Vater hat eben andere Erwartungen in seinen Sohn gesetzt. Weil dieser weiß, dass er sie nicht erfüllen kann, fühlt er sich ihm gegenüber immer nur klein und elend. Kurzum, einen solchen Menschen kann man nicht lieben, weil man sich vor ihm fürchtet. Und weil man ihm nichts recht machen kann, ruft schon der Gedanke an ihn Schuldgefühle hervor.

Ausführlich beschreibt Kafka, was unser Märchen nicht eigens thematisiert, sondern lediglich voraussetzt, nämlich wie ein Prinz (oder jeder beliebige andere Mensch) zum Frosch wird.

Wir gehen bestimmt nicht fehl in der Annahme, dass der Vater dabei eine entscheidende Rolle spielt.

Ein König ist Herrscher über ein Reich. Er wird alles daransetzen, dass dieses Reich auch nach seinem Tod Bestand hat. Dazu braucht er einen Nachfolger. In der Regel ist das der Sohn. Er soll einmal den Platz auf dem Thron einnehmen. Diese Vorstellung beinhaltet Ansprüche gegenüber dem Prinzen, die dieser vielleicht gar nie erfüllen kann. In dem Maß, wie sich der potenzielle Nachfolger überfordert fühlt, verleiht der Vater seiner Enttäuschung Ausdruck. Was wiederum dazu führt, dass der Prinz unfähig ist, ein Selbstvertrauen zu entwickeln. »Sei kein Frosch und trau dich endlich!«[4] Je öfter er diesen Vorwurf hört, desto mehr sieht er sich als Nichtsling.

---

4   »Sei kein Frosch!« Die seit Anfang des 19. Jahrhunderts geläufige Redewendung hat ihren Ursprung vermutlich darin, dass Frösche sehr

**Ich liebe dich, weil ich dich brauche**

Der Prinzessin erscheint das Auftauchen des Frosches als Glücksfall. Alles will sie ihm schenken, wenn er ihr ihre Kugel zurückbringt.

> Der Frosch antwortete: »Deine Kleider, deine Perlen und Edelsteine und deine goldene Krone, die mag ich nicht: aber wenn du mich lieb haben willst, und ich soll dein Geselle und Spielkamerad sein, an deinem Tischlein neben dir sitzen, von deinem goldenen Tellerlein essen, aus deinem Becherlein trinken, in deinem Bettlein schlafen. Wenn du mir das versprichst, so will ich hinuntersteigen und dir die goldene Kugel wieder heraufholen.« »Ach ja«, sagte sie, »ich verspreche dir alles, was du willst, wenn du mir nur die Kugel wiederbringst.« Sie dachte aber: Was der einfältige Frosch schwätzt, der sitzt im Wasser bei seinesgleichen und quakt und kann keines Menschen Geselle sein.
>
> Der Frosch, als er die Zusage erhalten hatte, tauchte seinen Kopf unter, sank hinab, und über ein Weilchen kam er wieder heraufgerudert, hatte die Kugel im Maul und warf sie ins Gras. Die Königstochter war voll Freude, als sie ihr schönes Spielwerk wieder erblickte, hob es auf und sprang damit fort. »Warte, warte«, rief der Frosch, »nimm mich mit, ich kann nicht so laufen wie du.« Aber was half ihm, dass er ihr sein *Quak, quak* so laut nachschrie, wie er konnte. Sie hörte nicht darauf, eilte nach Haus und hatte bald den armen Frosch vergessen, der wieder in seinen Brunnen hinabsteigen musste.

Statt auf das großzügige Angebot der Königstochter einzugehen, stellt der Frosch eine Bedingung. Nur wenn die akzeptiert wird, will er die Kugel herbeischaffen. Ein Spielkamerad möchte er sein und das *Tellerlein* und das *Becherlein* und das *Bettlein* mit der

---

schnell entfliehen, sobald man ihnen zu nahe kommt. Vgl. Duden, Bd. 11: Redewendungen und sprichwörtliche Redensarten, Mannheim 1992, 222.

Prinzessin teilen. Redet so ein junger Mann, wenn er einer Frau begegnet, angesichts deren Schönheit sogar die Sonne sich zurückgesetzt fühlt?

Der angebliche Helfer erweist sich selbst als hilfsbedürftig. Er zählt auf, was er in seinem Leben bei Hof vermisste, nämlich Geborgenheit und körperliche Nähe – kurzum die mütterliche Zuwendung. Im ganzen Märchen ist von der Mutter des Prinzen genauso wenig die Rede wie in Kafkas Brief.

Und doch ist die Mutter massiv präsent, und zwar in dem Maß, wie der Prinz ihre Abwesenheit *spürt*. Nach gängiger Vorstellung steht die Mutter für Wärme, Behütetsein, Geborgenheit. Wem diese Erfahrung abgeht, ist versucht, sich Zuwendung durch Leistung zu erkaufen. Das erklärt, weshalb der Frosch der Prinzessin einen Tauschhandel vorschlägt. Aber lässt sich Wohlwollen durch Leistung *erzwingen*? Nicht selten trifft das Gegenteil zu. Der Mensch, dem man etwas zuliebe tun will, empfindet einen als lästig.

Genau das geschieht hier. Der Frosch möchte sich der Sympathie der Prinzessin versichern, indem er ihr die Kugel wieder herschafft. Die Prinzessin möchte bloß ihr Spielzeug, nicht aber den Frosch. Beide brauchen einander; die Beziehung ist rein interessenbedingt. Dass unter diesen Umständen keine tragfähige Bindung zustande kommen kann, zeigen der Wortbruch und die Flucht der Prinzessin, die eben noch versichert hatte: »Alles will ich dir geben, wenn …« Ins Alltägliche übersetzt: Ich mag dich, weil (oder solange) ich dich brauche.

Dieser vom Märchen geschilderte Mechanismus kommt in zwischenmenschlichen Beziehungen häufig zum Zug.

Ich erinnere mich an die Erzählung eines Bekannten. Seine im Buchhandel tätige Partnerin hatte in ihrem Spind zwei Bücher deponiert, was der Chef bemerkte. Am Abend dann nahm sie die Bücher mit nach Hause, ohne ihren Chef zu informieren. Der stellte sie am folgenden Tag zur Rede und bezichtigte sie des Diebstahls. Worauf sie behauptete, die Bücher wohl irgendwo versehentlich hingelegt zu haben. Dann bat sie ihren Partner telefonisch, ihr die zwei Bände in ein Restaurant zu bringen, wo sie sich zum Mittagessen mit ihm treffen wollte. Am Nachmittag informierte sie ihren Vorgesetzten, dass sie die Bücher in einem Gestell aufgefunden hätte. Ihrem Partner hatte sie an diesem Tag zu wiederholten Malen versichert: Das werde ich dir nie, nie, gar nie vergessen. Zwei Monate später trennte sie sich von ihm.

»Ich mag dich« oder »Ich liebe dich, weil ich dich brauche«. Das kann viel bedeuten. Ich brauche dich, weil ich mich vor der Einsamkeit fürchte … weil du mir so manches ermöglichst, was ich mir sonst nicht leisten könnte … weil ich dank deiner gesellschaftlichen Stellung an Ansehen gewinne …

»Ich liebe dich, weil ich dich brauche.« Was geschieht, wenn er sie oder sie ihn nicht mehr *braucht*? Das zeigt die Prinzessin in unserem Märchen. Sie bricht ihr Versprechen und macht sich davon. Und wohin führt der Weg? Direkt zurück, in die gewohnte Umgebung und damit in die kindlich-unbeschwerte Welt, von der sie sich (sie hat ja das nötige Alter) allmählich loslösen müsste.

»Warte, warte, nimm mich mit!«, hatte der Frosch der Enteilenden nachgequakt. Damit deutet das Märchen an, dass die Probleme, vor denen wir flüchten, uns weiterhin verfolgen.

**Ich brauche dich, weil ich dich liebe**

> Am andern Tag, als sie mit dem König und allen Hofleuten sich zur Tafel gesetzt hatte und von ihrem goldenen Tellerlein aß, da kam, plitsch platsch, plitsch platsch, etwas die Marmortreppe heraufgekrochen, und als es oben angelangt war, klopfte es an der Tür und rief: »Königstochter, jüngste, mach mir auf!« Sie lief und wollte sehen, wer draußen wäre. Als sie aber aufmachte, so saß der Frosch davor. Da warf sie die Tür hastig zu, setzte sich wieder an den Tisch, und war ihr ganz angst. Der König sah wohl, dass ihr das Herz gewaltig klopfte und sprach: »Mein Kind, was fürchtest du dich, steht etwa ein Riese vor der Tür und will dich holen?« »Ach nein«, antwortete sie, »es ist kein Riese, sondern ein garstiger Frosch.«
>
> »Was will der Frosch von dir?« »Ach lieber Vater, als ich gestern im Wald bei dem Brunnen saß und spielte, da fiel meine goldene Kugel

ins Wasser. Und weil ich so weinte, hat sie der Frosch wieder heraufgeholt, und weil er es durchaus verlangte, so versprach ich ihm, er solle mein Geselle werden, ich dachte aber nimmermehr, dass er aus seinem Wasser heraus könnte. Nun ist er draußen und will zu mir herein.« Indem klopfte es zum zweiten Mal und rief:
»Königstochter, jüngste,
mach mir auf,
weißt du nicht, was gestern
du zu mir gesagt
bei dem kühlen Brunnenwasser?
Königstochter, jüngste,
mach mir auf.«

Da sagte der König: »Was du versprochen hast, das musst du auch halten; geh nur und mach ihm auf.« Sie ging und öffnete die Tür, da hüpfte der Frosch herein, ihr immer auf dem Fuß nach, bis zu ihrem Stuhl. Da saß er und rief: »Heb mich herauf zu dir.« Sie zauderte, bis es endlich der König befahl. Als der Frosch erst auf dem Stuhl war, wollte er auf den Tisch, und als er da saß, sprach er: »Nun schieb mir dein goldenes Tellerlein näher, damit wir zusammen essen.« Das tat sie zwar, aber man sah wohl, dass sie's nicht gern tat. Der Frosch ließ sich's gut schmecken, aber ihr blieb fast jedes Bisslein im Hals. Endlich sprach er: »Ich habe mich satt gegessen und bin müde, nun trag mich in dein Kämmerlein und mach dein seiden Bettlein zurecht, da wollen wir uns schlafen legen.« Die Königstochter fing an zu weinen und fürchtete sich vor dem kalten Frosch, den sie nicht anzurühren getraute und der nun in ihrem schönen reinen Bettlein schlafen sollte. Der König aber ward zornig und sprach: »Wer dir geholfen hat, als du in der Not warst, den sollst du hernach nicht verachten.« Da packte sie ihn mit zwei Fingern, trug ihn hinauf und setzte ihn in eine Ecke. Als sie aber im Bett lag, kam er gekrochen und sprach: »Ich bin müde, ich will schlafen so gut wie du; heb mich herauf, oder ich sag's deinem Vater.« Da ward sie erst bitterböse, holte ihn herauf und warf ihn aus aller Kraft wider die Wand: »Nun wirst du Ruhe haben, du garstiger Frosch.«

Als er aber herabfiel, war er kein Frosch, sondern ein Königssohn mit schönen und freundlichen Augen. Der war nun nach ihres Vaters Willen ihr lieber Geselle und Gemahl. Da erzählte er ihr, er wäre von einer bösen Hexe verwünscht worden, und niemand hätte ihn aus dem Brunnen erlösen können als sie allein, und morgen wollten sie zusammen in sein Reich gehen. Dann schliefen sie ein.

Eine böse Hexe, sagt der Prinz, habe ihn verzaubert. Wird damit angedeutet, was auch im wirklichen Leben gelegentlich vorkommt, nämlich dass nicht nur die Überforderung durch den Vater, sondern auch die Vernachlässigung durch die Mutter einen Menschen zum »Frosch« macht? Kinder, denen die mütterliche Wärme in Kindheitstagen fehlte, suchen diese später anderswo mit allen nur möglichen Mitteln zu erlangen. So erwartet denn der Frosch von der Prinzessin das, was ihm früher abging. Aber diese Rechnung geht einfach nicht auf.

Kaum dass die Prinzessin wieder im Besitz der Kugel ist, hat sie den Frosch und das ihm gegebene Versprechen vergessen. Die Losung lautet jetzt: Denk nicht mehr daran! Aber eine Lösung ist das nicht. Was immer wir an Unangenehmem oder Beängstigendem verdrängen, nistet sich ein im Kellergeschoss unserer Existenz, will sagen im Unbewussten. Und dringt immer wieder einmal nach oben – und sei es in nächtlichen Träumen.

Schon am folgenden Tag, als die Königstochter mit dem versammelten Hofstaat zu Tisch sitzt, entsteigt der Frosch der Tiefe des Brunnens, begibt sich zum Schloss und kommt »die Marmortreppe *heraufgekrochen*«. Selbstverständlich ahnt die Königstochter, wer an die Tür pocht; nicht irgendein Lakai, sondern sie selbst öffnet die Tür. Und sperrt sie gleich wieder zu! Das erinnert an das ambivalente Verhalten, das häufig Paarbeziehungen belastet: Wenn ich mir's gut überlege, hat der Mann etwas Faszinierendes an sich. Aber vermag ich ihm auch zu genügen? *Will* ich ihm überhaupt geben, was er von mir erwartet? Angesichts derartiger psychologischer Bedenken erscheint der Wortbruch der Prinzessin plötzlich in einem anderen Licht. Was auf Anhieb moralisch verwerflich erscheint, ist existenziell betrachtet ein Ausdruck zwiespältiger Gefühle und damit einer inneren Zerrissenheit. Dies umso mehr, als der Froschprinz die Prinzessin beim Wort nimmt. Auf denkbar unsensible, schon fast aufdringliche Weise verleiht er seinen Forderungen Ausdruck, die ihm hinsichtlich des abgegebenen Versprechens berechtigt erscheinen. Keinen Gedanken verliert er daran, um die Prinzessin zu *werben*. An ihrer Seite, das hat sie ihm doch zugesagt, will er essen und trinken und schlafen. Er gibt sich keine Rechenschaft, dass diese Zusage aus einer Notlage heraus erfolgte. Er pocht auf sein Recht und macht damit der Prinzessin ein schlechtes Gewissen.

Kann eine Beziehung Bestand haben, die aufgrund einer rechtlichen Forderung auf der einen und auf einem schlechten Gewissen auf der anderen Seite gründet?

Der Vater der Prinzessin stellt sich diese Frage nicht. Für ihn gilt ohne Wenn und ohne jedes Aber: *Pacta sunt servanda,* »was du versprochen hast, musst du halten«.

An dieser Stelle verschmilzt das Bild des Vaterkönigs mit jenem eines fordernden Gottes, der keinen Widerspruch duldet und keinerlei Kompromisse kennt: Du musst, du sollst, du darfst nicht! In freudscher Terminologie sprechen wir diesbezüglich vom Über-Ich. Gemeint sind damit jene Instanzen (Eltern, Erzieherinnen, kirchliche oder gesellschaftliche Autoritäten …), die bestimmte Moralvorstellungen vermitteln, die das Denken, Tun und Empfinden eines Menschen prägen. Übertretungen der dadurch verinnerlichten Normen verursachen fast unweigerlich Schuldgefühle.

Wenn legitime Bedürfnisse angesichts solcher Vorgaben unterdrückt werden, hat das verheerende Folgen. Beispiele aus unserem Bekanntenkreis kennen wir alle. Der Vater bekommt stets dann eine Herzattacke oder einen Erstickungsanfall, wenn die Tochter mit ihrem Freund verabredet ist. Die Mutter fühlt sich sterbenskrank, wenn der einzige Sohn einmal für ein paar Tage in Urlaub fahren möchte. Auf fast schon erpresserische Weise wird da signalisiert: Ich brauche dich; du bist es mir schuldig, für mich zu sorgen. Das kannst du nicht mehr, wenn du dein Leben mit einem anderen Menschen teilst. Ausgesprochen wird das so nie. Aber die

Botschaft ist eindeutig. Für die Betroffenen gibt es meist kein Entrinnen. Denken sie auch nur ein einziges Mal an ihre eigenen Wünsche, meldet sich sofort das schlechte Gewissen. Also lassen sie sich erpressen, werden depressiv. Sie verlieren ihre Lebensfreude und jeden Lebensmut und schließlich den letzten armseligen Rest ihres ohnehin lädierten Selbstvertrauens. Allenfalls versuchen sie, sich damit zu trösten, ihre Pflicht und Schuldigkeit getan zu haben. Auf Dauer vermag diese Art von Selbsttäuschung die Verzweiflung darüber, das eigene Leben verfehlt zu haben, nicht aufzufangen.

Tatsache ist, dass Menschen noch im vorgerückten Alter die weinerliche oder auch fordernde Stimme ihrer Eltern zu vernehmen meinen, wenn sie vor persönliche Entscheidungen gestellt sind; dass andere, die in der Gesellschaft Verantwortung tragen, sich in ihrer Privatsphäre ständig von ihren Lehrern oder Lehrerinnen beobachtet fühlen; dass manche, die sakrosankte Moralvorstellungen problematisch finden, sich unwillkürlich fragen, was wohl der Pfarrer ihrer Kinderzeit zu ihren Einwänden sagen würde. Dass dabei häufig das Über-Ich das letzte Wort behält, ist ebenso tragisch wie psychologisch nachvollziehbar. Das führt fast zwangsläufig dazu, dass Menschen gegen Ende ihrer Tage traurig oder verbittert auf ihr ungelebtes Leben zurückblicken. Solange wir uns den Wünschen anderer bedingungslos fügen, um vor ihnen gut dazustehen, leben wir am Leben vorbei. Entscheidend ist nämlich nicht, wie wir vor den anderen dastehen, sondern dass wir uns überlegen, wie wir ihnen näherkommen, ohne uns aufzugeben.

An all das denkt der König nicht, wenn er von seiner Tochter verlangt, ihr Versprechen einzulösen. Seine Forderung unterstreicht er mit dem Hinweis, dass sie in der Schuld des Frosches steht: »Wer dir geholfen hat, als du in der Not warst, den sollst du hernach nicht verachten.« Seiner Ansicht nach verpflichten das Versprechen und die erhaltene Hilfeleistung die Prinzessin, die Forderungen des Frosches zu erfüllen.

Glücklicherweise erkennt diese, dass ihr Versprechen voreilig und unsinnig war – und dass sie auf gar keinen Fall einen weiteren

Fehler machen darf, wenn sie ihr Leben nicht zerstören will. Sie ist sich bewusst, dass falsche Rücksichtnahme unweigerlich zur Selbstaufgabe führt. Dass der Frosch sie als Objekt behandelt und wie sehr er sie instrumentalisiert, spürt sie spätestens, als dieser, um den Beischlaf zu erzwingen, sie zu erpressen versucht: »Heb mich herauf, oder ich sag's deinem Vater.«

Um sie selbst zu sein, kommen Menschen oft nicht darum herum, andere zu verletzen. Das Märchen bringt das auf überaus drastische Weise zum Ausdruck. Die Prinzessin knallt den Frosch, den sie beim Essen noch widerwillig neben sich duldete und der sich jetzt zu ihr legen will, gegen die Wand.

»Opferseelen« (und nicht nur sie) brauchen eine gehörige Portion Mut, um ihre berechtigten Ansprüche durchzusetzen. Vor allem wenn sie damit andere vor den Kopf stoßen. Mit einer falschen Schonung hätte die Prinzessin nämlich nicht nur sich selbst, sondern auch dem Frosch geschadet. Indem sie ihn zurückweist, bedeutet sie ihm, dass auch sie das Recht hat, legitime Forderungen geltend zu machen. Und dass sie nicht bloß dazu da ist, das Schmusekätzchen zu spielen.

Menschen, deren Erwartungen enttäuscht werden und die sich deshalb zurückgewiesen vorkommen, reagieren sehr unterschiedlich. Manche resignieren, ziehen sich zurück, werden depressiv, oder sie sinnen darauf, sich zu rächen.

Dass das keine Lösung ist, zeigt der Fortgang der Geschichte.

Schauen wir noch einmal zurück: Der Frosch tat der Prinzessin einen Gefallen. Im Gegenzug erwartet er einen Lohn. Damit setzt er die Königstochter unter Druck. Dass das keine Basis für eine intime Partnerschaft darstellt, begreifen selbst jene, die nie mit einer solchen Situation konfrontiert waren.

Wenn man einen Menschen sympathisch findet, stellt sich oft das Gefühl ein, endlich die richtige Person gefunden zu haben, die zu einem passt. Und gibt sich keine Rechenschaft, dass es sich um eine Projektion und damit um ein Idealbild handelt, das man sich vom Partner oder von der Partnerin macht. Was wiederum zu Erwartungshaltungen führt, die der oder die andere nie erfüllen kann. Sobald dies (mehr oder weniger reflexiv) erkannt wird, zieht man sich in sich selbst zurück, oder aber man reagiert mehr oder weniger aggressiv mit Erbitterung oder Empörung. In jedem Fall fühlt man sich unverstanden, und zwar eben von dem Menschen, von dem man sich zuallererst Verständnis und Akzeptanz erhoffte.

Wer seine Vorstellungen oder Erwartungen, die er oder sie von einem anderen Menschen hegt, auf diesen projiziert, sperrt ihn gewissermaßen in einen Käfig. Der Schweizer Schriftsteller Max Frisch hat diesen Sachverhalt in seinem Roman *Stiller* illustriert. Der Bildhauer Stiller meint, seine Frau Julika zu lieben. Die Beziehung scheitert, weil Stiller nicht Julika liebt, sondern die Vorstellung, die er von ihr in sich trägt. So jedenfalls empfindet sie es, wenn sie ihm vorwirft:

> Du hast dir nur einmal ein Bildnis von mir gemacht, das merke ich schon, ein fertiges und endgültiges Bildnis, und damit Schluss. Anders als so, ich spüre es ja, willst du mich jetzt einfach nicht mehr sehen. Nicht umsonst heißt es in den Geboten: Du sollst dir kein Bildnis machen! Jedes Bildnis ist eine Sünde. Es ist genau das Gegenteil von Liebe. Wenn man einen Menschen liebt, so lässt man ihm doch jede Möglichkeit offen und ist trotz allen Erinnerungen einfach bereit zu staunen, immer wieder zu staunen, wie anders er ist, wie verschiedenartig und nicht einfach so, nicht ein fertiges Bildnis, wie du es dir da machen willst von deiner Julika. Ich kann dir nur sagen: Es ist nicht so. Immer redest du dich in etwas hinein – du sollst dir kein Bildnis machen von mir! Das ist alles, was ich dir darauf sagen kann.[5]

Ähnlich wie Frischs Julika hat auch die Prinzessin es satt, sich so zu sehen, wie der Frosch sie sieht, und sich dessen Wunschbild zu fügen. Indem sie ihn an die Wand wirft, sagt sie gleichsam: So nicht! Dass sie damit auch dem Befehl des Vaters zuwiderhandelt, spricht für sie. Solange sie nur nach dessen Willen handelt, um ihm zu gefallen, kann sie nie sie selbst sein. Um zur eigenen Identität zu finden und diese zu wahren, ist es oft unerlässlich, anderen

---

5  Max Frisch, Stiller, Frankfurt a. M. 1974, 150.

wehzutun – was oft schwerfällt, weil ein solches Verhalten einem wehtut. Noch bevor der Frosch sich verwandelt, hat die Prinzessin eine Wandlung durchgemacht. Indem sie die väterlichen Wünsche und Weisungen ignoriert, ist sie vom Mädchen zur Frau geworden.

> Am andern Morgen, als die Sonne sie aufweckte, kam ein Wagen herangefahren, mit acht weißen Pferden bespannt, die hatten weiße Straußfedern auf dem Kopf und gingen in goldenen Ketten, und hinten stand der Diener des jungen Königs, das war der treue Heinrich.
>
> Der treue Heinrich hatte sich so betrübt, als sein Herr war in einen Frosch verwandelt worden, dass er drei eiserne Bande hatte um sein Herz legen lassen, damit es ihm nicht vor Weh und Traurigkeit zerspränge. Der Wagen aber sollte den jungen König in sein Reich abholen; der treue Heinrich hob beide hinein, stellte sich wieder hinten auf und war voller Freude über die Erlösung. Und als sie ein Stück Wegs gefahren waren, hörte der Königssohn, dass es hinter ihm krachte, als wäre etwas zerbrochen. Da drehte er sich um und rief:
>
> »Heinrich, der Wagen bricht.«
> »Nein, Herr, der Wagen nicht,
> es ist ein Band von meinem Herzen,
> das da lag in großen Schmerzen,
> als Ihr in dem Brunnen saßt,
> als Ihr eine Fretsche [Frosch] wast [wurdet].«
>
> Noch einmal und noch einmal krachte es auf dem Weg, und der Königssohn meinte immer, der Wagen bräche, und es waren doch nur die Bande, die vom Herzen des treuen Heinrich absprangen, weil sein Herr erlöst und glücklich war.

Die Enttäuschung, die der Prinz erlebt, als die Königstochter ihn an die Wand knallt, erweist sich als Befreiung von einer großen Täuschung. Hat er in der Prinzessin zunächst unbewusst die Mutter gesucht, sieht er sich jetzt *einer Frau* gegenüber. Während die

Prinzessin sich von der väterlichen Befehlsgewalt befreit, löst sich der Prinz aus seiner durch das fehlende mütterliche Element bedingten Obsession. Damit sind die Bedingungen für eine Beziehung gegeben, in der es kein gegenseitiges Auf- und Abrechnen gibt. Überdeutlich bringt das der Fortgang der Handlung zum Ausdruck, wenn auch auf eine sentimentale Weise, wie sie Märchen manchmal eigen ist.

Die Erleichterung über den glücklichen Ausgang sollte uns nicht den Blick für die Symbolik verstellen. Sinnbildlich gesehen steht der Wagen, der das Brautpaar abholt, für die Loslösung der beiden von ihren Eltern und damit für ihren Schritt in die Selbstständigkeit. Das goldene Pferdegeschirr zeigt das königliche Geblüt der Brautleute an, während die *acht* Pferde auf deren »Neugeburt« verweisen: Im Christentum steht die Acht für einen Neuanfang, weil sie an die Auferweckung Jesu erinnert, der den Evangelien zufolge an einem Sonntag, also am ersten Tag nach der siebentägigen Woche, von den Toten erstand (vgl. Markus 16,9). Das führte dazu, dass die frühe Christenheit analog zum ersten Schöpfungstag den »achten Tag« als Tag der Neuschöpfung betrachtete. Dazu mag jener Passus aus dem 1. Petrusbrief beigetragen haben, der darauf verweist, dass zur Zeit der Sintflut lediglich acht Menschen in der Arche gerettet wurden. Das, so der unbekannte Verfasser dieses Schreibens weiter, »ist ein Vorbild der Taufe, die jetzt auch euch rettet« (1 Petrus 3,20–21). Am »achten Tag« beginnt etwas völlig Neues. Weil die Christen der Auferweckung Jesu am ersten Tag der Woche gedachten, setzte sich schon bald die Vorstellung durch, dass dieser erste Tag nach dem siebten (also der achte Tag) eben der Tag der Neuschöpfung durch Christus sei (weshalb alte Taufsteine und Taufkapellen sehr oft eine achteckige Form aufweisen).

So zeigt auch der Schluss des Märchens, dass – und auf welchen Umwegen – die Prinzessin und der Prinz endlich zur gegenseitigen Liebe und damit zueinander gefunden haben. Gewissermaßen haben sie eine Auferstehung erlebt.

Warum aber endet die Geschichte nicht hier? Im Folgenden ist ja noch die Rede vom treuen Heinrich, um dessen Herz sich drei eiserne Fesseln gelegt haben, die jetzt, Mal um Mal, aufgesprengt werden.

Der *treue* Heinrich steht für das *Alter Ego* des Prinzen. In der Psychologie bezeichnet man mit diesem Begriff das »zweite Ich«, beziehungsweise eine »zweite Identität« ein und derselben Person. Diese andere Weise, sich wahrzunehmen, lässt sich nicht von einem Augenblick auf den anderen ablegen. So kann sich denn der Prinz erst während der Heimfahrt an seinen Königshof *allmählich* von seinen früheren Ängsten und Verhaltensweisen befreien. Gleich drei Mal und in Abständen werden die Fesseln gesprengt, die ihn daran gehindert haben, zu sich und zur Geliebten zu finden.

Anfänglich hatte er gemeint, die Prinzessin zu lieben. Sie sollte ihn erlösen. Er liebte sie, weil er sie brauchte. Jetzt aber, während er mit ihr in dem von acht weißen Pferden gezogenen Wagen sitzt, hält er ihre Hand und sagt, was aufrichtig Liebende einander sagen: Ich brauche dich, weil ich dich liebe.[6] Und nicht mehr: Ich liebe dich, weil ich dich brauche.

---

6  Vgl. dazu Erich Fromm, Die Kunst des Liebens, Frankfurt a. M./Berlin/Wien 1973, 63: »Die kindliche Liebe folgt dem Grundsatz: Ich liebe, weil ich geliebt werde. Die reife Liebe dagegen folgt dem Grundsatz: Ich werde geliebt, weil ich liebe. Die unreife kindliche Liebe sagt: Ich liebe dich, weil ich dich brauche. Die reife Liebe sagt dagegen: Ich brauche dich, weil ich dich liebe.«

# Die Lebensreise
## Der goldene Vogel

> Keiner, der die Hand an den Pflug gelegt hat und nochmals zurückblickt, taugt für das Reich Gottes.
> *Lukas 9,62*

Viele Märchen berichten von erfahrungshungrigen Menschen, die sich auf Fahrt begeben. Sie machen sich auf die Suche nach einem kostbaren Schatz, nach einem verwunschenen Schloss, nach einem reichen Prinzen oder nach einer schönen Königstochter. Sie ziehen in eine fremde Stadt, um Wissen zu erwerben und das Leben zu probieren. Wagemutige durchstreifen ferne Gegenden und fremde Länder in der Absicht, dort ihr Glück zu machen. Andere wollen die Großmutter besuchen, die im Wald in einem abgelegenen Haus wohnt, oder sie ziehen aus, um endlich das Fürchten zu lernen. Stets verfolgen sie eine bestimmte Absicht. Dabei werden sie mit mancherlei Schwierigkeiten konfrontiert; oft müssen sie schier unüberwindbare Hindernisse bewältigen, unerwartete Gefahren meistern, furchterregende Abenteuer bestehen. Wenn sie schließlich am Ziel ihrer Wünsche sind, finden sie fast immer etwas, das sie sich nicht im Entferntesten vorgestellt haben und unbewusst doch immer schon suchten, nämlich sich selbst.

### Aufbruchstimmung

Das Motiv der Reise liegt auch dem Märchen *Der goldene Vogel* zugrunde, das die Brüder Grimm 1812 im ersten Band der Erstausgabe ihrer Sammlung von *Kinder- und Hausmärchen* veröffentlichten.

Es war vor Zeiten ein König, der hatte einen schönen Lustgarten hinter seinem Schloss, darin stand ein Baum, der goldene Äpfel trug. Als die Äpfel reiften, wurden sie gezählt, aber gleich den nächsten Morgen fehlte einer. Das ward dem König gemeldet, und er befahl, dass alle Nächte unter dem Baume sollte Wache gehalten werden. Der König hatte drei Söhne, davon schickte er den ältesten bei einbrechender Nacht in den Garten; wie es aber Mitternacht war, konnte er sich des Schlafes nicht wehren, und am nächsten Morgen fehlte wieder ein Apfel. In der folgenden Nacht musste der zweite Sohn wachen, aber dem erging es nicht besser. Als es zwölf Uhr geschlagen hatte, schlief er ein, und morgens fehlte ein Apfel. Jetzt kam die Reihe zu wachen an den dritten Sohn, der war auch bereit, aber der König traute ihm nicht viel zu und meinte, er würde noch weniger ausrichten als seine Brüder; endlich aber gestattete er es doch. Der Jüngling legte sich also unter den Baum, wachte und ließ den Schlaf nicht Herr werden. Als es zwölf schlug, so rauschte etwas durch die Luft, und er sah im Mondschein einen Vogel daherfliegen, dessen Gefieder ganz von Gold glänzte. Der Vogel ließ sich auf dem Baume nieder und hatte eben einen Apfel abgepickt, als der Jüngling einen Pfeil nach ihm abschoß. Der Vogel entflog, aber der Pfeil hatte sein Gefieder getroffen, und eine seiner goldenen Federn fiel herab. Der Jüngling hob sie auf, brachte sie am anderen Morgen dem König und erzählte ihm, was er in der Nacht gesehen hatte. Der König versammelte seinen Rat, und jedermann erklärte, eine Feder wie diese sei mehr wert als das gesamte Königreich. »Ist die Feder so kostbar«, erklärte der König, »so hilft mir auch die eine nichts, sondern ich will und muss den ganzen Vogel haben.«

Gleich zu Beginn wird hier von einer Erfahrung berichtet, die wir vermutlich nur zu gut kennen: Alles nimmt seinen gewohnten Gang, das Dasein verläuft in scheinbar geordneten Bahnen, und so lebt man denn dahin, die Balance wahrend zwischen Gewöhnung und Gedankenlosigkeit – bis eines Tages oder eines Nachts irgendein unscheinbares Ereignis, ein unbedeutendes Vorkommnis oder ein an sich völlig belangloser Zwischenfall die ganze Aufmerksamkeit beansprucht. Es verhält sich damit wie mit einem kleinen Riss in der Hausfassade, den man zwar länger schon bemerkt, dem man aber bisher noch keine Beachtung geschenkt hat. Eines Tages fragt man sich dann doch, ob dieser Riss sich nicht verbreitern wird und weitere Spalten entstehen könnten, die am Ende dazu führten, dass die Mauer zerbröckelt und einstürzt. Um es mit unserem Märchen zu sagen: Der König hat alles, was er sich wünschen kann und worum ihn seine Untertanen insgeheim beneiden, nämlich ein Schloss, einen Lustgarten und Reichtum in Fülle. Wir müssen uns diesen König vorstellen als einen Menschen, der Gewaltiges geplant und seine Projekte umgesetzt hat. Selbstgefällig blickt er auf das Erreichte zurück in dem Bewusstsein, dass er alles zuwege gebracht hat, was er verwirklichen wollte, und dass sein Leben damit zwar nicht abgeschlossen, aber doch irgendwie abgerundet ist. Größeres gibt es nicht mehr zu leisten, und mehr als »König« kann er ja nicht werden.

Angesichts dieser Tatsache wirkt es irgendwie befremdlich, dass er sich Gedanken macht wegen eines einzigen goldenen Apfels, der an seinem Baum fehlt. Wir brauchen uns diesen Apfel jedoch nur *in der Hand des Herrschers* vorzustellen und schon begreifen wir, dass es hier nicht um den Bestand des Kronschatzes geht, sondern dass vielmehr die ganze Existenz des Monarchen auf dem Spiel steht. Gewiss ist der Apfel zunächst ein uraltes Fruchtbarkeits- und Liebessymbol. In der Hand des Königs indessen (der auf eine ausgedehnte Regierungszeit zurückblicken kann; er hat ja immerhin drei erwachsene Söhne!) kommt dem goldenen Apfel eine ganz andere Bedeutung zu; er verweist auf den *Reichsapfel*, der seinerseits für die Erdkugel und für die Herrschaft steht.

Alles deutet darauf hin, dass das Märchen gleich zu Beginn eine Krisensituation beschreibt. Kaum dass der König den Verlust des Apfels bemerkt, sieht er sein Lebenswerk infrage gestellt. Sollte alles bisher von ihm Erreichte nichts zählen? Hat er über seinen Erfolgen und Triumphen nicht das Wesentliche verfehlt? Dass und wie tief diese Angst in ihm sitzt, wird dadurch veranschaulicht, dass sich der Vogel auch in den beiden folgenden Nächten einen Apfel holt, zu einer Zeit also, da aus dem Alltag Verdrängtes und unter Alltäglichkeiten Verschüttetes in Traumbildern sich an die Schwelle des Bewusstseins drängt. Wer aber mag sich schon eingestehen, das Wesentliche verpasst und am Leben vorbeigelebt zu haben? Allein dieser Gedanke ist dermaßen bedrückend, dass man zunächst geneigt ist, ihn mit allen Mitteln zu verdrängen. Dass dieser Sachverhalt auch in unserem Märchen zum Tragen kommt, erkennen wir, sobald wir uns von der Objekt- auf die Subjektstufe begeben.

Wenn wir von *Objektstufe* reden, betrachten wir die einzelnen handelnden Gestalten als individuelle Wesen. Entsprechend unseren eigenen Veranlagungen und Erfahrungen werden wir uns bei der Lektüre – mehr oder weniger unbewusst – mit dieser oder jener Figur identifizieren. Ganz anders verhält es sich, wenn wir ein Märchen von der *Subjektstufe* her angehen. In diesem Fall erkennen wir in den verschiedenen Personen jene Neigungen, Charaktereigenschaften oder Handlungsmuster wieder, die in uns vorhanden sind und unser Denken prägen und unser Tun bestimmen.

Vom König nun wird gesagt, dass er drei Söhne hat. Subjektstufig betrachtet handelt es sich dabei nicht um drei von ihm verschiedene Handlungsträger, sondern um ein psychisches Porträt; diese Söhne sind die Personifizierung der ihm innewohnenden Kräfte. Als der König feststellt, dass an seinem Baum eine Frucht fehlt, stellt er sich noch nicht ausdrücklich die Frage, ob der Reichsapfel in seinen Händen vielleicht wurmstichig sei, will sagen, ob der ganze Sinn seines Daseins sich wirklich im Königsein erschöpfen könne. Aber er spürt offenbar, dass die Mauer seines Selbstverständnisses einen Riss aufweist. Allerdings ist ihm noch nicht bewusst, dass ihm das Leben gleichsam abhandengekommen ist, weil sein ganzes Sinnen und Trachten vor lauter Machtdünkel und Überheblichkeit immer nur auf sich gerichtet war. Der Verlust der Lebensfreude kommt dadurch zum Ausdruck, dass der älteste Sohn sich im entscheidenden Moment »des Schlafes nicht wehren« kann – die Flucht in den Schlaf als Mechanismus der Abwehr und der Verdrängung! Die vage Erkenntnis, gar nicht *gelebt,* sondern den flüchtigen Alltagsfreuden nachgejagt zu sein oder einfach nur »funktioniert« zu haben, ist derart besorgniserregend, dass man sie verdrängen *muss*. Und so wird der König weiterhin alles daransetzen, um diese unartikulierte und seine ganze Existenz bedrohende Erkenntnis zu unterdrücken. Deshalb versteht es sich von selbst, dass auch der zweite »Sohn« (gemeint ist die wiederum auftauchende Frage nach dem Sinn seines Daseins) *einschläft*. Dass es auf Dauer nicht gelingt, Beunruhigendes einfach wegzuschieben und auf sich *beruhen* zu lassen, illustriert die Geschichte vom *Goldenen Vogel* anhand der Gestalt des dritten Sohnes.

Wie so oft im Märchen ist es auch hier der jüngste von drei Brüdern, der in einer entscheidenden Situation ungeahnte Fähigkeiten entwickelt und eine Wende herbeiführt. Nachdem der König seine beiden älteren Söhne *betäubt* hat, erfährt er in einer stillen Stunde, dass der dritte und schwächste Sohn ihn mit den früheren Selbstzweifeln erneut behelligt. Nun sieht er mit den Augen des jüngsten Sohnes plötzlich, was er bisher nicht sehen wollte: den goldenen Vogel.

Seit alters ist der Vogel ein Sinnbild des Immateriellen. In vielen Religionen werden himmlische Wesen in Vogelgestalt verehrt.

Die Annahme scheint berechtigt, dass der Vogel in unserem Märchen etwas Außer- oder Überirdisches und damit Göttliches, der menschlichen Verfügung Entzogenes versinnbildlicht und so hinausweist über unseren begrenzten Horizont und über unsere endliche Welt. Diese Dimension jedoch wird ein Mensch von der Natur des »Königs«, dessen ganzes Trachten einzig darauf zielt, seine Macht zu erhalten und auszuweiten, als bedrohlich empfinden – bedrohlich deshalb, weil alle seine bisherigen Wertvorstellungen mit einem Mal wie ein Kartenhaus zusammenfallen.

Es ist folgerichtig, dass der jüngste »Sohn« (der, subjektstufig gesehen, für eine psychische Komponente des Königs steht) gar nicht anders kann, als nach dem Vogel zu schießen. Offensichtlich ist der König nicht bereit, seine Weltsicht infrage zu stellen; er gelangte ja sonst zu der vernichtenden Erkenntnis, umsonst gelebt zu haben. Schon aus reinem Selbstschutz gilt es, sich dessen, was seine ganze Existenz bedroht, zu bemächtigen; nur so kann er darüber verfügen. Wie bei allen Menschen, die zum Narzissmus neigen, läuft bei ihm jede existenzielle Frage am Ende auf eine Machtfrage hinaus.

Der König fühlt also sehr wohl, dass er nur überleben kann, wenn er den ganzen Vogel besitzt – sei der nun in einen Käfig *eingesperrt* oder sei er *tot*. Solange dieser Vogel in Freiheit ist, wird er mit schöner Regelmäßigkeit einen goldenen Apfel nach dem anderen davontragen und ihn so daran erinnern, dass seine rein materialistische Weltsicht dem Drängen des menschlichen Herzens zuwiderläuft und dass sich hinter den Dingen eine Dimension auftut, in der der Unterschied zwischen einem König und einem Bettler hinfällig wird, weil dort nur noch die Gefühle und Empfindungen, die Ahnungen und Sehnsüchte, die Hoffnungen auch und die geheimsten Erwartungen zählen, die beide, sowohl der Bettler als auch der König, gleichermaßen in ihrer Brust nähren. Wie alle Macher und Machtmenschen ist der König ein ausgesprochener Pragmatiker. Deshalb vermag er gar nicht zu begreifen, was der versammelte Kronrat meint, wenn er behauptet, eine einzige Feder des goldenen Vogels sei »mehr wert als das ganze Königreich«. Der König vernachlässigt gänzlich den seelischen Bereich, in dem selbst die Erdkugel nichts mehr gilt, die er mit spielerischem Stolz in seinen Fingern dreht. Das Amt und der Reichsapfel, der dieses symbolisiert, sind das Höchste und Erstrebenswerteste auf dieser Welt nur so lange, wie der König die uralte und unerklärliche Gewissheit verdrängt, dass hinter allen wahrnehmbaren Dingen unendlich Großes und Wundersames und *Göttliches* verborgen ist, das alle menschlichen Möglichkeiten übersteigt.

> Der älteste Sohn machte sich auf den Weg, verließ sich auf seine Klugheit und meinte, den goldenen Vogel schon zu finden. Wie er eine Strecke gegangen war, sah er an dem Rande eines Waldes einen Fuchs sitzen, legte seine Flinte an und zielte auf ihn. Der Fuchs rief: »Schieß mich nicht, ich will dir dafür einen guten Rat geben. Du bist auf dem Weg nach dem goldenen Vogel und wirst heut Abend in ein Dorf kommen, wo zwei Wirtshäuser einander gegenüberstehen. Eins ist hell erleuchtet, und es geht darin lustig her; da kehr aber nicht ein,

sondern geh ins andere, wenn es dich auch schlecht ansieht.« Wie kann mir wohl ein so albernes Tier einen vernünftigen Rat erteilen, dachte der Königssohn und drückte los, aber er fehlte den Fuchs, der den Schwanz streckte und schnell in den Wald lief. Darauf setzte er seinen Weg fort und kam abends in das Dorf, wo die beiden Wirtshäuser standen. In dem einen ward gesungen und gesprungen, das andere hatte ein armseliges und betrübtes Ansehen. Ich wäre wohl ein Narr, dachte er, wenn ich in das lumpige Wirtshaus ginge und das schöne liegen ließ. Also ging er in das lustige ein, lebte da in Saus und Braus, und vergaß den Vogel, seinen Vater und alle guten Lehren.

Als eine Zeit verstrichen und der älteste Sohn immer und immer noch nicht nach Haus gekommen war, so machte sich der zweite auf den Weg und wollte den goldenen Vogel suchen. Wie dem ältesten begegnete ihm der Fuchs und gab ihm den guten Rat, den er nicht achtete. Er kam zu den beiden Wirtshäusern, wo sein Bruder am Fenster des einen stand, aus dem der Jubel erschallte, und ihn anrief. Er konnte nicht widerstehen, ging hinein und lebte nur seinen Lüsten.

Wie wir bereits gesehen haben, steht der goldene Vogel für das Überirdische und Göttliche. Die Frage ist nun allerdings, wie man einen Zugang zu dieser ganz anderen Dimension findet, wenn man vorher keinen Gedanken an sie verschwendet hat und von der man daher kaum mehr als eine Ahnung (eine Feder!) hat. Darüber belehrt uns der weitere Verlauf des Märchens.

Objektstufig gesehen stehen die Söhne des Königs für mögliche Reaktionen, die angesichts des Erscheinens des goldenen Vogels denkbar sind. Die beiden ersten Söhne zeigen sich fasziniert von dem geheimnisvollen Wesen. Tatsächlich scheinen sie, nachdem sie von dem goldenen Vogel gehört haben, irgendwie zu ahnen, dass ihr privilegierter Stand und die damit verbundene Macht nicht *alles* ist und dass es noch andere, lohnendere Dinge gibt auf dieser Welt. Offenbar hat der Spiegelglanz der goldenen Feder eine Saite in ihrer Seele zum Schwingen gebracht. Also machen sie sich auf den Weg, um den Vogel zu finden. Dabei verhalten sie sich ähnlich wie der König. Wie wenig sich ihre Denkweise von der ihres Vaters unterscheidet, zeigt sich, als sie auf den Fuchs treffen. Solche Begegnungen erfolgen im Märchen meistens dann, wenn eine der Hauptgestalten mit schier unüberwindlichen Schwierigkeiten konfrontiert ist. Eine Hilfe sind sie aber nur, wenn die Betroffenen auf das Nächstliegende achten und das Kleine und Unscheinbare nicht geringschätzen.

Dafür aber entwickeln die beiden älteren Söhne kein Gespür. Nicht nur, dass sie den Rat des Fuchses missachten; sie versuchen gar ihn umzubringen. Und warum sollten sie sich in dem armseligen Wirtshaus einquartieren, das ihnen das »alberne Tier« empfohlen hat? Irgendwie haben sie wohl das Gefühl, dass einiges in ihrem ganzen bisherigen Leben falsch gelaufen ist, und meinen nun, möglichst schnell möglichst viel auf- oder nachholen zu müssen.

Zielte ihr früheres Bestreben ausschließlich auf gesellschaftlichen Erfolg und öffentliche Anerkennung, so sind sie jetzt der Ansicht, einen allzu hohen Preis dafür gezahlt zu haben. Aber noch verbleibt ihnen hinreichend Zeit, um das Leben zu genießen. Während sie vorher ihre Brille aufsetzten, um das Pflichtenheft zu studieren, blicken sie nun um sich und halten Ausschau nach allen nur möglichen Annehmlichkeiten und Zerstreuungen. Statt immer nur *etwas* zu leisten, wollen sie *sich* endlich etwas leisten. Vergessen ist das Beben des Herzens und das Zittern der Seele, das sie beim Anblick der goldenen Feder verspürten. Scheinbar nur begann ein neuer Lebensabschnitt für sie, als sie dem Schloss und dem Lustgarten und ihrer Vergangenheit den Rücken kehrten. Was sich geändert hat, ist rein äußerlicher Art; ihr Inneres ist nach wie vor öde und leer, und nach wie vor lassen sie sich, wie ihr Vater, ausschließlich von ihrem praktischen Verstand leiten. Und so gerät die Lebensreise, zu der sie aufgebrochen sind, schon in den Anfängen zu einer schalen Vergnügungsfahrt.

Man benötigt keinen Masterabschluss in Psychologie, um zu begreifen, weshalb die beiden älteren Söhne in dem anrüchigen Wirtshaus absteigen und später um ein Haar am Galgen enden. Sie wissen nicht nur alles, sondern sie wissen auch alles besser. Sie sind sich schlicht zu gut, um auf den Fuchs zu hören.

Beim Fuchs handelt es sich nun allerdings um ein höchst vielschichtiges Symbol. Hier tritt er als Ratgeber und Helfer in Erscheinung. Damit bildet er einen Gegenpol zum praktischen, pragmatisch-zweckhaft orientierten Verstand. Er verkörpert eine Mischung aus Vernünftigkeit und Lebensweisheit und gesundem Urteilsvermögen – also das, was wir gemeinhin als *Gewissen* oder als *Stimme des Herzens* bezeichnen. Eigentlich ist der Fuchs gar keine äußerliche Erscheinung, sondern die Artikulation dessen, was ein Mensch, wenn vielleicht auch nur leise und undeutlich, immer schon vernimmt, wenn er nur lange und intensiv genug in sich hineinhorcht. Nicht zufällig begegnet der Fuchs allen drei Brüdern »am Rande eines Waldes«. Wie man weiß, steht der Wald im Märchen häufig für das Unbewusste. Von *dorther* erteilt der »Fuchs« seine Ratschläge.

### Die »Sehnsucht nach dem ganz Anderen«

Wiederum verstrich eine Zeit, da wollte der jüngste Königssohn ausziehen und sein Heil versuchen, der Vater aber wollte es nicht zulassen. »Es ist vergeblich«, sprach er, »der wird den goldenen Vogel noch weniger finden als seine Brüder, und wenn ihm ein Unglück zustößt, so weiß er sich nicht zu helfen; es fehlt ihm am Besten.« Doch endlich, wie keine Ruhe mehr da war, ließ er ihn ziehen. Vor dem Walde saß wieder der Fuchs, bat um sein Leben und erteilte den guten Rat. Der Jüngling war gutmütig und sagte: »Sei ruhig, Füchslein, ich tue dir nichts zuleid.« »Es soll dich nicht gereuen«, antwortete der Fuchs, »und damit du schneller fortkommst, steig hinten auf meinen Schwanz.« Und kaum hatte er sich aufgesetzt, so fing der Fuchs an zu laufen, und da ging's über Stock und Stein, dass die Haare im Winde pfiffen. Als sie zu dem Dorfe kamen, stieg der Jüngling ab, befolgte den guten Rat und kehrte, ohne sich umzusehen, in das geringe Wirtshaus ein, wo er ruhig übernachtete.

Im Gegensatz zu seinen beiden Brüdern, die nichts von ihrer inneren Stimme halten (sie wollen den »Fuchs« ja totschießen!), hört der Jüngste auf die Sprache seines Herzens, die er anfänglich gar nicht so richtig versteht. Während jene einzig darauf aus sind, ihr *Glück zu machen*, sucht dieser *sein Heil*. Er nimmt sich nicht einfach, was er bekommen kann, sondern überlegt sich, was ihm bekommt. Vielleicht ist er seinen Brüdern gegenüber auch deshalb im Vorteil, weil er den goldenen Vogel *gesehen* hat, während die beiden anderen diesen Anblick *verschlafen* haben. Das Märchen lässt durchblicken, dass es offenbar einer inneren Bereitschaft bedarf, damit die Sehnsucht nach dem goldenen Vogel sich überhaupt artikulieren kann. Aber selbst wo dies nicht zutrifft, spürt der Mensch oder ahnt zumindest, dass alles in dieser Welt und diese ganze Welt ihrerseits über sich hinausweist. Dafür scheinen Dichter, Denker und Mystiker ein besonderes Gespür zu haben.

So beschließt Ernst Bloch sein Haupt und Standardwerk *Das Prinzip Hoffnung* mit der nachdenklich-melancholischen Bemerkung, dass der Mensch lebenslang etwas sucht, »das allen in die Kindheit scheint und worin noch niemand war: Heimat«.[1]

Ähnlich äußert sich Heinrich Böll, wenn er bemerkt,

> dass wir alle eigentlich wissen – auch wenn wir es nicht zugeben –, dass wir hier auf der Erde nicht zu Hause sind, nicht ganz zu Hause sind. Dass wir also noch woanders hingehören und von woanders herkommen. Ich kann mir keinen Menschen vorstellen, der sich nicht – jedenfalls zeitweise, stundenweise, tageweise oder auch nur augenblicksweise – klar darüber wird, dass er nicht ganz auf diese Erde gehört.[2]

Über den Grund für dieses Gefühl einer letzten Unbehaustheit hat der deutsche Mystiker Heinrich Seuse (1295–1366) mit dem Blick auf Gott hin nachgedacht:

---

1   Ernst Bloch, Das Prinzip Hoffnung, Frankfurt a. M. 1973, 1628.
2   Heinrich Böll, Weil wir uns auf dieser Erde nicht ganz zu Hause fühlen. Gespräch mit Karl-Josef Kuschel, in: ders., Weil wir uns auf dieser Erde nicht ganz zu Hause fühlen. 12 Schriftsteller über Religion und Literatur, München 1985, 64–76; 65.

> Wohin, o Herr, ich je meine Blicke lenke, stets fand ich ein *wenn nicht* und ein *wäre das nicht*; war da eine schöne Gestalt, so fehlte die Gnade, war sie fein und lieblich, so mangelte der vornehme Umgang, und hatte sie auch das, so entdeckte ich stets etwas, sei es außen oder innen, dem der Zug meines Herzens widerstrebte. Insgeheim oder beim Bekanntwerden fand ich, dass solch ein Wesen mit sich selbst nicht zufrieden war.[3]

Die meisten Menschen werden diese Beobachtung in einer ruhigen Stunde auch an sich selbst schon gemacht und dabei die »Sehnsucht nach dem ganz Anderen«[4] schmerzlich verspürt haben. Eben dieses (oder dieser?) »ganz Andere«, im Märchen vom goldenen Vogel versinnbildlicht, veranlasst uns, nicht nur nach vorn, sondern immer wieder auch nach oben zu schauen.

Thomas Mann hat diesen Sachverhalt in seinem Romanzyklus *Joseph und seine Brüder* literarisch ausgestaltet:

> Es fing damit an, dass Abram dachte, der Mutter Erde allein gebühre Dienst und Anbetung, denn sie bringe die Früchte und erhalte das Leben. Aber er bemerkte, dass sie Regen brauche vom Himmel. Also sah er sich an dem Himmel um, sah die Sonne in ihrer Herrlichkeit, Segen- und Fluchgewalt und war an dem Punkt, sich für sie zu entscheiden. Da jedoch ging sie unter und er überzeugte sich, sie könne also nicht wohl das Höchste sein. Also blickte er auf den Mond und die Sterne. […] Doch da der Morgenstern aufging, verschwanden Hirt und Herde, und Abram folgerte: »Nein, auch sie sind nicht meiner würdige Götter.« Seine Seele war bekümmert vor Mühe, und er folgerte: »Hätten sie nicht über sich noch, so hoch sie sind, einen Lenker und Herrn, wie möchte das eine auf-, das andere untergehen? Es wäre unschicklich für mich, den Menschen, ihnen zu dienen und nicht vielmehr dem, der über sie gebietet.« […] So hatte Abraham Gott ent-

---

3 Heinrich Seuse, Deutsche mystische Schriften, Düsseldorf 1966, 236.
4 Vgl. Max Horkheimer, Die Sehnsucht nach dem ganz Anderen. Ein Interview mit Helmut Gumnior, Hamburg 1970.

deckt aus dem Drang zum Höchsten, hatte ihn lehrend weiter ausgeformt und hervorgedacht.[5]

Noch einmal anders, nicht auf narrative Weise, sondern in der empfindsamen Sprache der Lyrik, beschreibt der nicaraguanische Dichter Ernesto Cardenal dieses Aufscheinen des Absoluten im menschlichen Dasein.

> Ich löschte das Licht, um den Schnee zu sehen.
> Und sah den Schnee durch das Fenster und sah den Neumond.
> Doch dann sah ich, dass Schnee und Mond nur wieder Fenster sind,
> Und durch diese Fenster sahst Du mich an.[6]

Wie Jahrhunderte vor ihm schon Augustinus (»Ruhelos ist unser Herz, bis dass es seine Ruhe hat in Dir«[7]) identifiziert Cardenal das unergründliche Ziel allen menschlichen Sehnens und Trachtens mit Gott: »Sahst Du mich an.« Das Märchen kennt diese Ausdrücklichkeit nicht. Insofern der goldene Vogel aber auf ein letztes, absolutes Geheimnis verweist, das sich dem Menschen immer wieder einmal, und sei es nur in leisen Tönen oder mit schwer zu entziffernden Zeichen, zu erkennen gibt, rührt es an das Wesen der Religiosität.

Religiosität manifestiert sich da, wo eine positive Beziehung besteht zwischen dem Menschen und einer »höheren« Wahrheit; genauer, sie beinhaltet eine (mehr oder weniger ausdrückliche) Bindung des Menschen an eine transzendente (außerirdische, alles Endliche tragende und alles Vergängliche umgreifende) Wirklichkeit. Was aber ist denn die Suche nach dem goldenen Vogel anderes als das *Verlangen* nach einer solchen Dimension? Sobald ein

---

5 Thomas Mann, Joseph und seine Brüder. Der junge Joseph, Frankfurt a. M. [14]2008, 41 f.
6 Ernesto Cardenal, Gebet für Marilyn Monroe, Wuppertal 1972.
7 Augustinus, Bekenntnisse, Frankfurt a. M. [6]1961 (1. Buch, 1. Abschnitt).

Mensch nur wirklich spürt, dass er (wie Heinrich Böll sagt) »hier auf der Erde nicht ganz zu Hause« ist, hält es ihn nicht mehr in den eigenen Wänden; er entschließt sich zum Aufbruch, und die Seelenfahrt, auf die er sich begibt, gerät zur Lebensreise.

Gewiss kann man versuchen und hat glücklicherweise immer wieder versucht, das eigene Haus zu bestellen und sich darin möglichst wohnlich einzurichten. Man geht an gegen politische, ökonomische und gesellschaftliche Zwänge, aber trotzdem stellt sich die Frage nach der Identität (*Wer sind wir; wo kommen wir her; was erwarten wir?*); man sucht das geltende Recht zu verbessern, aber eine Diskrepanz zwischen Recht und Gerechtigkeit bleibt dennoch bestehen; man setzt alles daran, um den Wohlstand zu erreichen oder zu wahren, aber die Frage nach dem Sinn des Ganzen ist damit nicht gelöst. Man vermag Leid zu lindern, aber dem Leiden an sich selbst, an anderen, am Leben überhaupt setzt erst der Tod ein Ende – und der stellt seinerseits *alles* infrage. Dabei sind es nicht nur die unerfüllten Wünsche (wie die Religionskritik ein bisschen voreilig behauptet), sondern auch die bereits verwirklichten Hoffnungen und die erfüllten Träume, die die Sehnsucht nach dem *vollkommenen Glück* nähren. In diesem auch von der Psychologie kartografisch nicht erfassten Niemandsland zwischen dem *Schon* und dem *Noch nicht* versinnbildlicht der goldene Vogel nicht nur das unterschwellige *Verlangen* nach einem erfüllten Leben, sondern steht gleichzeitig für eine *Zusicherung*. Dies veranlasst die Königssöhne, sich auf den Weg zu machen. Allerdings deutet das Märchen an, dass diese Verheißung höchst ambivalent ist. Erst die Stimme des Fuchses verleiht ihr Eindeutigkeit. Freilich nützt es nichts, die Stimme zu hören, wenn man anschließend nicht *auf sie* hört.

Dass man sie immer vernehmen kann, illustriert das Märchen, indem der Fuchs, vom »Jüngling« aufs Liebevollste behandelt (»Sei ruhig, Füchslein, ich tue dir nichts zuleid«), fortan zu dessen ständigem Begleiter wird. Der Prinz braucht ihn nicht von Mal zu Mal herbeizurufen, sondern er wird von ihm erwartet. Er darf sich auf seinen Schwanz setzen, »und da ging's über Stock und Stein, dass die Haare im Winde pfiffen«. Wer auf die innere Stimme hört, wird den goldenen Vogel finden, vorausgesetzt, er oder sie hält sich an die Ratschläge des Fuchses. Das gelingt dem Jüngsten im Gegensatz zu seinen beiden Brüdern anfänglich ganz gut. »Ohne sich umzusehen«, also ohne auch nur einen Gedanken daran zu verlieren, wie er die Nacht am angenehmsten verbringen könne, kehrt er in das »geringe Wirtshaus« ein und zeigt so, dass, wer einen klaren Kopf besitzt und eine feste Absicht verfolgt, zielstrebig ans Werk geht. Da möchte man jede Wette eingehen, dass der Jüngling auch die weiteren Ratschläge seines Tier-Freundes beherzigen wird.

Dagegen erinnert das Märchen daran, dass man einem Menschen zwar vertrauen darf, aber dass man deswegen nicht unbedingt auf ihn wetten soll. Denn das menschliche Herz ist nicht nur unbeständig, es ist auch unverständig.

> Am andern Morgen, wie er auf das Feld kam, saß da schon der Fuchs und sagte: »Ich will dir weiter sagen, was du zu tun hast. Geh du immer geradeaus, endlich wirst du an ein Schloss kommen, vor dem eine ganze Schar Soldaten liegt, aber kümmere dich nicht darum, denn sie werden alle schlafen und schnarchen; geh mittendurch und geradewegs in das Schloss hinein, und geh durch alle Stuben, zuletzt wirst du in eine Kammer kommen, wo ein goldener Vogel in einem hölzernen Käfig hängt. Nebenan steht ein Goldkäfig zum Prunk, aber hüte dich, dass du den Vogel nicht aus seinem schlechten Käfig herausnimmst und in den prächtigen tust, sonst möchte es dir schlimm ergehen.« Nach diesen Worten streckte der Fuchs wieder seinen Schwanz aus, und der Königssohn setzte sich auf; da ging's über Stock und Stein, dass die Haare im Winde pfiffen.
>
> Als er bei dem Schloss angelangt war, fand er alles so, wie der Fuchs gesagt hatte. Der Königssohn kam in die Kammer, wo der goldene Vogel in einem hölzernen Käfig saß, und ein goldener stand daneben. Die drei goldenen Äpfel aber lagen in der Stube umher. Da dachte er, es wäre lächerlich, wenn er den schönen Vogel in dem gemeinen und hässlichen Käfig lassen wollte, öffnete die Tür, packte ihn und setzte ihn in den goldenen. In dem Augenblick aber tat der

Vogel einen durchdringenden Schrei. Die Soldaten erwachten, stürzten herein und führten ihn ins Gefängnis. Den andern Morgen wurde er vor ein Gericht gestellt und, da er alles bekannte, zum Tode verurteilt. Doch sagte der König, er wolle ihm unter einer Bedingung das Leben schenken, wenn er ihm nämlich das goldene Pferd brächte, welches noch schneller liefe als der Wind, und dann sollte er obendrein zur Belohnung den goldenen Vogel erhalten.

Hat der Prinz den ersten Ratschlag des Fuchses noch getreulich befolgt, so versagt er bereits angesichts der zweiten Aufgabe. Wer den goldenen Vogel fangen möchte, hat vorher eine ganze Reihe von Hindernissen zu überwinden. Der Vogel sitzt in einem Käfig. Der wiederum befindet sich in einer Kammer, die sich ganz am Ende einer langen Zimmerflucht befindet. Diese Räume sind ihrerseits aus festen Mauern gebaut. Das Schloss wird von Soldaten bewacht! Die Symbolik ist selbst für Begriffsstutzige transparent. Das Kostbarste, das alles Entscheidende liegt nicht auf der Hand, sondern ist verborgen hinter den Dingen; man muss es *suchen*.

Verständlicherweise will der Jüngling den schönen Vogel nicht in dem gemeinen und hässlichen Käfig belassen und setzt ihn in das goldene Bauer. Es entspricht unserem Empfinden, dass das Absolute und Endgültige, das alles Entscheidende und Letztbestimmende eines seinem Glanz und seiner Größe entsprechenden Rahmens bedarf. Haben die Menschen nicht schon seit je die erlesensten Hölzer, die ausgesuchtesten Steine und die kostbarsten Metalle verwendet, wenn sie ihrer Gottheit einen Wohnsitz errichteten? Als das auserwählte Volk Jahwe-Gott erstmals mit einem Heiligtum ehrt, in dem die Gesetzestafeln verwahrt werden sollen, ist nur das Edelste und Beste gut genug, nämlich

> Gold, Silber, Kupfer, violetter und roter Purpur, Karmesin [ein erlesener scharlachrot gefärbter Stoff], Byssus [feinstes Leinengewebe], Ziegenhaare, rötliche Widderfelle, Tahaschhäute [Dachsleder] und Akazienholz, Öl für den Leuchter, Balsam für das Salböl und für das duftende Räucherwerk, Karneolsteine und Ziersteine (Exodus 35,5–9).

Ausgeführt wird der Bau nicht von irgendwelchen Arbeitern; nur die kunstsinnigsten Baumeister und die fachkundigsten Handwerker dürfen Hand anlegen (vgl. Exodus 35,30–35).

Offenbar waren die Menschen von alters her der Ansicht, dass die Gottheit das Ausgesuchteste und Köstlichste und Feinste für sich beanspruche. Muss da der jüngste Königssohn nicht fast von selbst auf den Gedanken verfallen, dass einzig ein goldenes Bauer dem goldenen Vogel angemessen sei? Könnten *wir* vielleicht begreifen, warum das unser Dasein Bestimmende in einem »hölzernen Käfig« hausen soll?!

Dennoch behauptet das Märchen mit umwerfender Selbstverständlichkeit, dass dem so ist – und verweist damit auf ein Motiv, das auch in der Bibel häufig anklingt. So erwählt Gott Abraham, einen ganz gewöhnlichen Viehzüchter, zum Stammvater eines ganzen Volkes. Dieses wiederum setzt sich aus ein paar Nomadenstämmen zusammen, die erst noch untereinander verfeindet sind und die, ganz im Gegensatz zu den benachbarten Nationen, weder überragende kulturelle Leistungen vollbracht haben und schon gar nicht auf eine glanzvolle Vergangenheit zurückblicken können. In der Geschichte dieses Volkes zeigt sich Gottes Herrlichkeit eher wie in einem zersprungenen Spiegel; zumeist besteht sie aus Abfall und Götzendienst, aus Schuld und Niederlagen und nicht durchgehaltenen Neuanfängen, sodass allenfalls noch Spuren einer *Heils*geschichte wahrzunehmen sind. David, der alle späteren Könige Israels überragende Herrscher, verträumt seine Jugend als Schafhirt. Jahre danach, auf dem Gipfel seiner Macht, weiß er nichts Besseres zu tun, als die Frau eines seiner Feldherren zu verführen und diesen meuchlings ermorden zu lassen.

Als Gott gar leibhaftig in diese fast schon irrwitzige Geschichte eintritt, erwählt er eine niedrige Magd, um Menschengestalt anzunehmen (Lukas 1,48; vgl. auch 1,52; 14,11; 18,14). Weder mit Gepränge und Gewalt noch als Regent oder als Fürst tritt er in Erscheinung, wie man das vom *Allmächtigen* erwarten würde. Gott kommt als Kind. Geboren wird es einer alten außerbiblischen Überlieferung zufolge in einer Höhle oder in einem Stall, und wächst heran im hintersten Winkel eines verrufenen Fleckens (vgl. Johannes 1,46). Im Gedanken daran wird der Apostel Paulus später, für ihn selbst überraschend, feststellen: »Was gering ist in der Welt und was verachtet ist, das hat Gott erwählt (1 Korinther 1,28). Die Niedrigen und Verachteten sind es denn auch, zu denen sich der Gott-Mensch besonders hingezogen fühlt, der zwar unter Hosianna-Rufen, aber nicht etwa, wie von einem Weltenherrscher zu erwarten, auf einem Kriegsreittier, sondern auf einem Esel in die Hauptstadt Jerusalem einzieht. Verwundert es da noch, dass die erste uns bekannte Darstellung der Kreuzigung Jesu ein Spottkruzifix ist? Es handelt sich dabei um ein Graffito aus dem frühen dritten Jahrhundert, das 1856 im *Pædagogium* auf dem Palatin in Rom, der Wohnstätte der kaiserlichen Pagen, entdeckt wurde und heute im nahe gelegenen *Antiquarium* zu besichtigen ist. Die Wandkritzelei zeigt ein Kreuz, an dem ein Mann mit einem Eselskopf hängt. Darunter findet sich eine ungelenke verächtliche Inschrift: »Alexamenos betet [seinen] Gott an.«

Dazu passt die Äußerung eines jüdischen Rabbi, der auf die Frage eines Schülers, warum denn die Menschen Gott nicht mehr begegnen könnten, antwortete: »Weil sich heute niemand mehr so tief bücken mag.«

Man braucht bloß an die biblischen Schriften zu denken, und schon erkennt man auf Anhieb, was der *goldene* Vogel im *hölzernen* Käfig bedeutet, nämlich dass ausgerechnet das Letztverbindliche im Gewand der Gewöhnlichkeit, gleichsam in Knechtsgestalt, daherkommt. Es trifft dies aber auch zu für die *Religion* selbst (und für jegliche authentische Religiosität überhaupt), in der die Beziehung zum Absoluten ihren lebendigen Ausdruck findet. Weil die Menschen hier mit dem End-Gültigen konfrontiert sind, mit dem also, was sie unbedingt angeht, geschieht es immer wieder, dass sie genauso (und genauso falsch) handeln wie der Prinz in unserem Märchen. Wenn sie erst einmal die Bedeutung der religiösen Bindung für ihr Leben entdeckt haben, erscheint ihnen ihre Religion in einem irrealen, verklärten Licht. Dabei vergessen sie allzu leicht, dass die Religionen, in denen der *Mensch* seine Beziehung zu Gott (zum Göttlichen, zum Heiligen, zum Numinosen, zu einem Absoluten, zu einem alles tragenden Sinngrund ...) lebt, stets von allzu

Menschlichem durchsetzt sind. Das aber bedeutet, dass das Wesen einer Religion (und jeder Religiosität überhaupt, die inner- *oder* außerhalb einer Religionsgemeinschaft gelebt werden kann) niemals im Reinzustand gegeben, sondern immer auch von ihrem Unwesen durchsetzt und nicht selten sogar in ihr Gegenteil pervertiert ist, ein Sachverhalt, den Joseph Ratzinger im Jahr 1977 in Bezug auf die römisch-katholische Glaubensgemeinschaft so formuliert: »Es geschieht *auch von Amtes wegen* vieles in der empirischen Kirche, was, theologisch gesehen, unkirchlich oder sogar antikirchlich ist; wer im 16. oder 17. Jahrhundert lebte, konnte das auch ohne Vergrößerungsglas unschwer wahrnehmen.«[8] Die Frage ist berechtigt, warum Ratzinger, der 1977 zum Präfekten der römischen Glaubenskongregation aufrückte, nicht gesagt hat, dass das nicht nur für frühere Zeiten gilt. Dazu kommt, dass die von den Religionen aufgestellten Satzungen, selbst wenn sie »an sich« rechtens sind, gelegentlich dennoch in einem unerträglichen Widerspruch stehen zu der von ihnen postulierten Gerechtigkeit – beispielsweise wenn (um es mit dem Evangelium zu sagen) ein Religionsgesetz den Menschen dazu verpflichtet, für den Sabbat zu leben, während der Sabbat doch für den Menschen geschaffen ist (vgl. Markus 2,27).

Die Religion ist nie Selbstzweck, sondern immer nur Mittel; ihre Funktion besteht darin, den Weg zum Absoluten zu ebnen, Hindernisse, die den Zugang dazu erschweren, aus dem Weg zu räumen und Türen zu öffnen zu jenen Räumen, in denen der Mensch ganz und gar er selbst sein darf und so zu sich finden kann. Wo immer dies geschieht, hat die Religion ihren Zweck erfüllt. Weil aber die Religion die Beziehung zum *Absoluten* begünstigt (beziehungsweise begünstigen müsste), betrachten manche ihrer Anhänger und Anhängerinnen sie ihrerseits als etwas Absolutes, nicht mehr Hinterfragbares. Sie werden blind für die Schwachstellen und Anfälligkeiten, die jeder Religion innewohnen, und

---

8   Joseph Ratzinger, Identifikation mit der Kirche, in: ders./Karl Lehmann, Mit der Kirche leben, Freiburg i. Br. u. a. 1977, 25; Hervorhebung von mir.

übersehen (oder rechtfertigen sogar) die *ihrer* Religion anhaftenden Fehlformen und Perversionen. Fanatisch denkende Menschen neigen dazu, alles, was im Namen der von ihnen praktizierten Religion geschieht, zu idealisieren und zu glorifizieren. Ähnliches gilt für Weltanschauungen, die quasireligiöse Züge tragen in dem Sinn, dass sie nicht mehr hinterfragt und so als letztverbindlich hingenommen werden. Wo immer dies zutrifft, wird der goldene Vogel in einem goldenen Käfig gefangen gehalten. Dann aber vergeht ihm jede Lust zu trillern; er »*schreit*«.

Dem Jüngling im Märchen wollen wir zugutehalten, dass er es *recht meint*, wenn er den hölzernen Käfig als unpassend betrachtet. Gutgläubig schlägt er den Ratschlag des Fuchses in den Wind.

Wenn es darum geht, einzelne Haltungen und Handlungen zu beurteilen, wissen wir in der Regel nur zu gut, was ehrsam und was verwerflich, was richtig und was falsch, was gut und was schlecht ist. In Wirklichkeit jedoch stellen sich die Dinge um einiges komplizierter dar. Was unser Märchen andeutet, illustriert Selma Lagerlöf in ihrer Legende *Der Weg zwischen Himmel und Erde*. Die schwedische Nobelpreisträgerin erzählt, wie der Tod eines Nachts an die Tür eines alten Offiziers klopft und ihm mitteilt, dass er noch vor der nächsten Mitternacht wiederkomme. Beunruhigt von dieser Nachricht holt der alte Haudegen die Bibel hervor und beginnt darin zu blättern. Nach einer Weile legt er das Buch aus der Hand und sucht, »mit unserem Herrgott irgendwie ins Reine zu kommen«.

> In seinem langen Leben hatte der Oberst eine ganze Reihe von Dingen mitgemacht, die nicht gerade so beschaffen waren, dass er in einer solchen Stunde gerne daran zurückdachte. Wie er so in dem Buch las, vernahm er starke, drohende Worte von jenem Gott, der die Sünde hasst; und dabei stieg eine drückende Erinnerung nach der anderen in ihm auf. Es waren große Dinge und kleine. Manche konnte er ohne Weiteres herausgreifen und sagen, was daran war, aber da waren auch andere, mit denen er nicht so rasch fertigwerden konnte. Auf welche Seite des Rechenschaftsbuches sollte er solches schreiben, das übel ausgegangen war, obwohl er es ursprünglich nicht böse gemeint hatte,

oder solches, das er sich selbst nie als Sünde angerechnet hatte, aber das nach diesem Buch hier wohl so genannt werden musste?

Er hatte wohl auch allerlei auf der Haben-Seite zu buchen, aber auch damit ging es ihm nicht anders. Je länger er an die Sache dachte, desto unsicherer wurde er, was er sich zugutschreiben durfte. Er sah keine Möglichkeit, mit klarer geordneter Rechnung vortreten zu können. Und da der Oberst ein stolzer und ehrlicher Mann war, litt er unter der Schmach, sich vor seinem Schöpfer als ungetreuer Hausvogt zeigen zu müssen und nicht vor ihm bestehen zu können.

Er wurde immer düsterer und missmutiger, je länger er in seiner Seelenprüfung fortfuhr. Ein eiskalter pechschwarzer Strom der Sünde und Erbärmlichkeit wälzte sich heran und überflutete ihn. Er war schon drauf und dran, den Humor zu verlieren, und das war das Letzte, was er an einem solchen Tag einbüßen wollte.

Unterdessen hatte sich der Himmel immer mehr erhellt, und plötzlich kamen die ersten Sonnenstrahlen herangeeilt und vergoldeten die schwarzen Buchstaben in der Bibel des Obersten.

Da hob der Alte den Kopf und blickte nach Osten, wo der große Sonnenball den Himmel hinanrollte, glänzend und majestätisch, und von der Welt Besitz ergriff.

Und vor diesem Schauspiel musste er wohl irgendwie zu der Erkenntnis gekommen sein, dass er bald einem Wesen entgegentreten würde von so wunderbarer Herrlichkeit, dass es ihm nicht möglich war, es zu erfassen oder zu begreifen. Er, der der Sonne ihre Bahn vorschrieb, war einer, der nicht rechnete, wie wir rechnen, nicht maß, wie wir messen. Es lohnte nicht, hier zu sitzen und sich zu ängstigen und zu bangen. Vor ihm kam doch alles zu kurz, der die Kraft und das Licht war, die Freude und das Wunder.[9]

---

9   Selma Lagerlöf, Der Weg zwischen Himmel und Erde, in: Die schönsten Legenden (dtv 1391), München [10]1991, 55–65; 59f.

Offensichtlich verhält es sich so, wie der Oberst empfindet, nämlich dass wir oft gar nicht wissen, »auf welche Seite des Rechenschaftsbuches« wir unsere Entschlüsse und die daraus sich ergebenden Taten eintragen sollen. Und dass unser Maß vielleicht doch nicht das richtige ist angesichts der Tatsache, dass man alles menschliche Denken und jede Handlung aus einem anderen, weiteren und wohl auch höher veranschlagten Blickwinkel beurteilen müsste. Dazu kommt, was das Märchen durchblicken lässt, nämlich dass wir angesichts der tausend lärmenden und oft auch lähmenden Bedingtheiten von außen die leise innere Stimme zuweilen kaum noch vernehmen und Entscheidungen treffen, deren Tragweite zu erfassen und zu begreifen wir kaum mehr fähig sind.

In solchen Situationen geht es oft buchstäblich um Sein oder Nichtsein, um Bestehen oder Verderben, um Leben oder Tod. So wird der Jüngling ja schon am Morgen, nachdem er von den Soldaten überwältigt wurde, vor Gericht gestellt und zum Tod verurteilt, und zwar nicht obwohl, sondern *weil* er »alles bekannte« – wobei sich seltsamerweise niemand dafür interessiert, *warum* er den Vogel vom hölzernen in den goldenen Käfig gesteckt hat. Wenn aber die Gründe nichts mehr zählen und die Absichten bedeutungslos erscheinen, so besagt das, dass ein Mensch sein Leben verfehlen oder verwirken kann, ohne im *moralischen* Sinn schuldig zu werden. Dieser Gedanke scheint dem Lied des greisen Harfners in Goethes *Wilhelm Meister* zugrunde zu liegen, wenn er die Götter verklagt:

> Ihr führt ins Leben uns hinein,
> ihr lasst den Armen schuldig werden.
> Dann überlasst ihr ihn der Pein,
> denn alle Schuld rächt sich auf Erden.[10]

Allerdings setzen die Mächte (oder die Überlegungen), die einen Menschen zu falschen Entscheidungen drängen, nur frei, was

---
10 Johann Wolfgang von Goethe, Wilhelm Meisters Lehrjahre, Köln ²1986, 273 (2. Buch, 13. Kapitel).

dieser an Möglichkeiten bereits in sich trägt. Sie begünstigen und aktualisieren bloß, was vor- oder vorausliegt, wie Lagerlöfs Legende und das Märchen vom goldenen Vogel übereinstimmend behaupten. Die ihre innere Stimme nicht hören oder ihr nicht folgen, sind demnach nicht *nur* Opfer eines Zwanges, sondern *auch* von sich selbst Betrogene und deshalb mitverantwortlich für die Folgen.

Dass »Schuld« nicht einfach als Schicksal verstanden werden darf, sondern ein persönliches Versagen voraussetzt, deutet das Märchen in der folgenden Szene an. Es geht dies übrigens schon daraus hervor, dass das Todesurteil über den Prinzen keineswegs endgültig ist. Vielmehr erhält er eine Chance, seinen Fehler wiedergutzumachen.

### Das Knospen der Liebe und die Entdeckung der Anima

> Der Königssohn machte sich auf den Weg, seufzte aber und war traurig, denn wo sollte er das goldene Pferd finden? Da sah er auf einmal seinen alten Freund, den Fuchs, an dem Wege sitzen. »Siehst du«, sprach der Fuchs, »so ist es gekommen, weil du mir nicht gehorcht hast. Doch sei guten Mutes, ich will mich deiner annehmen und dir sagen, wie du zu dem goldenen Pferd gelangst. Du musst geradeweges fortgehen, so wirst du zu einem Schloss kommen, wo das Pferd im Stalle steht. Vor dem Stall werden die Stallknechte liegen, aber sie werden schlafen und schnarchen, und du kannst geruhig das goldene Pferd herausführen. Aber eins musst du in Acht nehmen, leg ihm den schlechten Sattel von Holz und Leder auf und ja nicht den goldenen, der dabeihängt, sonst wird es dir schlimm ergehen.« Dann streckte der Fuchs seinen Schwanz aus, der Königssohn setzte sich auf, und es ging fort über Stock und Stein, dass die Haare im Winde pfiffen. Alles traf so ein, wie der Fuchs gesagt hatte. Er kam in den Stall, wo das goldene Pferd stand. Als er ihm aber den schlechten Sattel auflegen wollte, so dachte er: Ein so schönes Tier wird verschändet, wenn ich ihm nicht den schönen Sattel auflege. Kaum aber berührte der goldene Sattel das Pferd, so fing es laut an zu wie-

hern. Die Stallknechte erwachten, ergriffen den Jüngling und warfen ihn ins Gefängnis. Am andern Morgen wurde er vom Gerichte zum Tode verurteilt, doch versprach ihm der König das Leben zu schenken und dazu das goldene Pferd, wenn er die schöne Königstochter vom goldenen Schlosse herbeischaffen könnte.

Die erzählerische Struktur dieser Episode ist der vorausgehenden Szene so ähnlich, dass wir, bevor wir sie ganz gehört oder gelesen haben, darauf schwören möchten, dass der Jüngling den gleichen Fehler nochmals machen wird. Es ist, als stünde er unter einem Wiederholungszwang. Allerdings handelt es sich dabei nicht um einen unwiderstehlichen Drang von der Art, wie ihn ein Pyromane verspürt, der selbst dann noch Scheunen anzündet, wenn er sich ausrechnen kann, dass die polizeilichen Ermittlungen sich zuallererst auf ihn konzentrieren werden. Ebenso wenig kann von einer Verzweiflungstat die Rede sein, wie ein Spieler sie begehen mag, der fast sein ganzes Vermögen verloren hat und der trotzdem oder gerade deshalb verbohrt und trotzig sich sagt: Jetzt erst recht!

Hier liegen die Dinge völlig anders. Wenn das erste Mal einiges schiefgegangen ist, kann es dafür vielerlei Gründe geben. *Muss man es nicht ein zweites Mal auf eine ähnliche Weise* versuchen, zumal der gesunde Menschenverstand gegen ein bestimmtes Verhalten nicht nur nichts einzuwenden hat, sondern dieses gewissermaßen erfordert? Und gilt nicht unter ästhetischem und gefühlsmäßigem Gesichtspunkt: Gold zu Gold und Schrott zu Schrott? In der Tat ist nicht einzusehen, warum der Jüngling dem goldenen Pferd den alten abgerittenen Sattel aus Holz und Leder statt des goldenen verpassen sollte – wäre da nicht die innere Stimme, die etwas ganz anderes von ihm verlangt. Über das *Was* erfahren wir mehr, wenn wir auf die Symbolsprache achten.

Da ist zunächst die Rede von einem goldenen Pferd, das der Jüngling dem König bringen soll, damit dieser das Todesurteil rückgängig macht. Auf der sinnbildlichen Ebene unterliegt das Pferd sehr unterschiedlichen Deutungen. In Zentralasien und bei einigen indoeuropäischen Völkern galt das Pferd als Seelenführer;

deshalb wurde es manchmal zusammen mit verstorbenen Herrschern oder gefallenen Kriegern begraben. Im Zoroastrismus galt das Pferd als Urwidersacher Ahura Mazdas, des Guten. Diesem dunklen Aspekt begegnen wir auch in der griechischen Mythologie, wo der animalische Teil der Zentauren, dieser Mischwesen aus Mensch und Tier, für eine hemmungslose Triebhaftigkeit steht. Jedoch kannte man in der Antike auch den Pegasus, das geflügelte Pferd, das die geistige, insbesondere die poetische Kreativität verkörperte. Später wurde das Pferd immer mehr zu einem Symbol für Jugend, Sexualität, Potenz, Kraft und Männlichkeit, wobei es fast immer beide Pole, den positiven (die Triebhaftigkeit) und den negativen (das hemmungslose Ausleben der Begierden) in sich vereinigt. Diese letztere Deutung scheint für unser Märchen am ehesten zuzutreffen. Jedenfalls vermag sie zu erhellen, warum der Prinz dem goldenen Pferd den Sattel aus Holz und Leder auflegen soll. Um »ganz« zu werden, muss er das Pferd *suchen*, sich also bewusst werden, welche Antriebe sein Leben bestimmen. Deshalb soll er das *goldene* Pferd mit dem *schlechten* Sattel satteln. Das goldene Pferd steht für die Vielfältigkeit und den Reichtum seiner Triebwünsche, die er nicht einfach *unterdrücken* oder gar vor sich verleugnen darf. Der schlechte Sattel erinnert den Prinzen daran, dass es verfehlt wäre, sich mit seiner Männlichkeit zu *brüsten* und mit seinen Kräften zu *protzen*. Im Gegenteil, es geht darum, die starken triebhaften Regungen zu *beherrschen*. Überdies wird vom Prinzen verlangt, das Pferd an den königlichen Hof zu bringen. Deutlicher gesagt, es gilt, die Triebe in sein Leben zu *integrieren*. Wenn ihm das gelingt, kann das Todesurteil aufgehoben werden. Die innere Stimme kann ihn vor dem Verderben bewahren. Diese jedoch wird allzu leicht übertönt von dem Geschrei der Meinungsmacher und vom Geplärre der Leute.

> Mit schwerem Herzen machte sich der Jüngling auf den Weg, doch zu seinem Glück fand er bald den treuen Fuchs. »Ich sollte dich nur deinem Unglück überlassen«, sagte der Fuchs, »aber ich habe Mitleiden mit dir und will dir noch einmal aus deiner Not helfen. Dein Weg führt dich gerade zu dem goldenen Schloss. Abends wirst du

anlangen, und nachts, wenn alles still ist, dann geht die schöne Königstochter ins Badehaus, um da zu baden. Und wenn sie hineingeht, so spring auf sie zu und gib ihr einen Kuss, dann folgt sie dir, und du kannst sie mit dir fortführen. Nur dulde nicht, dass sie vorher von ihren Eltern Abschied nimmt, sonst kann es dir schlimm ergehen.« Dann streckte der Fuchs seinen Schwanz, der Königssohn setzte sich auf, und so ging es über Stock und Stein, dass die Haare im Winde pfiffen.

Als er beim goldenen Schloss ankam, war es so, wie der Fuchs gesagt hatte. Er wartete bis um Mitternacht, als alles in tiefem Schlaf lag und die schöne Jungfrau ins Badehaus ging. Da sprang er hervor und gab ihr einen Kuss. Sie sagte, sie wollte gerne mit ihm gehen, bat ihn aber flehentlich und mit Tränen, er möchte ihr erlauben, vorher von ihren Eltern Abschied zu nehmen. Er widerstand anfänglich ihren Bitten. Als sie aber immer mehr weinte und ihm zu Fuß fiel, so gab er endlich nach. Kaum aber war die Jungfrau zu dem Bett ihres Vaters getreten, so wachte er und alle anderen, die im Schlosse waren, auf, und der Jüngling ward festgehalten und ins Gefängnis gesetzt.

Bis auf das eine Mal, da der Prinz den Rat des Fuchses befolgte und das fidele Wirtshaus mied, hat er bisher so ziemlich alles falsch gemacht, was er falsch machen konnte. Dem goldenen Vogel hat er einen vergoldeten Käfig und dem goldenen Pferd den goldenen Sattel verpasst. Seltsamerweise scheint das dem Fuchs nichts auszumachen. Jedenfalls erteilt er dem Jüngling weiterhin gute Ratschläge. Wir werden uns nicht allzu sehr wundern, dass auch diese in den Wind gesprochen sind. Was in Bezug auf den Handlungsablauf nicht sehr plausibel erscheint, fügt sich auf der symbolischen Ebene bestens ins Bild. Tatsächlich gibt der »Fuchs« auch dann keine Ruhe, wenn man sich, statt seinen Empfehlungen zu folgen, an den gängigen, von der Allgemeinheit applizierten Verhaltensmustern orientiert, auf die Gefahr hin, dass ein solches Lavieren und sich Arrangieren schließlich auf einen tödlichen Kompromiss hinausläuft, weil man dadurch riskiert, den Lebensinhalt und das Lebensziel unwiderruflich zu verfehlen.

Andererseits lässt das Märchen durchblicken, dass es auch ein Menschenrecht auf Irrtum gibt – weil nämlich der Weg zur Menschlichkeit in der Regel nicht an Fehlentscheidungen und Irrtümern vorbeiführt.

Oft muss ein Mensch zuerst einmal »schuldig« werden, wenn er sich entwickeln und seine Persönlichkeit sich entfalten soll. Indem er aus seinen Fehlern lernt, findet er zur Reife. Der Weg zum Leben führt nicht an der »Schuld« vorbei.

Offensichtlich gibt es zwei Arten, das, was wir gemeinhin als »Moral« bezeichnen, zu begreifen. Die *statische Sicht* fixiert den Blick auf bestimmte Verhaltensregeln. Eine *dynamische Betrachtungsweise* hingegen geht davon aus, dass moralisches Verhalten lernbar ist und dass ein solcher Lernprozess nicht ohne Irrtümer abläuft.

Eine solche dynamische Auffassung von Moral liegt unserem Märchen zugrunde. Deshalb erstaunt es nicht, dass der Jüngling den vierten Ratschlag des Fuchses nicht beherzigt. Bemerkenswert ist allerdings die Tatsache, dass er diesmal den Beistand des Fuchses *sucht*. Dies deutet darauf hin, dass er seine innere Stimme befragt, wie er sich verhalten soll.

Die sagt ihm, wie er die schöne Königstochter finden und so sein Leben retten kann. Auffallenderweise wird der Jüngling aufgefordert, eine jungfräuliche Prinzessin zu suchen. Es handelt sich also um ein menschliches Wesen, das ihm ebenbürtig ist an Stand und Ansehen. Auf der Objektstufe geschieht etwas völlig Alltägliches. Ein Mann hat sich in den Kopf gesetzt, eine Frau zu gewinnen – oder sie zu erobern. Dabei, wir befinden uns ja mitten in einem schönen Märchen, versteht es sich von selbst, dass die Prinzessin sich beim Anblick des Prinzen weder ziert noch sträubt und dass sie weich wird wie Wachs in warmen Händen, als der Prinz sie küsst. Dass er sie umarmt, wird nicht gesagt; aber niemand verbietet, es uns vorzustellen. Im Übrigen ereignet sich hier nicht etwas, was ein Zeitungsreporter oder eine Nachrichtensprecherin als bemerkenswert bezeichnen würde. Umso befremdlicher mutet die folgende Szene an. Kann der Jüngling mit der Heimführung der Braut wirklich nicht zuwarten, bis diese Abschied genommen hat von ihren Eltern? Warum sieht er sich genötigt, das Herz, das ihm zugeflogen ist, um jeden Preis sofort zu entführen?

Solche Details und die daraus resultierenden Fragen machen auf der Objektstufe des Märchens keinen Sinn. Subjektstufig betrachtet hingegen geben sie eine ganze Menge her. Auf dieser Ebene nämlich ist die Prinzessin nicht einfach die Geliebte des Prinzen. Sie ist seine *Anima*.

Unter Anima versteht C. G. Jung jene Seeleneigenschaften eines Mannes, die man gewöhnlich als »weiblich« bezeichnet, nämlich Liebesfähigkeit und Launenhaftigkeit; ferner die Sensibilität für Stimmungen und Gefühle; schließlich eine gewisse Empfänglichkeit für das Irrationale. Dabei geht Jung davon aus, dass die Anima des Mannes nachhaltig von seinen ersten weiblichen Bezugspersonen (Mutter, Schwester, Erzieherinnen …) beeinflusst ist. Unter dem Begriff *Animus* hingegen subsumiert Jung die »männlichen« Seeleneigenschaften der Frau, die seiner Ansicht nach stark von ihren ersten männlichen Bezugspersonen (Vater, Brüder, Lehrer …) mitbestimmt werden, nämlich der Sinn für Initiative und Unabhängigkeit, die Tendenz zu Objektivität und geistiger Klarheit, aber auch eine gewisse Neigung zu Selbstherabsetzung und zu Vorurteilen.

Jeder Adam trägt demnach eine Eva in sich, und jede Eva ihren Adam. Allerdings ist dabei zu berücksichtigen, dass die angeblich »typisch« männlichen oder weiblichen Eigenschaften wohl weniger biologisch als vielmehr pädagogisch und gesellschaftlich und damit kulturell bestimmt sind. Was wiederum bedeutet, dass Anima und Animus mit ihren gegengeschlechtlichen Zügen und Tendenzen untergründig einer vollständigen Verinnerlichung gesellschaftlich vorgegebener Geschlechterrollen entgegenwirken.

Wenn der Prinz in unserem Märchen eine »Prinzessin« erobern muss, so bedeutet das, dass er sich auf die Suche begibt nach seiner Anima. Er soll jene Züge in sich entdecken, die er bislang unterdrückt und deshalb gar nicht wahrgenommen und schon gar nicht ausgelebt hat (oder umständehalber nicht ausleben konnte). Dieser von ihm bisher unerschlossene Lebensbereich – *darauf* verweist die jungfräuliche Prinzessin im Bad – ist unverbraucht und unverfälscht, man könnte auch sagen: von einer durchsichtigen Lauterkeit. Worum es hier geht, deutet der Fuchs an, dessen Rede in diesem Zusammenhang keinerlei moralische Zumutung an die Hörer oder Leserinnen des Märchens mehr beinhaltet, sondern eine – im Wortsinn – Zu-Mutung an den Prinzen darstellt. Nachts, wenn alles schläft und die Prinzessin nackt das Badehaus betritt, soll er sie küssen. Die Nähe zu dem Märchen von *'Alâ' ed-Dîn und die Wunderlampe* aus *1001 Nacht*, in dem ein armer Schlucker die Tochter des Sultans auf dem Weg zum Bad erspäht und von ihrer Schönheit derart hingerissen ist, dass er ohne sie weder leben kann noch will, scheint rein zufällig. Es haftet dieser Episode auch nichts Voyeuristisches an wie der biblischen Erzählung von der schönen Susanna, die von zwei alten Lüstlingen in ihrem Garten beim Baden beobachtet wird (vgl. Daniel 13). In unserem Märchen geht es nicht um schiere Sexualität, sondern um die *Fähigkeit zur Liebe*. Seine innere Stimme sagt dem Königssohn, dass er den praktischen Verstand nicht *über alles* setzen darf, sondern auf seine Gefühle achten soll. Und dass er den Eingebungen seines Herzens folgen muss, wenn er nicht, wie sein Vater und seine beiden Brüder, am Leben vorbeileben will. Mit einem Wort, er soll lernen, dass Gefühle mehr sind als eine Fußnote im Buch des Lebens.

Dass er die Prinzessin erst aufsuchen darf, wenn diese sich zum Bad bereitet, hat ebenfalls symbolische Bedeutung. In den Märchen und in der Mythologie wie auch in den Religionen ist das Bad ein Bild für Reinigung und Erneuerung – die ganze bisherige Lebensreise des Jünglings hat ja einzig den Sinn, das, was in seiner Psyche verworren und verstaubt und getrübt ist, zu *klären*. Gleichzeitig verweist das Bad auch auf eine spirituelle Wiedergeburt, was durch die Doppelbewegung des Ein- und Emportauchens sinnfällig vergegenwärtigt wird. Der Apostel Paulus bedient sich dieser Symbolik, wenn er das Taufbad als Sterben und Auferstehung deutet. Durch das Eintauchen ins Wasser wird der sündige Mensch gleichsam begraben, während das Auftauchen auf die geistige Wiedergeburt verweist und auf die Auferstehung des

»neuen Menschen« (die allerdings erst am Ende der Zeiten erfolgt; vgl. Römer 6,3–11).

Im Märchen vom goldenen Vogel verweist die Vereinigung des Prinzen mit der *badenden* Prinzessin auf das neue Leben, das sich erst durch die Wahrnehmung und Bejahung der Anima entfalten kann. Nach Eugen Drewermann erweckt jede Animaliebe den Eindruck,

> als fange in gewissem Sinn das Leben noch einmal von vorne an und als beginne man jünger und frischer zu leben als je zuvor. In der Gestalt der Anima verdichten sich gerade die unverbrauchten, jung gebliebenen Daseinsmöglichkeiten, und sie vermögen ein seelisch festgefahrenes, überaltertes und liebeleeres Leben wieder in Gang und Schwung zu bringen.[11]

Wenn dieser Prozess aber nicht jetzt einsetzt, und zwar in dem Augenblick, da der Prinz seiner Anima begegnet, ist die Chance unwiderruflich verpasst. Verschiebt man die Entscheidung auf morgen, so wird sie morgen gewiss auf übermorgen vertagt, und am dritten Tag schon ist die Sache vermutlich verdrängt und vergessen. Daher versteht es sich von selbst, dass die Prinzessin den Prinzen nicht für einen einzigen Augenblick mehr verlassen darf – auch nicht, um von ihren Eltern Abschied zu nehmen. Es besteht sonst die Gefahr, dass die eben entdeckte Anima den Jüngling nicht leitet, sondern ihm wieder entgleitet. Weil nämlich jede vertagte Entscheidung einer nicht genützten Chance gleichkommt. Ähnliches behauptet Jesus, der alle, die in seine Fußstapfen treten wollen, davor warnt, sich vorher von ihrer Familie zu verabschieden: »Keiner, der die Hand an den Pflug gelegt hat und nochmals zurückblickt, taugt für das Reich Gottes« (Lukas 9,62).

Was den Prinzen betrifft, scheinen seine Eindrücke und Empfindungen derart verworren, dass die Vernunft ihnen nicht ge-

---

11 Eugen Drewermann, Der goldene Vogel, in: Rapunzel, Rapunzel, lass dein Haar herunter. Grimms Märchen tiefenpsychologisch gedeutet, München 1992, 61–105; 90.

wachsen ist. Um es mit einem abgewandelten Satz aus der Bibel zu sagen: Das Fleisch ist zwar willig, aber der Geist ist schwach (vgl. Matthäus 26,41). In dem vagen Wissen, dass er nie zu sich selbst finden wird, wenn er dem Wunsch der Königstochter nachgibt, widersteht der Jüngling anfänglich der Versuchung. Als die Geliebte ihm aber weinend zu Füßen fällt, vermag er sich ihren Bitten nicht länger zu verschließen – und riskiert so, dass seine ganzen bisherigen Anstrengungen vergeblich waren.

Je deutlicher der Jüngling erkennt, dass die Reise zum Absoluten (und damit die eigene Identitätsfindung) mit zahllosen Belastungsproben verbunden ist, umso größer ist die Versuchung, das Unternehmen zu beenden und umzukehren. Gleichzeitig – und glücklicherweise – lässt sich die Tatsache nicht *ganz* verdrängen, dass er in diesem Fall »sein Leben verwirken« würde.

> Am andern Morgen sprach der König zu ihm: »Dein Leben ist verwirkt, und du kannst bloß Gnade finden, wenn du den Berg abträgst, der vor meinem Fenster liegt, und über welchen ich nicht hinaussehen kann. Und das musst du binnen acht Tagen zustande bringen. Gelingt dir das, so sollst du meine Tochter zur Belohnung haben.«

> Der Königssohn fing an, grub und schaufelte ohne abzulassen, aber als er nach sieben Tagen sah, wie wenig er ausgerichtet hatte, und alle seine Arbeit so gut wie nichts war, so fiel er in große Traurigkeit und gab alle Hoffnung auf. Am Abend des siebenten Tages aber erschien der Fuchs und sagte: »Du verdienst nicht, dass ich mich deiner annehme, aber geh nur hin und lege dich schlafen; ich will die Arbeit für dich tun.« Am andern Morgen, als er erwachte und zum Fenster hinaussah, so war der Berg verschwunden. Der Jüngling eilte vor Freude zum König und meldete ihm, dass die Bedingung erfüllt wäre, und der König mochte wollen oder nicht, er musste sein Wort halten und ihm seine Tochter geben.

Nachdem der Prinz seine Anima entdeckt hat, vermeint er vor lauter Freude, sein Reiseziel erreicht – ohne Bild: seine Identität gefunden – zu haben. Endlich fühlt er sich vollends glücklich. Ist er auch *ganz*?

Der Mensch ist nie ganz. Diese Erfahrung hat den griechischen Philosophen Platon im vierten vorchristlichen Jahrhundert zu einem schon im Altertum berühmten Gleichnis inspiriert. Ursprünglich, sagt Platon, hatte der Mensch eine kugelförmige Gestalt.

> Rundherum gingen Rücken und Seiten im Kreis. Vier Hände hatte er und ebenso viele Beine wie Hände, und auf einem runden Hals zwei Gesichter, beide völlig gleich, und über diesen beiden Gesichtern, die einander abgewandt waren, nur einen Schädel, ferner vier Ohren und doppelte Schamteile und alles Übrige so, wie man sich das dementsprechend vorstellen kann.[12]

Später, als die Menschen sich erkühnen, die Götter anzugreifen, beschließt Zeus, ihre Kraft zu schwächen:

> Ich glaube, ich habe jetzt ein Mittel, wie es weiterhin Menschen geben kann und sie doch mit ihrer Zügellosigkeit aufhören müssen, weil sie dazu zu schwach geworden sind. Denn jetzt will ich einen jeden in zwei Hälften schneiden. So werden sie schwächer sein und gleichzeitig nützlicher für uns [Götter], weil sie dann zahlreicher sind. Und sie werden aufrecht auf zwei Beinen gehen. […]

> So sprach er und schnitt die Menschen in zwei Stücke, wie man Arlesbeeren zum Einmachen oder wie man Eier mit einem Haar entzweischneidet. […] Nachdem nun also seine Gestalt in zwei Stücke geschnitten war, sehnte sich ein jeder nach seiner Hälfte und kam mit ihr zusammen. Und sie umarmten einander und umschlangen sich vor Begierde, wieder zusammenzuwachsen. […] Jeder von uns ist also Bruchstück eines Menschen, da wir zerschnitten sind wie Flundern, aus einem zwei; es sucht denn auch immerfort ein jeder sein anderes Stück.

---

12 Platon, Symposion, in: Meisterdialoge, Zürich 1958, 105–181; 130; das folgende Zitat: 131 f.

Platon spricht hier von der gegenseitigen *Anziehungskraft*, die zwei Menschen aufeinander ausüben. Wenn die beiden einander gefunden haben, bedeutet das aber nicht, dass sie nun zwangsläufig *in Harmonie* miteinander vereint sind. Gleiches gilt in Bezug auf das Spannungsverhältnis zwischen Animus und Anima. Die Tatsache, dass der Prinz die bisher unterdrückten »weiblichen« Komponenten seines Wesens (seine Anima) *entdeckt* hat, besagt noch nicht, dass diese bereits *integriert* sind in seine Persönlichkeit. Eben diese Integration gilt es nun zu leisten; andernfalls wird sich das Glücksgefühl, das er bei der Begegnung mit seiner Anima verspürt hat, sehr schnell als Illusion erweisen.

Im Märchen ist es der Vater der Prinzessin, der zeigt, wie schwierig diese Integration zu leisten ist, wenn sie denn überhaupt *geleistet* werden kann. Einen Berg, der ihm die Sicht versperrt, soll der Jüngling abtragen. In der Mythologie und im Märchen wie auch in der Bibel ist der Berg häufig ein Symbol für die Verbindung zwischen Himmel und Erde, ein Ort, an dem die Menschen Fühlung aufnehmen mit der Gottheit. Deshalb finden sich überall auf der Welt heilige Berge, die einstmals als Wohnsitz der Götter galten. Diese Vorstellung liegt unserem Märchen fern. Hier ist der Berg kein Gottesthron, sondern ein Hindernis. Und dieses soll binnen acht Tagen beseitigt werden?

In vielen Religionen kommt der Acht eine besondere Bedeutung zu.[13] Im Buddhismus hat das Rad der Erlösung acht Speichen, die den achtfachen Pfad versinnbildlichen, der die Menschen herausführt aus dem leidvollen Kreislauf der Wiedergeburten. Im alten Ägypten gab es den Ort *Schmun*; der Name bedeutet *Acht*. Es war dies die Tempelstadt Thoth's, des Gottes des Wissens, der gleichzeitig auch als heilender Arzt und Zauberer galt. In der jüdischen und in der christlichen Frömmigkeit spielt die Acht ebenfalls eine wichtige Rolle. Am achten Tag nach der Geburt werden die jüdischen Knaben beschnitten zum Zeichen ihrer Erwählung. Der Bibel zufolge wurden in der Arche acht Menschen vor der Sintflut gerettet, nämlich Noach, seine Frau, seine drei Söhne

---

13 Vgl. Otto Betz, Das Geheimnis der Zahlen, Stuttgart 1989, 98–102.

und deren Frauen (Exodus 6,18). Mit dieser wunderbaren Rettung bringt der Verfasser des ersten Petrusbriefes die christliche Taufe in Verbindung, die die Gläubigen vor dem ewigen Tod bewahrt (1 Petrus 3,30). Von daher ergab es sich fast von selbst, dass die Acht im Christentum zu einem Symbol der Rettung und der Wiedergeburt wurde. Dies wiederum veranlasste den Philosophen und Märtyrer Justinus († 165), den Tag der Auferweckung Jesu als »achten Tag« zu bezeichnen, womit er sagen wollte, dass die alte Welt gleichsam untergegangen und ein völlig neues Zeitalter gekommen sei. Paulus betont, dass die Getauften Anteil erhalten am Leben des Auferstandenen (vgl. Römer 6,3–5). Wer die »sieben Tage« (sein irdisches Leben) hinter sich gebracht hat, geht in den achten Tag (in das neue Leben) ein, der kein Ende hat. Die liegende Acht (∞) schließlich ist nicht nur das mathematische Zeichen für Unendlichkeit, sondern gleichzeitig auch ein Symbol für die Überwindung des Todes und für die Unsterblichkeit.

Die Symbolik ist durchsichtig. Wenn der Prinz es fertigbringt, den Berg innerhalb von acht Tagen abzutragen, hat er den Neuanfang geschafft. Dann weiß er endlich, wer er ist und wofür er lebt.

Fest steht aber gleichzeitig, dass er das gewaltige Werk nie und nimmer zuwege bringen wird; wie sollte er auch! Dass er das weiß und sich dennoch an die Arbeit macht, ist kein Widerspruch. Angedeutet wird damit, dass, wer sein Teil beiträgt, auf Hilfe von außen hoffen darf und deshalb nicht zu verzweifeln braucht. Damit zeigt sich erneut: Solange man sich auf die gegenständlichen Aussagen des Märchens fixiert, sieht man sich laufend mit Paradoxa konfrontiert. Sobald man aber auf die Symbolsprache hört, wird die Botschaft transparent. Die besagt, dass die Integration der Anima in die Persönlichkeit zwar mit vielfältigen Mühen verbunden ist – und dass sie nur gelingen kann, wenn man das Seinige dazu beiträgt, ohne sich dauernd unter Druck und tausend Zwängen ausgesetzt zu sehen. Nicht wer sich bis zur Obsession einredet: »Ich muss ständig an mir arbeiten!«, sondern wer sich sagt: »Verkrampfe dich nicht; lass es werden!«, wird die schwierige Hürde auf dem Weg zur Selbstwerdung schließlich nehmen. Nicht zufällig greift das Märchen in diesem Zusammenhang auf eine Bildrede zurück, die sich im Mund Jesu findet: »Wenn jemand zu diesem Berg sagt: Heb dich empor und stürz dich ins Meer! und wenn er in seinem Herzen nicht zweifelt, sondern glaubt, dass geschieht, was er sagt, dann wird es geschehen« (Markus 11,23). Das hier geforderte unerschütterliche Vertrauen bekundet der Prinz. Nachdem er nach mancherlei Fehlentscheidungen am (vorläufigen!) Ziel seiner Reise angelangt ist und »keine Gnade« mehr erwarten kann, vertraut er ganz am Ende, am Abend des siebten Tages, dennoch seiner inneren Stimme, die er so oft vernommen und auf die er meistens doch nicht gehört hat. Diese Stimme sagt ihm jetzt, dass eine gütige Macht ihm schließlich gewähren wird, was er mit seinen eigenen Kräften nie und nimmer erreichen kann. Dabei geht es, wie Eugen Drewermann betont, doch nur darum,

> jenseits des Zusammenbruchs des eigenen Leistungsvermögens ein Vertrauen in die Güte, die Richtigkeit, ja sogar in die Liebenswürdigkeit des eigenen Wesens aufzubringen und sich darüber zu beruhigen, dass in gleichem Maß, wie dies Vertrauen wächst, der Berg vorm Fenster von allein verschwinden wird. Was bisher als *Wirkung des eigenen Tuns* gesucht wurde, ergibt sich jetzt von selbst als *Wirkung des eigenen Wesens*. […] Nur wer sich selbst vertraut, kann das Vertrauen haben, die Liebe eines anderen zu verdienen, und also muss er sie nicht mehr »verdienen«.[14]

Dass wir das für unser Leben wirklich Entscheidende nie allein schaffen, sondern nur entgegennehmen können als ungeschuldetes Geschenk und unverdiente Gabe, zeigt sich besonders deutlich, wenn wir uns die Begegnung zwischen dem Prinzen und der Prinzessin auf der Ebene der Objektstufe vergegenwärtigen. Hier geht es nicht mehr um einen Königssohn, der seine Anima entdeckt, sondern um die Liebe zwischen Mann und Frau. Der Prinz hat keine Möglichkeit, die Zuneigung der Prinzessin zu erzwin-

---

14 Drewermann, Rapunzel, 95–96. Hervorhebung von mir.

gen. Wohl stünde es in seiner Macht, sie zu zwingen, alles hinter sich zu lassen und mit ihr fortzuziehen. Auf diese Weise würde er sich nur ihres Körpers bemächtigen; der Zugang zu ihrem Herzen aber bliebe ihm für immer verwehrt. Liebe lässt sich auch nicht erkaufen mit Leistung. Eine Heldentat vermag allenfalls Bewunderung zu wecken, aber nicht die Liebe zum Knospen zu bringen (was der mutige Ritter in Schillers Ballade *Der Handschuh* deutlich und schmerzvoll erfährt). Selbst sieben abgetragene Berge wären kein Grund, einen Menschen zu lieben – eine solche Tat mag allenfalls Anerkennung hervorrufen. Liebe ist ihrer Natur nach ein Geschenk, und *deshalb* beseligend. Sie sieht im Gegenüber zuallererst nicht den Helden oder die Heroin, nicht den Abgott oder die Halbgöttin und (hoffentlich) auch kein Idol, sondern schlicht und einfach einen einzigartigen *Menschen*, der – und *dies* ist das Seltsame und Unbegreifliche – trotz all seiner Fehler und seiner Schwächen liebenswert ist. Das scheint der Königssohn endlich begriffen zu haben, als er sich am Abend des siebten Tages zur Ruhe legt und hineinschläft in einen gesunden Schlaf.

**Die Entscheidung zwischen Haben und Sein**

Nachdem der Berg abgetragen ist, sieht sich der König genötigt, dem fremden Prinzen seine Tochter anzuvertrauen. Im Gegensatz zu vielen anderen Märchen ist an dieser Stelle nicht die Rede von einem krönenden Finale mit einer glanzvollen Hochzeit (»und sie lebten glücklich zusammen bis an ihr Ende« …), sondern von einem Wendepunkt. Denn der Königssohn ist ja nicht ausgezogen, um eine Prinzessin heimzuführen, sondern um den goldenen Vogel zu suchen.

> Nun zogen die beiden zusammen fort, und es währte nicht lange, so kam der treue Fuchs zu ihnen. »Das Beste hast du zwar«, sagte er, »aber zu der Jungfrau aus dem goldenen Schloss gehört auch das goldene Pferd.« »Wie soll ich das bekommen?«, fragte der Jüngling. »Das will ich dir sagen«, antwortete der Fuchs. »Zuerst bring dem

König, der dich nach dem goldenen Schloss geschickt hat, die schöne Jungfrau. Da wird unerhörte Freude sein, sie werden dir das goldene Pferd gerne geben und werden dir's vorführen. Setz dich alsbald auf und reiche allen zum Abschied die Hand herab, zuletzt der schönen Jungfrau, und, wenn du sie gefasst hast, so zieh sie mit einem Schwung hinauf und jage davon; und niemand ist imstande, dich einzuholen, denn das Pferd läuft schneller als der Wind.«

Alles wurde glücklich vollbracht und der Königssohn führte die schöne Jungfrau auf dem goldenen Pferd fort. Der Fuchs blieb nicht zurück und sprach zu dem Jüngling: »Jetzt will ich dir auch zu dem goldenen Vogel verhelfen. Wenn du nahe bei dem Schloss bist, wo sich der Vogel befindet, so lass die Jungfrau absitzen, und ich will sie in meine Obhut nehmen. Dann reit mit dem goldenen Pferd in den Schlosshof. Bei dem Anblick wird große Freude sein und sie werden dir den goldenen Vogel herausbringen. Wie du den Käfig in der Hand hast, so jage zu uns zurück und hole dir die Jungfrau wieder ab.«

Als der Anschlag geglückt war und der Königssohn mit seinen Schätzen heimreisen wollte, so sagte der Fuchs: »Nun sollst du mich für meinen Beistand belohnen.« »Was verlangst du dafür?«, fragte der Jüngling. »Wenn wir dort in den Wald kommen, so schieß mich tot und hau mir Kopf und Pfoten ab.« »Das wäre eine schöne Dankbarkeit«, sagte der Königssohn, »das kann ich dir unmöglich gewähren.« Sprach der Fuchs: »Wenn du es nicht tun willst, so muss ich dich verlassen. Ehe ich aber fortgehe, will ich dir noch einen guten Rat geben. Vor zwei Stücken hüte dich. Kauf kein Galgenfleisch und setze dich an keinen Brunnenrand.« Damit lief er in den Wald.

*Erzählerisch* gesehen setzt in dem Augenblick, in welchem der Prinz sich aufs Pferd schwingt und sich zusammen mit der Braut von deren Vater verabschiedet, die Rückreise ein. Was hingegen die *Thematik des Märchens* betrifft, handelt es sich nur scheinbar um eine Rückkehr ins väterliche Schloss. In Wirklichkeit setzt der Königssohn seine Lebensreise fort. Auf der weiteren Wegstrecke wird er mit all jenen Schwierigkeiten erneut konfrontiert, an denen er früher scheiterte. Allerdings kann er jetzt die Ratschläge des Fuchses leichter befolgen, weil er sich nun in einer ganz anderen Verfassung befindet; inzwischen hat er ja seine Anima entdeckt.

Zunächst führt ihn sein Weg zum König, bei dem er das goldene Pferd gegen die Prinzessin auslösen muss. Oder auslösen müsste.

Wie wir bereits früher sehen konnten, steht das Pferd für den Reichtum der menschlichen Urinstinkte und Triebwünsche. Ursprünglich lebte das Pferd in der Wildnis der Steppe. Diese Herkunft macht sich auch beim domestizierten Haus- und Arbeitspferd gelegentlich bemerkbar, wenn es durchbrennt und ziellos durch die Gegend galoppiert. Im Märchen ist das Pferd aus purem Gold – also überaus *kostbar*. Aber nicht deswegen müssen die Stallknechte es bewachen, sondern weil es, sobald es nicht mehr im Zaum gehalten wird, gefährlich werden kann. Bezeichnenderweise warnt das Märchen nicht davor, zum Pferd auf Distanz zu gehen; vom Prinzen wird ja verlangt, dass er es *heimführt*. Es ist kein Traumdeuter vonnöten, um dieses Bild zu entschlüsseln. Ein Mensch, der nicht wahrhaben will, dass seine Triebe ihn dauernd *be*drängen, wird versucht sein, sie einfach zu *ver*drängen. Über die verheerenden Folgen eines solchen Verhaltens brauchen wir uns nicht zu unterhalten; für die dadurch entstehenden Neurosen sind die Psychotherapeuten zuständig. Aber nicht nur die Verleugnung, sondern auch das *hemmungslose Ausleben* der Triebe richtet einen Menschen zugrunde. Beiden Gefahren entgeht man nur, wenn man mutig sich aufs Pferd schwingt, die Zügel fest in die Hand nimmt und versucht, es zu *beherrschen*.

An dieser Stelle stellt sich die Frage, warum der Königssohn nicht *direkt* ins väterliche Schloss zurückkehrt. Würde es nicht naheliegen, die Braut möglichst schnell heimzuführen, um mit ihr ein neues Leben in Freuden zu beginnen?

Damit würde der Prinz seinen bisher begangenen Fehlern nur einen weiteren, ungleich schwerer wiegenden hinzufügen. Sein neues Leben würde geradewegs in das frühere Gleis münden und wäre von allem Anfang an zum Scheitern verurteilt. Und die Freude und die Lust aneinander vergingen den beiden Verliebten schneller als der Schnee in der Sonne. Schon nach wenigen Wochen würde der Jüngling sich als Versager fühlen. Solange er das goldene Pferd nicht gebändigt hat und nicht beherrscht, negiert er weiterhin seine Liebesbedürftigkeit und seine Männlichkeit und damit einen wesentlichen Teil seiner Persönlichkeit. Bestenfalls könnte er als Theoretiker in Beziehungsfragen oder als Akademiker in Liebesangelegenheiten anderen ein paar nützliche Ratschläge erteilen, während er nach jedem diesbezüglichen Gespräch sich selbst bemitleiden müsste, weil er nach wie vor kontakt- und liebesunfähig ist. Hätte er sich aber auf das goldene Pferd geschwungen, ohne vorher seine »Prinzessin« zu finden, würde er später mit Sicherheit als lächerlicher Don Juan oder liederlicher Casanova durchs Leben flanieren, ein Vagabund der Liebe eben, der sich nichts macht aus den blutenden Herzen und den verkümmerten Seelen, die er, sein Liedlein pfeifend, hinter sich zurücklässt. Um seine Persönlichkeit ins Gleichgewicht und sein Leben in Gleichklang mit seinem Fühlen zu bringen, musste der Königssohn *zuerst* seine Anima entdecken. Die aber kann er unmöglich *austauschen* gegen das goldene Pferd; nur wenn er beide »nach Hause bringt«, trifft er dort als ganzer Mensch und Mann ein.

Damit er die Prinzessin wegführen und das goldene Pferd in Besitz nehmen kann, bedarf es eines Gewaltakts. Was vom moralischen Standpunkt aus fragwürdig erscheinen mag, leuchtet unter psychologischem Aspekt durchaus ein. Sein inneres Gleichgewicht kann der Jüngling nur finden, wenn er einen Handstreich verübt – indem er sich einen Ruck gibt und so sein Teil zum Gelingen seines Lebensprojekts beiträgt. Das Märchen lässt durchblicken, dass die für die Daseinsbewältigung notwendigen Dinge uns zwar geschenkt werden (der Prinz hat die Prinzessin *gefunden*), aber auch, dass sie uns nicht einfach in den Schoß fallen (es ist ihm auferlegt, die Geliebte zu *entführen*). Anders ausgedrückt, die Früchte reifen von alleine; pflücken muss man sie mit eigenen Händen. Wenn der Prinz die Prinzessin gewaltsam auf das goldene Pferd hievt, bekundet er damit die Absicht, sich der Führung seiner Anima anzuvertrauen, wenn die natürlichen Regungen, die spontanen Instinkte und die elementaren Triebe sich regen.

Ursprünglich allerdings ist der Königssohn nicht wegen der Prinzessin noch um des goldenen Pferdes willen ausgezogen, sondern um den goldenen Vogel zu suchen. Erst wenn er diesen gefunden hat, befindet er sich am Ziel seiner Reise. Mit anderen Worten, auch wenn er die früher verdrängten (»weiblichen«) Elemente seines Wesens *und* seine Triebhaftigkeit in seine Persönlichkeit integriert hat, fehlt ihm zu seinem Ganzsein doch jenes Wesentliche, das das Märchen mit dem Bild vom goldenen Vogel umschreibt.

Wie wir gesehen haben, steht der goldene Vogel für das Absolute, für das alles Entscheidende oder Göttliche. Dass der Jüngling jetzt erneut zu einer List greift, um in den Besitz dieses Vogels zu gelangen, deutet darauf hin, dass es vermutlich gar keine »normalen« Möglichkeiten gibt, einen Zugang zu finden zu dieser weltjenseitigen Wirklichkeit. Offenkundig verweist das Märchen hier auf eine religiöse Dimension, allerdings ohne diese Sphäre näher zu definieren. Ob man dabei an den von den Religionen aufgezeigten Weg nach »oben« denkt, oder aber eher an eine Reise nach »innen« im Sinne einer privaten, nicht institutionalisierten Religiosität, ist hier nicht von Belang. Wichtig hingegen ist, *was* das Märchen andeutet, nämlich dass in oder über jedem Menschenleben ein Geheimnis west. Im Gegensatz zu einem Rätsel kann man ein Geheimnis nie ganz entschlüsseln. Es lässt sich auch nicht auf den Begriff bringen. Aber man kann sich ihm schweigend und ehrfurchtsvoll und in ruhiger Gelassenheit überantworten – eine Haltung, die wir gewöhnlich als Religiosität bezeichnen.

Wo Menschen sich auf ihr Gewissen berufen, wenn in ihrem Leben Entscheidendes an- oder auf dem Spiel steht, fühlen sie sich einer Ordnung verpflichtet, die sie nicht selbst aufgestellt haben, sondern vorfinden. Andere sprechen statt vom Gewissen von einer inneren Stimme, die ihnen den Weg weist. Diesbezüglich besteht kein Unterschied; wer lange genug in sich hineinhorcht, wird irgendwann erkennen, dass es sich um einen Ruf handelt, der von »außen« her ergeht. Dies eben deutet der Fuchs an, wenn er den Prinzen bittet, ihn zu »töten« – und das heißt doch nichts anderes, als ihm den ihm zustehenden Freiraum zu gewähren. Der Königssohn allerdings ist noch unfähig zu der Einsicht, dass diese Stimme, die der Fuchs versinnbildlicht, *nicht von dieser Welt* ist. Das Märchen sagt nicht, ob er für diese Erkenntnis noch nicht reif genug oder ob er einfach zu zaghaft ist, um den Wunsch des Fuchses zu erfüllen (»Das kann ich dir unmöglich gewähren!«). Es sagt nur, dass er seiner inneren Stimme noch immer nicht hinreichend Beachtung schenkt.

> Der Jüngling dachte, das ist ein wunderliches Tier, das seltsame Grillen hat. Wer wird Galgenfleisch kaufen! Und die Lust, mich an einen Brunnenrand zu setzen, ist mir noch niemals gekommen.

> Er ritt mit der schönen Jungfrau weiter, und sein Weg führte ihn wieder durch das Dorf, in welchem seine beiden Brüder geblieben waren. Da war großer Auflauf und Lärmen, und als er fragte, was da vor wäre, hieß es, es sollten zwei Leute aufgehängt werden. Als er näher hinzukam, sah er, dass es seine Brüder waren, die allerhand schlimme Streiche verübt und all ihr Gut vertan hatten. Er fragte, ob sie nicht könnten freigemacht werden. »Wenn Ihr für sie bezahlen wollt«, antworteten die Leute, »aber was wollt Ihr an die schlechten Menschen Euer Geld hängen und sie loskaufen.« Er besann sich aber nicht, zahlte für sie, und als sie frei waren, setzten sie die Reise gemeinschaftlich fort.

> Sie kamen in den Wald, wo ihnen der Fuchs zuerst begegnet war, und da es darin kühl und lieblich war und die Sonne heiß brannte, sagten die beiden Brüder: »Lasst uns hier an dem Brunnen ein wenig ausruhen, essen und trinken.« Er willigte ein und während des Gesprächs vergaß er sich, setzte sich an den Brunnenrand und versah sich nichts Arges. Aber die beiden Brüder warfen ihn rückwärts in den Brunnen, nahmen die Jungfrau, das Pferd und den Vogel, und zogen heim zu ihrem Vater. »Da bringen wir nicht bloß den goldenen Vogel«, sagten sie, »wir haben auch das goldene Pferd und die Jungfrau aus dem goldenen Schloss erbeutet.« Da war große Freude, aber das Pferd, das fraß nicht, der Vogel pfiff nicht, und die Jungfrau, die saß und weinte.

Der jüngste Bruder war aber nicht umgekommen. Der Brunnen war zum Glück trocken, und er fiel auf weiches Moos, ohne Schaden zu nehmen, konnte aber nicht mehr heraus. Auch in dieser Not verließ ihn der treue Fuchs nicht, kam zu ihm herabgesprungen und schalt ihn, dass er seinen Rat vergessen hätte. »Ich kann's aber doch nicht lassen«, sagte er, »ich will dir wieder an das Tageslicht helfen.« Er sagte ihm, er solle seinen Schwanz anpacken und sich fest daran halten, und zog ihn dann in die Höhe. »Noch bist du nicht aus aller Gefahr«, sagte der Fuchs, »deine Brüder waren deines Todes nicht gewiss und haben den Wald mit Wächtern umstellt, die sollen dich töten, wenn du dich sehen ließest.«

Da saß ein armer Mann am Weg, mit dem vertauschte der Jüngling die Kleider und gelangte auf diese Weise an des Königs Hof. Niemand erkannte ihn, aber der Vogel fing an zu pfeifen, das Pferd fing an zu fressen, und die schöne Jungfrau hörte Weinens auf. Der König fragte verwundert: »Was hat das zu bedeuten?« Da sprach die Jungfrau: »Ich weiß es nicht, aber ich war so traurig, und nun bin ich so fröhlich. Es ist mir, als wäre mein rechter Bräutigam gekommen.« Sie erzählte ihm alles, was geschehen war, obgleich die andern Brüder ihr den Tod angedroht hatten, wenn sie etwas verraten würde. Der König hieß alle Leute vor sich bringen, die in seinem Schloss waren; da kam auch der Jüngling als ein armer Mann in seinen Lumpenkleidern, aber die Jungfrau erkannte ihn gleich und fiel ihm um den Hals. Die gottlosen Brüder wurden ergriffen und hingerichtet, er aber ward mit der schönen Jungfrau vermählt und zum Erben des Königs bestimmt.

Offenbar gilt es, einen recht langen und mühsamen Weg zurückzulegen, bevor man zu sich selbst findet. Dass und wie falsche Rücksichten und unangebrachte Mitleidsbezeugungen den Pfad dazu verbauen können, erfährt der Königssohn, als er auf seine beiden älteren Brüder trifft, die anscheinend nicht nur jede Menge Schandtaten verübt, sondern auch »all ihr Gut vertan hatten«. Die Güter, von denen hier die Rede ist, sind wohl nicht nur im materiellen Sinne zu verstehen; eher scheint es, dass die beiden sich einen Teufel scherten um die Folgen ihres wilden Treibens. Kann und darf man es dem Jüngling verübeln, wenn er einer Regung des Herzens nachgibt und die Brüder trotz ihrer Verfehlungen vor dem Strang errettet? Erweist sich die Bindung des Blutes nicht allemal stärker als das Verständnis für eine von Menschen praktizierte und damit zweifelhafte Gerechtigkeit? Selbst Gefühlsarme werden diese Fragen spontan bejahen. Allerdings ist zu bedenken, dass die Problematik hier eine ganz andere ist. Was objektstufig unzumutbar scheint (nämlich dass der Königssohn seine Brüder ungerührt dem Verderben überlässt), ist auf der Subjektebene des Märchens schlüssig. Subjektstufig gesehen nämlich stehen die Brüder für jene falschen Wertvorstellungen, die am väterlichen Hof das Regiment führten und die in gewisser Weise zur Kindheit und Jugend und damit zur Vergangenheit des Prinzen gehören. Diese Vergangenheit aber kann ihn zu jedem Zeitpunkt wieder einholen. Wer möchte schon von sich behaupten, gegen derlei Gefahren absolut gefeit zu sein und ihnen immer und in jedem Fall widerstehen zu können? Wie groß die Versuchung ist, auf frühere Denkmuster zurückzugreifen und sich von ihnen leiten zu lassen, geht auch daraus hervor, dass dem Jüngling auf seiner Weiterreise gleich *zwei* liederliche Gesellen Gesellschaft leisten.

Natürlich gibt sich der Jüngste, während er mit seinen Brüdern zum väterlichen Schloss zurückkehrt, keinerlei Rechenschaft darüber, welche Gefahren an seiner Seite lauern. Diese Tatsache hat er völlig verdrängt. So kommt es, dass er sich trotz der Warnung des Fuchses sorglos am Rand des Brunnens niedersetzt – und von seinen Brüdern alsogleich in die Tiefe gestoßen wird.

Die Parallele zur Geschichte vom ägyptischen Josef, dem Ähnliches widerfuhr, wird zufällig sein (vgl. Genesis 37,21–24). Bedeutsam hingegen ist die Symbolik. In den Märchen und Mythen der Völker steht der Ziehbrunnen oft für das Unbewusste. Erst indem er in diesen dunklen Bereich vorstößt (oder hineingestoßen wird), erkennt der Jüngling, dass er dem Fuchs folgen muss, um *wirklich* ganz zu werden und *seinen* Weg finden zu können. Solange er sich diese Erkenntnis nicht zu eigen macht und sie nicht in die Praxis umsetzt, haben die Brüder auch nach seiner Rückkehr am Hofe nach wie vor das Sagen.

Und die sind recht eifrig am Werk. Sie haben »den Wald mit Wächtern umstellt«, die den Jüngling umbringen sollen, sobald sie ihn erblicken. Um ihnen zu entkommen, ist dieser genötigt, seine königliche Gewandung mit den Lumpen eines Bettlers zu vertauschen. Im Märchen stellt die Kleidung in der Regel kein zufälliges Attribut dar, sondern verweist auf Stand und Stellung und – auf der Symbolebene – auf die Einstellung einer Person. Wenn der Prinz die auf seiner Reise gewonnenen Erfahrungen und Erkenntnisse für sein weiteres Leben nützen will, gilt es, den alten Menschen abzulegen und seinen Geist und Sinn zu erneuern (wie es im Epheserbrief 4,22–24 sinngemäß heißt). Künftigen Fährnissen kann er nur entrinnen, wenn der Wandel seiner Gesinnung und die damit verbundene Verlagerung der Wertgewichte nicht einer augenblicklichen Laune entspringen, sondern von Dauer – also in seine Persönlichkeit integriert – sind. *Deshalb* darf der Prinz bei Hof nicht in seiner standesgemäßen Aufmachung eintreffen. Wenn der »alte Mensch« bei seiner Rückkehr vom Königsschloss Besitz ergriffe, wäre die ganze beschwerliche Reise nichts als eine abenteuerliche Episode, dazu bestimmt, in der Erinnerung *begraben* zu werden. Dass dieses Risiko gegeben ist und auch weiterhin besteht, deutet das Märchen in einem einzigen kurzen und doch überaus bewegenden Satz an. Es herrscht, so lesen wir, an dem Königshof »große Freude«, nachdem die beiden älteren Söhne mit ihrer Beute zurückgekehrt sind; »aber das Pferd, das fraß nicht, der Vogel, der pfiff nicht, und die Jungfrau, die saß und weinte«. Wohl haben die beiden Brüder sich der drei hohen Güter bemächtigt, aber sie finden keinen inneren Bezug dazu. Sie wissen um die elementare Macht der Triebe; sie vernehmen den leisen Lockruf der Anima; sie spüren, dass es etwas gibt, das größer ist als all der irdische Prunk und jede weltliche Pracht. Aber diese Erkenntnis bleibt folgenlos. Die zwei älteren Brüder bescheiden sich damit, Bescheid zu wissen. Sie sind wie Asketen, die mit der menschlichen Natur bestens vertraut sind – und die besonders dann gern von Verzicht und Entsagung reden, wenn sie ihre Triebe erst einmal befriedigt haben. Sie verhalten sich wie Seelenärzte, die sich über die Ortspläne der menschlichen Psyche beugen und sich da ganz gut zurechtfinden, sich aber gleichzeitig beharrlich weigern, den eigenen seelischen Irrgarten zu betreten. Sie gleichen Gottesgelehrten, die mit ihrem religiösen Wissen die Gläubigen das Staunen lehren, sich aber, angesichts ihrer inneren Leere und aus einer unbewussten, schon fast panischen Angst heraus nie zu fragen trauen, ob sie eigentlich an Gott glauben. Was fehlt, ist der Zusammenklang von Wissen und Wagen, die Harmonie zwischen Lehre und Leben, die Einheit von Sagen und Sein – eben die *existenzielle Wahrheit*.

Kaum dass der jüngste Sohn im Schloss eintrifft, beginnt die Prinzessin zu strahlen, das Pferd zu fressen und der goldene Vogel zu pfeifen, denn in der Gestalt des Jünglings ist das intellektuelle Wissen aufgehoben in der existenziellen Wahrheit. Angesichts *dieser* Wahrheit aber bleibt kein Raum mehr für Machtverliebtheit, Selbstherrlichkeit, Eigenmächtigkeit und Dünkel. *Das* meint das Märchen, wenn es davon berichtet, dass die beiden Bösewichte »hingerichtet« werden. Nur scheinbar geht es bei dieser Exekution um die Wiederherstellung der Gerechtigkeit. Offensichtlich *müssen* die beiden getötet werden, weil sich hier eine Alternative stellt, die keinen Kompromiss erlaubt, nämlich die Wahl zwischen Usurpation und Königtum oder, anders gesagt, die Entscheidung zwischen Haben und Sein.

Am Ende seiner Reise hat der jüngste Sohn drei Dinge gefunden: die schöne Jungfrau, das goldene Pferd und den goldenen Vogel. Er hat seine Anima entdeckt, er hat gelernt, über seine Triebe zu herrschen, und er hat erfahren, dass hinter allen sichtbaren Dingen ein Geheimnis west. Es mag diese Reihenfolge zunächst ungewohnt erscheinen. Wäre es nicht angemessener, wenn der Jüngling alles daransetzte, um *zuerst* in den Besitz des goldenen Vogels zu gelangen, ungeachtet aller Hemmschwellen und Hindernisse? Ist denn nicht das Welt-Übergreifende und All-Umfassende das Wichtigste und alles Entscheidende? Warum also sich zuvor mit Zweitrangigem abgeben und Sekundärem sich zuwenden, statt sich unmittelbar auf das Wesentliche zu konzentrieren? Nicht nur Seelenärztinnen und Psychologen, sondern auch Prediger und Pastorinnen werden (hoffentlich!) darauf hinweisen, dass das Märchen sehr realistisch davon ausgeht, dass die über- oder außerweltliche Dimension nur unter Berücksichtigung der konkreten Situation in ein Lebensprojekt eingebettet werden kann. Wenn immer man nämlich versucht, religiöse Inhalte unabhängig von den gewonnenen Erfahrungseinsichten zu vermitteln, wird die Religion nicht in die Existenz miteinbezogen, sondern den Menschen übergestülpt. Erst *nachdem* der Jüngling seine Anima gefunden und erst *nachdem* er gelernt hat, seine vitalen Regungen zu beherrschen, ist er offen für das Geheimnis hinter den Dingen. Würde er den umgekehrten Weg gehen, so wäre die Entdeckung der religiösen Dimension nicht die Krönung seines Person- und Menschseins, sondern dessen Ersatz. Menschlich verkümmert und seelisch verkrüppelt bediente er sich des Religiösen als einer lästigen Krücke, um, so gut es eben geht, durchs Leben zu lahmen. Der Märchenprinz indessen geht den umgekehrten und einzig richtigen Weg. Er begibt sich auf die Suche nach sich selbst und entdeckt so, dass er sich nie genügen wird. Die Erfahrung des eigenen Unvermögens ist es, der er (wie schon der König und seine Brüder) eine *Ahnung* vom Absoluten verdankt, auf die das Märchen verweist mit dem Bild von der goldenen Feder. Damit zeigt sich, dass das Heimweh nach dem Beständigen und Ewigen und die Sehnsucht nach Transzendenz (wir könnten auch sagen die religiöse Verfasstheit) nicht etwas dem Menschen Äußerliches sind, sondern zu seinem Wesen gehören. So erfährt der jüngste Sohn als Einziger, dass die Pflege der Religiosität nicht ein leidiger Krückstock ist, auf den man am liebsten verzichten würde, sondern eine Musik, die das ganze Leben mit Wohlklang erfüllt; »der Vogel fing an zu pfeifen«, sagt das Märchen. Und mündet anschließend in ein ungewöhnliches Finale.

> Aber wie ist es dem armen Fuchs ergangen? Lange danach ging der Königssohn einmal wieder in den Wald, da begegnete ihm der Fuchs und sagte: »Du hast nun alles, was du dir wünschen kannst, aber mit meinem Unglück will es kein Ende nehmen, und es steht doch in deiner Macht, mich zu erlösen.« Und abermals bat er flehentlich, er möchte ihn totschießen und ihm Kopf und Pfoten abhauen. Also tat

er's, und kaum war es geschehen, so verwandelte sich der Fuchs in einen Menschen, und war niemand anders als der Bruder der schönen Königstochter, der endlich von dem Zauber, der auf ihm lag, erlöst war. Und nun fehlte nichts mehr zu ihrem Glück, solange sie lebten.

Die vom Fuchs verkörperte innere Stimme, die sich so oft und oft wider Erwarten als Retterin erwiesen hat, soll der Prinz nun endgültig zum Schweigen bringen, indem er den Fuchs totschießt und ihm Kopf und Pfoten abhaut?! Auch wer sich nie mit Interpretationsfragen literarischer Texte herumgeschlagen hat, begreift auf Anhieb, dass ein solcher Gedanke an ziemlich langen Haaren herbeigezogen ist. Der Prinz soll den Fuchs ja nicht einfach umbringen, sondern ihn gleichzeitig *erlösen*. Wir haben es hier mit einem in Märchen häufig auftauchenden Motiv zu tun. Ein Tier äußert den Wunsch, getötet zu werden, damit sein wahres Wesen offenbar wird. So auch hier. Erst als der Prinz dem Verlangen des Fuchses nachgibt, zeigt dieser seine wahre Identität: Er ist der Bruder der Prinzessin – und das heißt: der *Bruder der Anima*.

Wie wir bereits früher feststellen konnten, erfährt der Prinz die vom Fuchs inkarnierte innere Stimme als ein Gegenüber, das verbindliche (Weg-)Weisungen erteilt und einen in die Pflicht nimmt. Wenn sich diese innere Stimme als der »Bruder« der Anima zu erkennen gibt, so kann es sich dabei nur um ein *personenhaftes Wesen* handeln; nicht *etwas*, sondern *jemand* spricht uns an und ruft uns zur Verantwortung. Gleichzeitig verweist das Märchen hier – wenn auch nur implizit – wiederum auf die über- oder außerweltliche Dimension; denn ein personenhaftes Gegenüber, vor dem der Mensch sich *zu verantworten* hat, kann nicht von ihm selbst verursacht sein.

Religiosität, wie das Märchen sie versteht, ist authentisch und wahr nur, wenn sie nicht allein die Seele oder das Gefühl oder das Denken besetzt, sondern den Menschen in seiner Ganzheit anspricht. Damit ermöglicht sie nicht nur eine Horizonterweiterung, sondern führt auch zu einer Bewusstseinserheiterung. Wahre, authentische Religiosität fürchtet sich weder vor der Anima (beziehungsweise dem Animus) noch unterdrückt sie die Bilder, die aus dem Unterbewussten aufsteigen. Sie lässt Raum für verborgene Fragen, für heimliche Ängste und für bedrängende Zweifel. Unartikulierten Hoffnungen, Sehnsüchten und Wünschen begegnet sie nicht mit starren Dogmen und trockenen Lehrsätzen; vielmehr erzählt sie vom Flügelschlag des goldenen Vogels, der die Gedanken der Menschen nach oben lenkt, wenn sie auch nur eine einzige Feder von ihm zu Gesicht bekommen.

## Von der Tugend der Keckheit
## Das Eselein

> Gott, du selbst hast mein Innerstes geschaffen, hast mich gewoben im Schoß meiner Mutter. Ich danke dir, dass ich so staunenswert und wunderbar gestaltet bin.
> *Psalm 139,13-14*

Die schlimmste aller Ängste, die einen Menschen überfallen kann, ist die Angst, sich die Zuwendung anderer auf irgendeine Weise zu verscherzen. Diese Angst wiederum führt dazu, dass man, zumeist unbewusst, versucht, sich Liebe mit Leistung zu *verdienen*. Diese Urangst vor dem immer drohenden Liebesverlust wird dadurch aber nur verstärkt. Es bleibt ja der bohrende Zweifel, ob andere einen lediglich aufgrund irgendwelcher Vorzüge und nicht als Person bejahen. Umgekehrt kann man behaupten, dass das Schönste, was einem Menschen widerfahren kann, darin besteht, von seinen – oder auch nur von *einem* – Mitmenschen vorbehaltlos akzeptiert zu werden.

Dieser Sachverhalt wird in dem Märchen *Das Eselein* auf äußerst tiefsinnige Weise und gleichzeitig doch auf eine fast heitere Art thematisiert.

> Es lebte einmal ein König und eine Königin, die waren reich und hatten alles, was sie sich wünschten, nur keine Kinder. Darüber klagte sie Tag und Nacht und sprach: »Ich bin wie ein Acker, auf dem nichts wächst.« Endlich erfüllte Gott ihre Wünsche. Als das Kind aber zur Welt kam, sah's nicht aus wie ein Menschenkind, sondern war ein junges Eselein. Wie die Mutter das erblickte, fing ihr Jammer und Geschrei erst recht an, sie hätte lieber gar kein Kind gehabt als einen Esel, und sagte, man sollt ihn ins Wasser werfen, damit ihn die Fische fräßen. Der König aber sprach: »Nein, hat Gott ihn gegeben, soll er

auch mein Sohn und Erbe sein, nach meinem Tod auf dem königlichen Thron sitzen und die königliche Krone tragen.«

**Altlasten**

Zweifellos gibt es eine ganze Reihe von Gründen, warum ein Paar sich Kinder wünscht. Und ganz gewiss gibt es viele Eltern, die das Wort vom Kinder*segen* wörtlich verstehen und ihren Nachwuchs als Geschenk betrachten. Mitunter jedoch mag der Kinderwunsch auch recht pragmatischen Überlegungen entspringen. Man plant den Zeitpunkt der Geburt des Kindes, man plant seine Ausbildung, man plant seine Karriere, und ganz zum Schluss, wenn das Kind schon total verplant ist, wird es schließlich gezeugt. Da ist ein Fabrikbesitzer, der möchte sein Lebenswerk einem tüchtigen Erben übergeben, bevor er das Zeitliche segnet; ein egozentrischer Haustyrann braucht eine Tochter als Stütze fürs Alter; ein maroder Landedelmann sorgt sich darum, dass sein Adelsgeschlecht weiterhin einen Platz behauptet in der Geschichte; ein Königspaar bangt um den Fortbestand des Herrscherhauses. Die Lösung für diese Probleme heißt allemal: ein Kind! Solche Wunschkinder schleppen die ihnen von ihren Eltern aufgebürdete Fracht über Jahre hin mit sich herum, und manche von ihnen werden solche Altlasten ihr Leben lang nicht los.

Von dem Verlangen, sich im Kind oder besser, mittels eines Kindes sich zu verwirklichen, spricht auch unser Märchen, wenn auch nicht in der Art, wie man das nach der Lektüre des ersten Satzes erwarten würde. Denn hier steht nicht der Wunsch eines Königspaares im Vordergrund, das die Thronfolge geregelt haben möchte, sondern die Gekränktheit einer Gattin: »Ich bin wie ein Acker, auf dem nichts wächst.« Ohne Bild: Ich bin keine richtige Frau. Offensichtlich steht *für sie* fest, dass die Ursache für die Kinderlosigkeit nicht beim König, sondern bei ihr zu suchen ist.

In der Bibel ist an vielen Stellen und auf mancherlei Weise davon die Rede, wie sehr die Unfruchtbarkeit das Selbstwertgefühl einer Frau aushöhlen kann. Kinderlosigkeit galt im Alten Orient gelegentlich sogar als Strafe Gottes. Weil die Tochter des Königs Saul, Michal, David verspottet, wird sie bis zu ihrem Tod keinem Kind das Leben schenken (2 Samuel 6,20–23). Wer ein Land oder einen Volksstamm verfluchen will, wendet sich an Gott mit der Bitte: »Gib ihnen unfruchtbaren Mutterschoß und vertrocknete Brüste« (Hosea 9,14)! Aber auch wenn die Sterilität nicht als Strafe interpretiert wurde, empfand man sie als Schmach. Beim Propheten Jesaja ist das Begriffspaar »kinderlos und unfruchtbar« gleichbedeutend mit »verbannt und verstoßen« (Jesaja 49,21). Als Abrahams Frau Sarai merkt, dass ihr Leib verschlossen ist, führt sie dem Mann ihre Magd Hagar zu, damit er mit ihr (aber für sie!) ein Kind zeuge. Hagar wiederum, kaum dass sie schwanger ist, verachtet fortan ihre Herrin (Genesis 16,1–6). Ähnliches ereignet sich später zur Zeit des Patriarchen Jakob. Der heiratet zunächst Lea, die ihm von ihrem Vater nächtens anstelle ihrer jüngeren Schwester Rahel untergeschoben wird. Sieben Jahre später führt er auch Rahel heim, die er immer schon liebte. Weil aber Rahel im Gegensatz zu Lea vorerst kein Kind gebiert, ist sie der Schande preisgegeben (Genesis 30,23). Erinnert sei schließlich an die betagte Elisabet, die Frau des Priesters Zacharias. Als diese wider Erwarten doch noch einen Sohn empfängt, quillt ihr Herz über von Dankbarkeit: »Der Herr hat mir geholfen; er hat in diesen Tagen gnädig auf mich geschaut und mich von der Schmach befreit, mit der ich unter den Menschen beladen war« (Lukas 1,25).

Es gibt Frauen, die brauchen kein Kind, um sich vollwertig zu fühlen. Sie geben sich sehr wohl Rechenschaft darüber, was sie ausstrahlen und wie anziehend sie wirken. Wo immer sie in Erscheinung treten haben sie einen Auftritt, und dies, ohne dass sie ihre Weiblichkeit demonstrieren müssten. Bei anderen wiederum stellt sich der Kinderwunsch gar nicht erst ein (oder er steht jedenfalls nicht im Vordergrund), weil sie in einer bestimmten Aufgabe voll und ganz aufgehen. Sie sind in ihrem Menschsein *und* in ihrem Frausein bestätigt.

Nicht so die Königin in unserem Märchen. Die kommt sich minderwertig vor. Offenbar gehört sie zu jener Art Frauen, die in erster Linie nicht aus Liebe heiraten, sondern in der Absicht, Mutter zu werden. Solange sie dieses Ziel nicht erreicht haben, meinen sie, das eine und alles Entscheidende nicht geschafft und damit den Kernbereich ihrer Bestimmung verfehlt zu haben. Auf jeden Fall steht im Mittelpunkt der Überlegungen der Königin ja nicht das Kind, sondern ihr Frausein und damit sie selbst: »Ich bin wie ein Acker, auf dem nichts wächst.« Bezeichnenderweise ist nur sie es, die diese Klage »Tag und Nacht« äußert. Vom König wird nichts dergleichen berichtet. Wir dürfen uns – auch aufgrund der weiteren Ereignisse – vorstellen, dass dieser seine Gemahlin mit ähnlichen Worten zu trösten versucht, mit denen der Efraimiter Elkana im alttestamentlichen ersten Samuelbuch sich bemüht, seine Gemahlin Hanna aufzumuntern. Im Gegensatz zu Peninna, der anderen Frau Elkanas, ist Hanna kinderlos geblieben. Alljährlich wenn Elkana mit seinen beiden Frauen zum Heiligtum von Schilo wallfahrtete, »kränkte Peninna sie; und Hanna weinte und aß nichts. Ihr Mann Elkana fragte sie: Hanna, warum weinst du, warum isst du nichts, warum ist dein Herz betrübt?« Und weil er die Antwort schon weiß, kann er ihr ja sagen, dass er sie noch immer liebt, obwohl sie ihm, im Gegensatz zu Peninna, keine Nachkommen geschenkt hat: »Bin ich dir nicht mehr wert als zehn Söhne?« (1 Samuel 1,7–8). Das bedeutet doch: Lass uns ganz einfach einander lieben! Unsere Liebe hat ihre Berechtigung in sich selbst; sie ist mehr wert als alles, was dabei herauskommt. *Das* ist das Entscheidende, und nicht das Zeugen von Kindern.

Das war für Hanna kein Trost, und es ist auch für die Königin in unserem Märchen keiner, falls ihr Gemahl denn wirklich so zu ihr gesprochen hat. Vielleicht hat er auch gar nichts gesagt, sondern wie Hanna, den Blick nach oben gewandt. Diese jedenfalls wurde schon bald eines Knaben entbunden, der später unter dem Namen Samson einige Berühmtheit erlangte. Was unsere Märchenkönigin betrifft, so erfüllt Gott schließlich auch ihre »Wünsche« – der Plural mag andeuten, dass sie recht inständig um ein Kind gebetet hat.

In theologischen Abhandlungen über das Bittgebet kann man zuweilen nachlesen, dass Gott die Anliegen der Menschen gelegentlich auf eine andere Weise erfüllt, als diese es sich vorgestellt haben. Das trifft auch hier zu; statt eines Sohnes bringt die Königin ein Eselein zur Welt.

In Märchen begegnen wir oft Menschen, die in einer Tierhaut in Erscheinung treten. So erzählt das russische Volksmärchen *Schweinehaut* von einem Großfürsten, der seine eigene Tochter nach dem Tod seiner Frau heiraten wollte, worauf diese in eine Schweinehaut schlüpft, offensichtlich weil *sie* sich wegen des Ansinnens ihres Vaters schuldig fühlt.[1] In dem grimmschen Märchen *Hans mein Igel* verwünscht ein Vater den eigenen Sohn schon vor der Geburt: »Ich will ein Kind haben und sollt's ein Igel sein!« – was denn auch prompt eintrifft.[2] In der Regel verbirgt sich unter der Tierhaut immer ein leidendes, erlösungsbedürftiges Menschenwesen. Dabei kann es vorkommen, dass die missliche Lage selbst »verschuldet« wurde (*Schweinehaut*) oder dass sie auf eine Verwünschung seitens Dritter zurückzuführen ist (*Hans mein Igel*), oder dass es sich um einen Schicksalsschlag handelt (*Das Eselein*). Derartige Geschehnisse mögen befremdlich anmuten. Psychologisch betrachtet sind sie plausibel. Wenn ein Mensch in eine Tierhaut schlüpft, geschieht dies nicht *nur* deswegen, weil diese Hülle ihm von jemandem verpasst wurde. In den meisten Fällen verhält es sich vielmehr so, dass unbewusst die Bereitschaft besteht, sich die Verkleidung überzustülpen, was auf seelische Konflikte hindeutet.

In unserem Märchen kommt das dadurch zum Ausdruck, dass die Königin entgegen allem Anschein sich vorrangig gar nicht ein Kind wünscht; ihr ganzes Bestreben zielt darauf, sich als Frau zu verwirklichen. Nicht das Kind beherrscht ihre Gedanken; ihr ganzes Denken dreht sich einzig um sie selbst. Das Kind ist nur Mittel zum Zweck. Ein Mittel aber ist nur so lange gut, bis der Zweck erreicht ist; nachher kommt ihm keine Bedeutung mehr zu. Dieser Logik entspricht der Umstand, dass Hanna ihr Kind Gott

---

1 Siehe Alexander Nikolajewitsch Afanasjew, Russische Volksmärchen, München 1985, 669–672.
2 KHM 108.

weiht. Kaum dass Samuel entwöhnt ist, bringt sie den Knaben nach Silo »zum Haus des Herrn«, denn: »Er soll für sein ganzes Leben ein vom Herrn Zurückgeforderter sein« (1 Samuel 1,24 und 28). Auch wer kein Psychologiestudium absolviert hat, wird schnell darauf kommen, dass die Erwartungen, die der junge Samuel an das Leben stellt, sich (zumindest anfänglich) zusammensetzen aus den Wünschen seiner Mutter und dass er ohne eine große Portion Glück bald einmal seelisch verkümmern wird. Den gleichen Sachverhalt illustriert unser Märchen auf seine Weise, wenn es davon berichtet, wie die Königin ihr Kind gleich nach der Geburt ertränken und den Fischen zum Fraß vorwerfen will. Diese drastische Schilderung mag uns mit Entsetzen erfüllen. Darüber sollten wir aber nicht vergessen, dass das Märchen lediglich beschreibt, was sich im wirklichen Leben allzu oft abspielt.

Dabei geht es beileibe nicht nur um mit irgendwelchen Gebrechen behaftete Kinder, die Eltern aus Angst vor gesellschaftlichen Vorurteilen nach Möglichkeit verstecken (eine Haltung, die früher auch dadurch bedingt war, dass man Behinderungen als Strafe Gottes auffasste). Eher schon verweist das Märchen vom Eselchen ganz allgemein auf die Tatsache, dass Kinder aus sehr verschiedenen Gründen von ihren Müttern (beziehungsweise von ihren Eltern) *abgelehnt* werden. Natürlich spüren diese bedauernswerten Geschöpfe intuitiv, dass sie in Wirklichkeit eine Last darstellen. Was wiederum fast zwangsläufig dazu führt, dass sie sich ihr Leben lang irgendwie fehl am Platz fühlen. Alleweil kommen sie sich überflüssig vor. Vielen von ihnen gelingt es nie, auch nur ein Gran an Selbstachtung aufzubringen. Und schon gar nicht sind sie fähig, ein Selbstwertgefühl aufzubauen und dieses zu entwickeln. Das trifft selbst für »Wunschkinder« zu, die von ihren Eltern dann doch nicht akzeptiert werden, weil sie nicht imstande sind, deren Erwartungen zu erfüllen. Falls ihnen das doch einigermaßen gelingen sollte, erkennen sie sehr bald, dass sie ferngesteuert sind und deshalb kontinuierlich am Leben vorbeileben – und dass es ihnen an der nötigen Energie gebricht, dagegen anzugehen. Woher auch sollte ihnen diese Kraft zufließen, wenn nicht zuallererst von ihren Eltern?

Was unser Märchen im Hinblick auf die Mutter-Kind-Beziehung nur andeutet, nämlich dass das Empfinden, nicht akzeptiert und nicht geliebt zu werden, eine Entfaltung des Selbstwertgefühls verunmöglicht und schließlich zu einer mehr oder weniger ausgeprägten Form von Selbsthass Anlass gibt, führt der Schauspieler, Lehrer und spätere Schriftsteller und Zeitgenosse Goethes Karl Philipp Moritz in seinem psychologischen Roman *Anton Reiser* überaus drastisch vor Augen. Das Werk erschien in vier Teilen in der Zeit von 1785 bis 1790 und umfasst die ersten zwei Lebensjahrzehnte des späteren Gymnasiallehrers und Professors für Altertumskunde.

Der Verfasser selbst versteckt sich hinter dem fiktiven Anton Reiser, der als Protagonist einer Geschichte in Erscheinung tritt, die unverkennbar autobiographische Züge trägt.

Anton Reisers Vater ist ein armer Gerber, seine Mutter eine verbitterte Frau, die den fanatischen Pietismus ihres Mannes im Innersten ablehnt, was zu ständigen Vorhaltungen, Missstimmungen und schlimmen Zänkereien führt.

> Unter diesen Umständen wurde Anton geboren, und von ihm kann man mit Wahrheit sagen, dass er von der Wiege an unterdrückt ward.
>
> Die ersten Töne, die sein Ohr vernahmen und sein aufdämmernder Verstand begriff, waren wechselseitige Flüche und Verwünschungen des unauflöslich geknüpften Ehebandes.
>
> Ob er gleich Vater und Mutter hatte, so war er doch in seiner frühesten Jugend schon von Vater und Mutter verlassen, denn er wusste nicht, an wen er sich anschließen, an wen er sich halten sollte, da sich beide hassten und ihm doch einer so nahe wie der andere war. […]
>
> So schwankte seine junge Seele beständig zwischen Hass und Liebe, zwischen Furcht und Zutrauen zu seinen Eltern hin und her.
>
> Da er noch nicht acht Jahre alt war, gebar seine Mutter einen zweiten Sohn, auf den nun vollends die wenigen Überreste väterlicher und

mütterlicher Liebe fielen, sodass er nun fast ganz vernachlässigt wurde und sich, sooft man von ihm sprach, mit einer Art von Verachtung und Geringschätzung nennen hörte, die ihm durch die Seele ging. […]

Er fühlte auf das Innigste das Bedürfnis der Freundschaft von seinesgleichen: und oft, wenn er einen Knaben von seinem Alter sahe, hing seine ganze Seele an ihm, und er hätte alles drum gegeben, sein Freund zu werden; allein das niederschlagende Gefühl der Verachtung, die er von seinen Eltern erlitten, und die Scham wegen seiner armseligen, schmutzigen und zerrissenen Kleidung hielten ihn zurück, dass er es nicht wagte, einen glücklicheren Knaben anzureden. […]

So hatte er keinen, zu dem er sich gesellen konnte, keinen Gespielen seiner Kindheit, keinen Freund unter Großen noch Kleinen (15–18).[3]

Unbewusst versucht Anton Reiser seine triste Lage durch Kompensation zu verbessern. Fast ohne fremde Hilfe lernt er lesen und schreiben und findet darin einen Ersatz für die ihm versagte Liebe. Mit acht Jahren erkrankt Anton und wird von seinen Eltern »schon fast wie ein Toter« betrachtet (19). Später nimmt der Vater das Kind von der Schule und gibt es aus dem heimatlichen Hannover nach Braunschweig zu einem Hutmacher, wo es als Arbeitssklave ein wahres Martyrium erleidet und nach einem Unfall schließlich wieder nach Hause geschickt wird.

Infolge einiger glücklicher Umstände schafft Reiser es schließlich, in Hannover in eine Arme-Leute-Schule aufgenommen zu werden. Dort sucht er sich die Anerkennung, die er zu Hause nicht findet, mit Leistung zu verschaffen. Was paradoxerweise dazu führt, dass manche seiner Lehrer ihn jetzt ablehnen. Findet Anton Reiser schon keine Liebe, so hat er doch in der Schule Erfolg, sodass dem Kind das Leben wenigstens nicht *ganz* unerträglich erscheint.

---

3 Karl Philipp Moritz, Anton Reiser. Ein psychologischer Roman (Insel Taschenbuch 433), Frankfurt a. M. 1979. Seitenangaben jeweils gleich nach den Zitaten in Klammern.

Die Eltern allerdings verlieren keinen einzigen Gedanken an die Zukunft ihres Sohnes. Als dieser den Wunsch äußert, studieren zu dürfen, sinnen sie darüber nach, wie sie sich den unnützen Esser vom Hals schaffen können. Noch Jahre später registriert der Verfasser dieses autobiografischen Romans voll Verbitterung:

> Sein Vater sagte ihm ganz kaltblütig: er dürfe, wenn er studieren wolle, auf keinen Heller von ihm rechnen – wenn er sich also selbst Brot und Kleider zu verschaffen imstande sei, so habe er gegen sein Studieren nichts einzuwenden. In einigen Wochen würde er von Hannover wegreisen, und wenn Anton alsdann noch bei keinem Meister wäre, so möchte er sehen, wo er unterkäme und nach Gefallen abwarten, ob einer von den Leuten, die ihm das Studieren so eifrig anrieten, auch für seinen Lebensunterhalt sorgen würde (103).

In der Folge nehmen sich ein Pater und ein Lehrer, die das Talent des Jungen längst erkannt haben, seiner an, womit allerdings eine weitere Demütigung verbunden ist. Waren es beim Hutmacher die ewigen »Scheltworte und Schläge« (88), welche Antons Seele verwundeten, so ist es jetzt die gut gemeinte Einrichtung der »Freitische«, die auch den letzten kümmerlichen Rest von Selbstwertgefühl in ihm zerstört. Die Herumesserei bringt es mit sich, dass Reiser tagtäglich der erniedrigenden Begegnung mit Leuten ausgesetzt ist, die ihn auf ziemlich grobe Art fühlen lassen, dass sie seine Wohltäter sind.

Es ist nicht nur die Passion für das Studium oder seine hohe Auffassung von der Wissenschaft, um derentwillen Anton Reiser unzählige Zurücksetzungen auf sich nimmt, sondern der Wunsch, eine angesehene Stellung in der Gesellschaft zu erlangen. So hegt er zunächst die Absicht, später einmal als Prediger und Pastor *aufzutreten*; schließlich jedoch (und damit endet seine Autobiografie) wird er sich um eine Karriere als Schauspieler bemühen, allerdings vergeblich. Die Kränkungen, die er dabei in Kauf nimmt, tragen nur wiederum dazu bei, dass die Mauern, die er sprengen möchte, stets höher wachsen – wie er im Nachhinein erst erkennt:

> Der Stand des geringsten Lehrburschen ist ehrenvoller als der eines jungen Menschen, der, um studieren zu können, von Wohltaten lebt, sobald ihm diese Wohltaten auf eine herabwürdigende Art erzeigt werden. Fühlt sich ein solcher junger Mensch glücklich, so ist er in Gefahr, niederträchtig zu werden, und hat er nicht die Anlage zur Niederträchtigkeit, so wird es ihm wie Reiser gehen; er wird missmutig und menschenfeindlich gesinnet werden, *wie es Reiser wirklich wurde*, denn er fing schon damals an, in der Einsamkeit sein größtes Vergnügen zu finden (144; Hervorhebung von mir).

Wer immer nur ganz unten und selbst dort noch am Rand lebt, wird leicht nachvollziehen können, was Karl Philipp Moritz meint, wenn er von seinem Alter Ego sagt: »Er betrachtete sich beinahe selbst als ein verächtliches, weggeworfenes Geschöpf« (89).

Diese Äußerung führt uns zurück zu unserem Märchen. Ähnliches würde das Eselein mit Sicherheit auch empfunden haben, wenn die Gegenwart der Königin sein Leben weiterhin überschattet hätte. Die gibt sich nämlich keine Rechenschaft darüber, dass sie ihr Kind zu dem *gemacht* hat, was es ist. Ähnlich wie der unglückliche Anton Reiser infolge der ablehnenden Haltung seiner Eltern in eine immer größere Isolation hineingerät, verwandelt sich das Kind des Königspaares erst aufgrund der abweisenden Haltung seiner Mutter in ein Eselchen.

In unserem Märchen steht es für das, was dem Königspaar fehlt. Deutet der vorerst ausbleibende Nachwuchs darauf hin, dass die Beziehung zwischen den beiden stagniert, so verweist die Geburt des Eseleins darauf, was ihnen konkret abgeht, nämlich das Dionysische, die Vitalität, die Freude an der Lust und die Lust auf Sexualität. Augenscheinlich weist die Königin diesbezüglich ein beträchtliches Defizit auf. Ihre Tragik liegt offenbar darin, dass sie zur Erfüllung ihres Kinderwunsches und damit zu ihrer Selbstverwirklichung als Frau ihres Gemahls bedarf, gleichzeitig jedoch eine unbewusste Angst empfindet vor allem, was auch nur im Entferntesten mit sexuellem Erleben zu tun hat. Ihre Angst vor der männlichen Triebhaftigkeit überträgt sie auf den männlichen Nachkommen, was fast zwangsweise dazu führt, dass sie ihrem

Sohn mit Ablehnung begegnet. Für diesen jedoch ist es ein Glück, dass die Mutter an dieser Stelle aus der Geschichte verschwindet. Und dass wenigstens der Vater zu ihm steht: »Der König aber sprach: Nein, hat Gott ihn gegeben, soll er auch mein Sohn und Erbe sein, nach meinem Tod auf dem königlichen Thron sitzen und die königliche Krone tragen.«

Deutet dieser Ausspruch vielleicht darauf hin, dass sich der König ausschließlich von einer religiösen Motivation leiten lässt? Dass er seinen Sohn nicht bejaht, weil sein Herz ihm das gebietet, sondern – Gott hat ihn gegeben! – weil ein religiös fundiertes Sittengesetz es ihm vorschreibt? Gewiss ist es lobenswert, wenn jemand aufgrund seiner Glaubens- oder seiner weltanschaulichen Überzeugung versucht, die Mitmenschen zu respektieren und sie mit ihren Eigenheiten zu akzeptieren. Eine solche Haltung vermag dazu beizutragen, das *Zusammenleben* einigermaßen erträglich zu gestalten. Aber das angestrengte Bemühen, einem moralischen Imperativ gerecht zu werden, genügt mit Sicherheit nicht, um eine wirklich zwischenmenschliche *Beziehung* herzustellen. Korrektheit bildet allenfalls eine Voraussetzung dafür, dass die Menschen den Umgang miteinander nicht als allzu belastend empfinden. Aber sie kann die Warmherzigkeit nicht ersetzen, die ein gutes Einvernehmen erst ermöglicht und die einen in dem Gefühl bestärkt, akzeptiert zu werden. Erst wenn ein Mensch sich des Wohlwollens und des Vertrauens anderer vergewissern kann, vermag er ein Selbstvertrauen zu entwickeln und ein gesundes Selbstwertgefühl aufzubauen.

Was nun den König betrifft, so erweckt dieser keineswegs den Eindruck, dass er zu seinem Sohn steht, nur weil er sich von einem göttlichen Gebot dazu verpflichtet fühlt. Jedenfalls zögert er keinen Augenblick, seinen Sprössling als Sohn anzunehmen, und betrachtet ihn trotz seiner Ungestalt als Erben und Nachfolger. Und beweist so, dass er ihm gewogen ist.

**Das Verlangen nach Nähe**

> Also ward das Eselein aufgezogen, nahm zu, und die Ohren wuchsen ihm auch fein hoch und grad hinauf. Es war aber sonst fröhlicher Art, sprang herum, spielte und hatte besonders seine Lust an der Musik, sodass es zu einem berühmten Spielmann ging und sprach: »Lehre mich deine Kunst, dass ich so gut die Laute schlagen kann als du.« »Ach, liebes Herrlein«, antwortete der Spielmann, »das sollt Euch schwer fallen. Eure Finger sind nicht allerdings dazu gemacht und gar zu groß; ich sorge, die Saiten halten's nicht aus.« Es half keine Ausrede, das Eselein wollte und musste die Laute schlagen, war beharrlich und fleißig und lernte es am Ende so gut als sein Meister selber.

Handelt das Märchen zunächst von der Beziehung der Eltern zueinander, so konzentriert sich die weitere Erzählung ganz auf das Kind. Und da machen wir nun eine recht sonderbare Beobachtung. Ganz im Gegensatz zu seinem Aussehen verhält sich dieses überhaupt nicht wie ein Eselchen. Die Öhrchen wachsen ihm auf eine Weise, die ihm ein überaus adrettes, beinahe kokettes Aussehen verleihen. Es hat nichts Störrisches an sich, sondern ist eine ausgesprochene Frohnatur. Psychologisch gesehen haben wir es hier ganz offensichtlich mit einer Kompensation zu tun. Gleichzeitig scheint das Eselein intuitiv zu spüren, dass es großer Mühe bedarf, um Aufmerksamkeit zu erregen und Zuwendung zu erfahren. In der Regel geschieht das, indem man auf die Ansprüche anderer positiv reagiert, um sich so ihrer Liebe zu versichern. Je größer das Bedürfnis nach Nähe wird, umso problematischer gestaltet sich das Verhältnis zu ihnen. Es entsteht eine Abhängigkeit, die bis zur Hörigkeit und schließlich bis zur völligen Selbstaufgabe führen kann. Unversehens befindet man sich in einem Teufelskreis, aus dem man, wenn überhaupt, nur mit fremder Hilfe wieder herauskommt.[4]

Eine andere Möglichkeit, sich der Aufmerksamkeit anderer zu vergewissern, besteht darin, dass man sich auf einem bestimmten

---
4    Vgl. Fritz Riemann, Die Fähigkeit zu lieben, Stuttgart ⁵1991, 68–82.

Gebiet besonders hervorzutun versucht. Dafür entscheidet sich offenbar das Eselchen. Dabei würde man erwarten, dass es auf den Gedanken verfällt, sich etwa durch das Tragen außergewöhnlich schwerer Lasten Hochachtung zu verschaffen. Stattdessen hat es sich in den Kopf gesetzt, das Lautenspiel zu erlernen! Von der Sinnlosigkeit eines derartigen Unterfangens sprechen die Sprichwörter: »Es ist vergeblich, den Esel zur Laute zu zwingen.« Oder: »Welcher Esel nicht kann Lauten schlagen, muss die Säck zur Mühle tragen ...« Schließlich auch: »Der Esel möge Spreu fressen, aber die Laute in Ruhe lassen.«

Was auf der Sachebene sogar in einem Märchen grotesk anmutet, erscheint auf der Symbolebene einleuchtend. Wer die Laute schlägt, benötigt nicht nur ein gutes Musikgehör, sondern auch viel Fingerspitzengefühl; es könnten es sonst, wie der Spielmann mit Bedacht bemerkt, »die Saiten nicht aushalten«. Wenn das Eselchen trotz seinen »gar zu großen« Händen dieses Instrument erlernen will, deutet das darauf hin, dass es sich nach Harmonie sehnt und mit sich und der Welt im Einklang stehen möchte. Dazu gilt es auf die eigenen und die fremden Gefühle zu achten und ein Sensorium zu entwickeln für Stimmungen und Empfindungen. Demzufolge wird das Eselchen seine Aufmerksamkeit vorwiegend auf den Gefühlsbereich ausrichten müssen. Dies wiederum impliziert, dass es die anderen weder durch protziges Imponiergehabe oder prahlerische Balzgesten noch durch dünkelhafte Aufschneiderei beeindrucken will, sondern dass es deren Nähe durch feine und verhaltene Töne sucht, in denen sich Zärtlichkeit, Wärme und Empathie ausdrücken. Am Ende beherrscht das Eselein diese Kunst »so gut als sein Meister«. Dabei dürfen wir nicht übersehen, dass es nur so weit kommen konnte, weil es zuvor von seinem Vater nicht abgelehnt und auch nicht einfach geduldet, sondern *akzeptiert* wurde. Es ist also die Bejahung durch einen anderen Menschen, die bewirkt, dass sogar ein Esel die Laute schlagen lernt.

An dieser Stelle werden nicht nur manche psychologisch interessierte Leserinnen und Leser dieses Märchens eine Weile innehalten und sich überlegen, was aus dem Eselchen wohl geworden wäre, wenn *beide* Elternteile aus Enttäuschung über sein missgestaltetes Äußeres sich von ihm abgewendet und es verstoßen hätten. Einige werden dann wohl von ihren Erinnerungen eingeholt werden. Offenbar ist unser Märchen all jenen auf den Leib geschrieben, die schon als Kinder von ihren Eltern (oder von einem Elternteil) und später von ihrer Umgebung abgelehnt wurden. Immer wieder haben diese Menschen über die Gründe dafür nachgedacht, meist wohl ohne eine schlüssige Antwort zu finden. Etliche werden zu der Ansicht neigen, dass es auf ihr Verhalten zurückzuführen sei, wenn die anderen fast instinktiv (so fühlen *sie* es) zu ihnen auf Distanz gehen. Dagegen wäre auch einmal zu überlegen, ob es nicht (oder nicht *auch*) an den anderen liege, oder *welche anderen* mitverantwortlich sein könnten, dass alle Welt ihnen abweisend begegnet.

So paradox es auf den ersten Blick scheint: Oft provozieren die Betroffenen selbst dieses ablehnende Verhalten, aber eine »Schuld« ist ihnen dafür ganz gewiss nicht anzulasten. Woran aber liegt es dann?

Angesichts dieser Frage sind wir nicht auf Mutmaßungen angewiesen. Karl Philipp Moritz hat sich mit ihr in seinem bereits erwähnten Roman *Anton Reiser* eingehend befasst, weshalb er an dieser Stelle noch einmal ausführlich zu Wort kommen soll.

Gleich zu Beginn seiner Schilderung beklagt sich Reiser, dass er »von der Wiege an unterdrückt ward« (15). Was dazu führt, dass er sich infolge dieser von Kindheit an erfahrenen Ablehnung verloren und deplatziert und überflüssig vorkommt und sich ständig in Schuld und schon fast als Verbrecher fühlt. Jahrzehnte später erst gibt er sich Rechenschaft darüber, dass diese Haltung keine Folge seines von Kindheit an unterdrückten Selbstwertgefühls darstellte, »das damals nicht stark genug war, den Urteilen anderer zu widerstehen – hätte ihn jedermann für einen offenbaren Verbrecher gehalten, so würde er sich zuletzt vielleicht auch dafür gehalten haben« (212).

Was tut man in einer solcherart scheinbar ausweglosen Situation, zumal der Wunsch nach Anerkennung und Liebe unterschwellig nach wie vor vorhanden ist?

*Vielleicht* ertränkt man sein ganzes Elend im Alkohol wie in Dostojewskis Roman *Schuld und Sühne* der Säufer Marmeladow, der auch den letzten Rest an Selbstachtung verloren hat.

*Oder* man kompensiert die aussichtslose Lage damit, dass man versucht, Zuwendung zu erzwingen. Zu welch abartigen Vorstellungen und entsprechend perversen Handlungsweisen das führen kann, zeigt das Beispiel des Königs Herodes des Großen (73–4 v. Chr.), der durch den vom Matthäusevangelium überlieferten Kindermord eine traurige Berühmtheit erlangte. Als er in Jericho schwer krank darniederlag und den Tod nahen fühlte, befahl er die angesehensten Leute aus dem ganzen Land zu sich und ließ sie gefangen setzen. Anschließend verordnete er, dass sämtliche Gefangenen sofort nach seinem Tod umzubringen seien, damit das ganze Land bei seinem Hinscheiden in Klage ausbreche, ein Befehl, der glücklicherweise nicht ausgeführt wurde.[5]

Andere wiederum – und damit sind wir bei einer *dritten Möglichkeit*, sich Anerkennung zu verschaffen – kompensieren die fehlende Zuwendung durch Leistung. Dass auch dieser Weg in eine Sackgasse führt, illustriert Karl Philipp Moritz in seinem Roman. So werden einige Lehrer regelrecht neidisch auf Reiser, weil dessen Erzähltalent das Ihre übertrifft: »Sie fürchteten sich, ihn zu fragen – er konnte also gar nicht mehr dazu kommen, seine Fähigkeiten zu zeigen, welches doch sein höchster Wunsch war, um Aufmerksamkeit auf sich zu erregen« (100). Das Bedürfnis, ein Quäntchen Beachtung zu finden, wird nachgerade zu einer Obsession. Am Tag seiner Konfirmation fühlt er sich wie »ein römischer Feldherr«, dem ein Triumph bevorsteht. Allein die Tatsache, dass er bei dieser Gelegenheit öffentlich sein Glaubensbekenntnis ablegen soll, ist »eine große Nahrung für seine Eitelkeit. Er dachte sich die versammelten Menschen, sich als den ersten unter seinen Mitschülern, der alle Aufmerksamkeit bei seinen Antworten vorzüglich auf sich ziehen würde, durch Stimme, Bewegung und Miene« (122). Dank seiner Deklamationskunst schafft er es schließlich sogar, dass seine Mitschüler ihm vorüber-

---

5   Vgl. Josephus Flavius, Jüdische Altertümer, 17. Buch, § 173–175.

gehend mit Respekt beggenen. Als ihm gar zusammen mit anderen Mitschülern die Aufgabe zufällt, die Honoratioren der Stadt zu einer schulischen Feier einzuladen, scheinen seinem Glück keine Grenzen mehr gesetzt zu sein.

Klingt das nicht zu schön, um wahr zu sein? Empfinden die meisten Leser und Leserinnen nicht ein heimliches Bangen, Reiser könnte sich über die günstige Entwicklung zu früh freuen? Wie ist es möglich, dass jemand, der von seinen Eltern abgelehnt und während anderthalb Jahrzehnten immer nur im Schatten der Angesehenen und Erfolgreichen dahinvegetierte, plötzlich so viel Selbstsicherheit entwickelt? Sehr bald erfährt Reiser, dass schon ein kleiner unangenehmer Zwischenfall bewirkt, dass seine angebliche Souveränität wie ein Kartenhaus zusammenbricht und seine Vergangenheit ihn wieder einholt.

Abgesehen von einigen wenigen Zeichen der Wertschätzung, die Reiser gelegentlich erfährt, verfolgt ihn stets »der Gedanke des Lästigseins«, und das Gefühl, »dass er von den Leuten, unter denen er lebte, nur geduldet würde, machte ihm wiederum seine eigene Existenz verhasst« (412). Reisers ganze Kindheit und Jugend (nur diese Zeitspanne behandelt Karl Philipp Moritz in seinem autobiografischen Roman) ist geprägt von der Empfindung, dass seine Schande unauslöschlich sei. Sein Dasein ist eine fortdauernde Tragödie, und es grenzt schon fast an ein Wunder, dass ein junger Mensch, der in seiner äußeren Existenz dermaßen zurückgesetzt und in seinem Inneren derart verwundet ist, nicht jeden Lebenswillen verliert.

### Die Grenzen akzeptieren

Anhand der bisherigen Überlegungen können wir uns leicht ausmalen, was aus unserem Eselchen geworden wäre, wenn nicht wenigstens sein Vater zu ihm gehalten hätte. Dass dieser zu ihm steht und es gar als Erben und Thronfolger akzeptiert, vermag beileibe nicht alle Schwierigkeiten auszuräumen. Wohl aber trägt das Verhalten des Königs dazu bei, dass sein Sohn an seinen Mitmenschen und an sich selbst nicht verzweifelt angesichts der Erschwernisse, die er, nicht zuletzt wegen seiner Ungestalt, auf seinem Lebensweg vorfinden wird. Die größte Bürde, die er zu tragen hat, ist die eselhafte Seite seines Wesens.

Einmal ging das junge Herrlein nachdenksam spazieren und kam an einen Brunnen, da schaute es hinein und sah im spiegelhellen Wasser seine Eseleinsgestalt. Darüber ward es so betrübt, dass es in die weite Welt ging und nur einen treuen Gesellen mitnahm. Sie zogen auf und ab, zuletzt kamen sie in ein Reich, wo ein alter König herrschte, der nur eine einzige, aber wunderschöne Tochter hatte. Das Eselein sagte: »Hier wollen wir weilen«, klopfte ans Tor und rief: »Es ist ein Gast haußen, macht auf, damit er eingehen kann.« Als aber nicht aufgetan ward, setzte er sich hin, nahm seine Laute und schlug sie mit seinen zwei Vorderfüßen aufs Lieblichste. Da sperrte der Türhüter gewaltig die Augen auf, lief zum König und sprach: »Da draußen sitzt ein junges Eselein vor dem Tor, das schlägt die Laute so gut als ein gelernter Meister.« »So lass mir den Musikanten hereinkommen«, sprach der König. Wie aber das Eselein hereintrat, fing alles an, über den Lautenschläger zu lachen. Nun sollte das Eselein unten zu den Knechten gesetzt und gespeist werden, es ward aber unwillig und sprach: »Ich bin kein gemeines Stalleselein, ich bin ein vornehmes.« Da sagten sie: »Wenn du das bist, so setze dich zu dem Kriegsvolk.« »Nein«, sprach es, »ich will beim König sitzen.« Der König lachte und sprach in gutem Mut: »Ja, es soll so sein, wie du verlangst, Eselein, komm her zu mir.« Danach fragte er: »Eselein, wie gefällt dir meine Tochter?« Das Eselein drehte den Kopf nach ihr, schaute sie an, nickte und sprach: »Aus der Maßen wohl, sie ist so schön, wie ich noch keine gesehen habe.« »Nun, so sollst du auch neben ihr sitzen«, sagte der König. »Das ist mir eben recht«, sprach das Eselein und setzte sich an ihre Seite, aß und trank und wusste sich fein und säuberlich zu betragen.

Nicht nur die Liebe, die der Vater seinem Sohn entgegenbringt, sondern auch die Tatsache, dass seine Mutter ihn ablehnt, prägt das Wesen des Prinzen. Aber das Wohlwollen des einen gleicht die abweisende Haltung der anderen nicht aus. Das Märchen berichtet, dass der Prinz eines Tages in einen Brunnen schaut und seine »Eseleinsgestalt« im »spiegelhellen Wasser« erkennt. Das ist der Augenblick, in dem der Sohn sich plötzlich mit den Augen seiner Mutter sieht – er fühlt sich weder als liebenswürdig noch als achtenswert.

Die Art, wie wir uns sehen, hängt mit unseren frühkindlichen Wahrnehmungen und Erfahrungen zusammen.[6] In seiner ersten Entwicklungsphase meldet der Säugling nur Ansprüche an, die befriedigt werden wollen. Wenn er Hunger oder Durst verspürt, schreit er, und je nachdem, ob diese Bedürfnisse gestillt oder nicht gestillt werden, erfährt er sich als allmächtig oder ohnmächtig. In der Folge beginnt das Kleinkind immer deutlicher zu unterscheiden zwischen »Innen« und »Außen« und damit zwischen Ich und Du. Mit anderen Worten, es entdeckt allmählich, dass es außer ihm noch eine andere Welt gibt. Gleichzeitig erfährt es, dass diese Welt (die Mutter, die Eltern oder eine Pflegeperson) auf es zukommt und sich auch wieder von ihm abwendet. Diese Unterscheidung zwischen Ich und Du beinhaltet gleichzeitig, dass das Kleinkind in dieser Phase der Entwicklung seine früher spontan geäußerten Ansprüche gegenüber der Bezugsperson gezielt artikuliert. Es entsteht eine erste *Gefühls*beziehung zu einem Menschen. Dass das Kleinkind in dieser Entwicklungsphase immer wieder einmal auf die Bezugsperson *warten* muss, führt zwar zu Frustrationen und Ängsten, die aber insofern erträglich sind, als es die Bezugsperson gleichzeitig als *verlässlich* erfährt. Diese Verlässlichkeit trägt dazu bei, dass das Kind Vertrauen, Geborgenheit und Dankbarkeit empfindet. Aufgrund dieser Erfahrung lernt es allmählich, auf die Sofortbefriedigung seiner Ansprüche zu verzichten und das damit verbundene Unbehagen zu ertragen, ohne gleich das Gefühl zu haben, nicht mehr akzeptiert zu sein.

Ganz anders verhält es sich, wenn das Kind für seine Eltern oder die Bezugsperson(en) nur eine Last darstellt und abgelehnt wird. Es hat dann niemanden, der oder die sich ernsthaft um seine

---

6  Dazu ausführlich Riemann, 68–82.

physischen und psychischen Bedürfnisse sorgt und liebevoll darauf eingeht. Diese negative Erfahrung löst instinktiv panische Angst aus. Intuitiv spürt das Kind seine »Wertlosigkeit«. Nur wenn es das Gefühl hat, geliebt zu werden, vermag es seiner Bedeutung innezuwerden und kann auf dieser Grundlage ein gesundes Selbstwertgefühl entwickeln.

Wenn Menschen sich vor anderen zurückziehen, geschieht das häufig aus einer Art Scham, die auf ein fehlendes Selbstwertgefühl zurückzuführen ist. Statt von Selbstwertgefühl spricht man in der Psychologie auch von Selbstliebe oder von Selbstachtung. Dabei geht es um die Frage, ob und in welchem Ausmaß wir uns akzeptieren.

Vom Selbstwertgefühl zu unterscheiden ist das *Selbstverständnis* oder das Selbstbild. Dieses setzt sich aus einer Vielzahl von Überzeugungen, Einstellungen und Denkweisen zusammen, die wir für wichtig halten und die unsere *Identität* betreffen. Wer bin ich? Die Antwort könnte lauten: Ich sehe mich vor allem als Frau, Mutter und Künstlerin. Die erste Äußerung besagt: Mein Frausein ist für mich nichts Zufälliges; überdies liegt mir viel an meiner Mutterrolle, und ohne die künstlerische Kreativität würde mir etwas Wesentliches abgehen.

Ein solches klar umrissenes und positives *Selbstverständnis* erlaubt aber noch keinerlei Rückschlüsse auf das *Selbstwertgefühl* einer Person. Unser Selbstwertgefühl ist weitgehend bedingt durch die Art, wie andere Menschen mit uns umgehen und wie sie sich über uns äußern. *Mit anderen Worten, die Art, wie wir uns sehen, hängt zu einem guten Teil damit zusammen, wie andere uns sehen.*

Instinktiv spüren wir schon früh, dass unsere Mitmenschen uns leichter akzeptieren (und damit unser Selbstwertgefühl heben), wenn wir ihren Erwartungshaltungen entsprechen. Das bedingt allerdings, dass wir uns entsprechend ihren Wünschen verhalten. Außerdem vergleichen wir unser reales Selbst unbewusst immer wieder mit einem idealisierten Selbst – und je stärker der Kontrast, umso geringer ist unser Selbstwertgefühl. Oder unsere Selbstliebe.

Und die scheint im Augenblick auch bei unserem Eselchen im Schwinden. Begreiflicherweise, denn die Erb- und Altlast, dargestellt durch die seitens der Mutter erfahrene Ablehnung, lässt sich nicht einfach abwerfen wie einen Sack Kartoffeln. Die gehört zum Eselchen wie die spitzen langen Ohren.

Offensichtlich kommt nun alles darauf an, diesen negativen Aspekt nicht zu verleugnen, sondern zu integrieren. Dazu scheint eine Trennung von der gewohnten Umgebung notwendig, weil das Eselchen genötigt ist, sich in neuen, unbekannten Lebensräumen zu bewähren. Dass dabei die positiven Vatererfahrungen eine nicht zu unterschätzende Hilfe darstellen, deutet das Märchen an, indem es dem Eselchen einen »treuen Gesellen« an die Seite gibt, der hier die Verbindung zum heimatlichen Schloss und die gute Beziehung zum Vater (man könnte auch sagen zu den Wurzeln) symbolisiert. Gleichzeitig deutet der Begleiter darauf hin, dass das Eselchen nicht schutzlos und verlassen in der Welt steht, sondern auf andere Menschen zählen kann – eine unerlässliche Voraussetzung, wenn es darum geht, das Selbstwertgefühl auf- und auszubauen.

Damit das gelingen kann, sind noch ein paar weitere Bedingungen vonnöten. Diesbezüglich scheint der Königssohn geradezu vom Glück begünstigt. So wird das Reich, in das es ihn verschlägt, von einem alten König beherrscht, der Güte und Weisheit in sich vereinigt. Der Prinz seinerseits ergeht sich ob seiner Missgestalt nicht in Selbstmitleid. Er akzeptiert seine eselhafte Seite. Ob wir diese als psychischen Defekt verstehen oder auf sein Aussehen oder sein Auftreten beziehen, ist nicht weiter von Bedeutung. Er weiß sehr wohl, dass er in manchen Belangen linkisch und ungeschickt ist. Darüber vergisst er aber nicht seine vielen *Vorzüge und Qualitäten*. Er hat nichts gemein mit ästhetisch verbildeten Linienrichtern und Schmerzensmadonnen, die sich wegen eines Fettpölsterchens an Bauch oder Hüften als grundhässlich empfinden, noch gleicht er einem bildungsbeflissenen Philister, der sich plötzlich ausgesprochen dumm vorkommt, bloß weil er sich im Regelwerk der Dudenkommission nicht so ganz zurechtfindet. Gewiss gibt es Menschen, die an ihrer Existenzberechtigung zweifeln, sobald sie sich Rechenschaft geben, dass sie kein Napoleon sind. Anders der junge Mann im Märchen. Der weiß sehr wohl, dass er ein Esel ist – aber eben *nicht nur* ein Esel! Im Bewusstsein seiner Grenzen unterschätzt er doch nicht seine Fähigkeiten. Damit ist er auf dem besten Weg, sich zu akzeptieren und zu seiner Identität zu finden.

Das zeigt sich zunächst darin, dass er ein ausgeprägtes Selbstvertrauen entwickelt. Nicht an irgendeiner Tür, sondern am Tor des alten Königs verschafft er sich Einlass. Und zwar bittet er nicht unterwürfig, sondern fordert den Türhüter forsch auf, ihn einzulassen. Als der ihm nicht öffnet, gibt er sich keineswegs entmutigt. Wie um zu demonstrieren, dass er sich nicht etwa in der Adresse geirrt hat, beginnt er wie ein erprobter Musikus die Laute zu schlagen, sodass der Kustode erst die Augen und dann das Tor aufsperrt. »Wie aber das Eselein hereintrat, fing alles an, über den Lautenschläger zu lachen.« Wir brauchen uns nur vorzustellen, wie Anton Reiser auf dieses Gelächter reagiert hätte, um zu begreifen, welch enormes Selbstbewusstsein unser Eselein mit seinem Auftritt an den Tag legt. Heißt es von Reiser, »es war ihm unmöglich geworden, jemanden außer sich wie seinesgleichen zu betrachten – jeder schien ihm auf irgendeine Weise wichtiger, bedeutender als er in der Welt zu sein« (318), so wird von dem Eselchen gesagt, dass es sich schlechtweg weigert, sich mit dem kommunen Kriegsvolk einzulassen: »Ich bin kein gemeines Stalleselein, ich bin ein vornehmes. Ich will beim König sitzen.« Salopp ausgedrückt: Ich bin lediglich ein kleines Würstchen – doch immerhin ein Spezialwürstchen! Ich bin möglicherweise in mancher Hinsicht unbedarft, aber trotzdem habe ich manche Fähigkeiten. Gewiss bilde ich mir nicht ein, der Größte zu sein, aber das heißt noch lange nicht, dass ich mich für einen totalen Versager halte!

Wer so denkt, vermag sogar das Hohngelächter auszuhalten, vor dem ein Anton Reiser sich unter lauten Selbstverwünschungen in seine Einsamkeit zurückflüchtete. Irgendwann heißt es in dem Roman, dass sein Vater ihn einen Nichtsnutz schilt und ihn feierlich verflucht. Anders der Vater des Prinzen, der seinen Sohn trotz der Eselshaut akzeptiert. Allein dieses Bewusstsein verleiht ihm so viel Selbstsicherheit, dass er nicht im Geringsten das

Gefühl hat, vor Scham sterben zu müssen, als die Knechte ihn verhohnepipeln. Die Tatsache, dass sein Vater ihn bejaht, gibt ihm die Kraft, über den Schatten zu springen, der aufgrund der seitens der Mutter erfahrenen Ablehnung auf seiner Seele liegt. Es gelingt ihm, das vom Vater vermittelte positive Lebensgefühl auf den alten König zu übertragen, sodass dieser sich ihm seinerseits geneigt zeigt. Jedenfalls findet der nichts dabei, dass sich das Eselchen weigert, sich zur Dienerschaft zu setzen. Dessen Selbstwertgefühl ist immerhin so weit entwickelt, dass es sich so schnell nicht abspeisen lässt. Bei aller Beschränktheit vergisst das Eselchen keinen Augenblick lang seine königliche Abkunft – und dass ihm schon allein deswegen der Platz neben der Prinzessin zusteht. Erneut drängt sich der Vergleich mit Anton Reiser auf. Von diesem haben wir gehört, dass er »nie einen Sinn dafür hatte, sich die Liebe eines Mädchens zu erwerben, weil er es für ganz und gar unmöglich hielt, dass ihm bei seiner schlechten Kleidung und bei der allgemeinen Verachtung, der er ausgesetzt war, je ein solcher Versuch gelingen würde« (241). Unser Eselchen hingegen dreht den Kopf keck nach der Prinzessin, schaut sie an, nickt artig und findet für sie die charmantesten Worte: »Sie ist so schön, wie ich noch keine gesehen habe.« Das ist zwar in Richtung zum König hin gesagt, aber für die Ohren der Tochter bestimmt. Wenn wir genau hinsehen, bemerken wir ganz hinten im Halbdunkel des Saales einen verschmitzt lächelnden Amor, der mit Vergnügen und Bedacht den spitzesten Pfeil aus seinem Köcher zieht.

Wer mit seinen Kräften protzt und mit seinem Wissen glänzt, vermag andere wohl für eine Weile zu beeindrucken und ihre Bewunderung oder auch ihren Neid zu erregen. Es ist dies die eine Art, sich Anerkennung zu verschaffen, Minderwertigkeitsgefühle zu überspielen und sich in den Mittelpunkt zu stellen. Das Eselchen hingegen setzt auf seine ihm eigenen Fähigkeiten – und die setzt es auch ein: Artigkeit, Wohlanständigkeit, Liebenswürdigkeit, musische Begabung …

## Wüstenerfahrungen und Durststrecken

> Als das edle Tierlein eine gute Zeit an des Königs Hof geblieben war, dachte es: »Was hilft das alles, du musst wieder heim«, ließ den Kopf traurig hängen, trat vor den König und verlangte seinen Abschied. Der König hatte es aber lieb gewonnen und sprach: »Eselein, was ist dir? Du schaust ja sauer wie ein Essigkrug. Bleib bei mir, ich will dir geben, was du verlangst. Willst du Gold?« »Nein«, sagte das Eselein und schüttelte den Kopf. »Willst du Kostbarkeiten und Schmuck?« »Nein.« »Willst du mein halbes Reich?« »Ach nein.« Da sprach der König: »Wenn ich nur wüsste, was dich vergnügt machen könnte! Willst du meine schöne Tochter zur Frau?« »Ach ja«, sagte das Eselein, »die möchte ich wohl haben«, war auf einmal lustig und guter Dinge, denn das war's gerade, was er sich gewünscht hatte. Also ward eine große und prächtige Hochzeit gehalten.

Hier erweist es sich einmal mehr, wie wahr Märchen sind. Es ereignet sich jetzt genau das, was einem auch im wirklichen Leben widerfährt, wenn man sich weiterentwickelt. Es erfüllen sich bestimmte Hoffnungen und Erwartungen. Und doch, man weiß nicht warum, hält dieses neue Lebensgefühl nicht vor. Früher oder später kommt es unweigerlich zur Krise.

Zwar hat der Begriff *Krise* in unseren Ohren einen negativen Klang. Sachlich gesehen handelt es sich dabei lediglich um eine Herausforderung, mit der man konfrontiert wird. Wenn zwei Menschen plötzlich feststellen, dass ihre Ehe in eine Krise geraten ist, besagt das, dass vieles, was bislang nie hinterfragt wurde, nicht mehr trägt und deshalb der Überprüfung bedarf; dass man sich, wahrscheinlich fast unmerklich, auseinandergelebt hat; dass man vergessen hat, dass eine Partnerschaft nicht von selbst fortbesteht. Langgewohntes oder scheinbar Altvertrautes ist plötzlich fragwürdig geworden.

Krisen werden stets durch irgendwelche (bewusste oder unbewusste) Konflikte ausgelöst. Plötzlich ist von dem anfänglichen Enthusiasmus, mit dem man sich auf etwas eingelassen hat, nichts mehr zu spüren. Dinge, die früher euphorisch betrachtet wurden, werden mit einem Mal pessimistisch eingeschätzt. Schon der kleinste Rückschlag erscheint als eine einzige Tragödie. Ein gutes Beispiel dafür bildet die biblische Schilderung vom Auszug des auserwählten Volkes aus Ägypten. Hat dieses erst unter den vom Pharao auferlegten Lasten geseufzt und sein Dasein verflucht, nach Eigenständigkeit und Freiheit gehungert und nach schier unüberwindlichen Hindernissen den Auszug aus dem Land der Unterdrücker endlich geschafft, sehnt es sich, kaum dass es ihm in der Wüste zum ersten Mal an Nahrung mangelt, nach dem früheren Sklavendasein zurück: »Wären wir doch im Land Ägypten durch die Hand des Herrn gestorben, als wir an den Fleischtöpfen saßen und Brot genug zu essen hatten« (Exodus, 16,3). Wenig später, als ein Wassermangel droht, wendet sich das Volk gegen Mose, der es doch aus dem »Sklavenhaus« (Exodus 13,3) befreite: »Wozu hast du uns überhaupt aus Ägypten heraufgeführt« (Exodus 17,3)? Es verweigert sich schlicht der Einsicht, dass es seine Selbstbestimmung nicht schon mit dem Aufbruch aus Ägypten erlangt hat, sondern dass der Weg in die Freiheit durch *Wüstenerfahrungen* und entlang von *Durststrecken* führt. Wobei es zur Erreichung des angestrebten Ziels in der Regel der Hilfe Dritter bedarf. So ist es Mose, der dem Volk bedeutet, wo es Nahrung findet, und der mit seinem Stab Wasser aus dem Felsen schlägt.

Ähnliches geschieht in unserem Märchen. Nachdem sich das »edle Tierlein« am Hof des alten Königs zunächst eingelebt hat, lässt es jetzt plötzlich »den Kopf traurig hängen«. Will sagen, es fällt in eine abgrundtiefe Depression. Die spontane Reaktion auf diese Krise besteht darin, dass es seinen ganzen Mut und seine Zuversicht verliert und den König um den Abschied bittet.

Ein solches Verhalten ist leicht nachvollziehbar.[7] Noch hat der Prinz lediglich ansatzweise ein Selbstwertgefühl entwickelt, sodass schon ein geringer Anlass genügt, um es zu knicken. Macht sich die Prinzessin lustig über ihn? Wie kann ein Esel einen Gedanken daran verschwenden, ob eine Königstochter ihn *lieben* könne?! Ist

---

7  Vgl. Verena Kast, Liebe im Märchen, Olten/Freiburg i. Br. ²1992, 42.

es nicht angebracht, die Prinzessin und den ganzen schönen Traum von Liebe und Zweisamkeit und Glück zu vergessen, statt am Ende doch zurückgewiesen zu werden? Die geheime Angst vor Ablehnung und die damit verbundene Demütigung führt zu dem Entschluss, die Beziehung abzubrechen. Dazu trägt auch die negative Erfahrung mit der eigenen Mutter bei.

Wie das Volk Israel die Wüste nur dank dem Eingreifen des Mose durchsteht, so überwindet das Eselchen seine Verzweiflung erst mithilfe des seelenkundigen Königs. Der hat längst erkannt, was das Herz des Prinzen bewegt. Einfühlsam wie er ist, vermeidet er es, ihn *direkt* mit seinen Ängsten zu konfrontieren; er würde bloß Schweigen ernten. Jetzt geht es zunächst ganz einfach darum, dem Unglücklichen Wohlwollen zu signalisieren: Verlangt es dich nach Gold? Begehrst du irgendwelche Kostbarkeiten? Soll ich dich vielleicht zum Herrscher über das halbe Reich bestellen? Oder – ?

Wer solche Großzügigkeit bekundet, schafft Vertrauen. Einem solchen Menschen gegenüber empfindet man keinerlei Hemmungen auszusprechen, was man im Traum nicht zu hoffen wagte. Der Tochter, ja, der möchte ich schon sagen dürfen, dass und wie sehr ich an ihr hänge!

Rafft sich das Eselein, nachdem sein eben aufkeimendes Selbstvertrauen eine schwere Einbuße erlitten hat, einzig und allein dank dem Entgegenkommen des Königs zu diesem Geständnis auf? Oder spielen noch andere Motive mit hinein?

Obwohl es kaum zu denken wagt, dass die Prinzessin ihm ernsthaft Beachtung schenken könnte, empfindet das Eselein doch von Anfang an eine unwiderstehliche Zuneigung zu ihr: »Das ist mir eben recht«, sagt es, als ihm der König den Platz an ihrer Seite zuweist, und weiß sich gar »fein und säuberlich zu betragen«. Ohne die zarte Erotik, die hier durchscheint, würde es dem Eselchen auch mit der Unterstützung des Königs kaum gelingen, seine spätere Mutlosigkeit zu überwinden. Das Märchen spiegelt hier einen Sachverhalt wider, den die Psychoanalytikerin Marie-Louise von Franz in ihrer Praxis häufig festzustellen meinte. Wenn Menschen, die ihre Verbindung zum realen Leben verloren und ihre Hoffnungen längst aufgegeben haben, sich irgendwann doch noch zu einer Analyse entschließen, geraten sie nach den ersten Sitzungen häufig in einen euphorischen Zustand. Dieser ist in der Regel darauf zurückzuführen, dass sie jetzt unvermittelt erleben, was sie vorher am meisten vermisst haben, nämlich die Anteilnahme eines anderen Menschen an ihrem Schicksal. Diese Erfahrung führt gelegentlich dazu, dass sich in der Folge eine fast wundersam anmutende Heilung einstellt. Die unterschwellig gegenwärtigen Lebenstendenzen scheinen sich plötzlich zu verwirklichen – doch dann verläuft die Entwicklung wie in unserem Märchen. Die Situation verschlimmert sich wieder. Marie-Louise von Franz betont ausdrücklich, dass das neue Lebensgefühl nur in Ausnahmefällen längere Zeit vorhält.

> In den meisten Fällen strömt das ganze Elend nach einer Weile wieder herein, und die Symptome kommen wieder. Solch ein anfängliches Aufblühen ereignet sich gewöhnlich dann, wenn die falsche bewusste neurotische Einstellung von den unbewussten Lebenstendenzen weit entfernt ist, sodass es unmöglich ist, die beiden Seiten zu verbinden. Man verbindet sie zum ersten Mal und alles scheint in Ordnung zu sein, aber dann verhärten sich die beiden Gegensätze wieder, und alles erlebt einen Rückfall.[8]

Erst wenn eine anhaltende Beziehung zwischen dem Bewusstsein und dem Unbewussten zustande kommt und dieses in jenes integriert ist, kann von einer dauerhaften Heilung die Rede sein.

Dass eine Heilung nicht von einem Augenblick auf den anderen möglich ist, sondern einen zumeist langwierigen Prozess beinhaltet, leuchtet ein. Aber auch der scheinbaren (momentanen) »Heilung« kommt eine wichtige Bedeutung zu. Vermutlich wären die wenigsten Menschen bereit, die mit einem analytischen Prozess verbundene Belastung auf sich zu nehmen, wenn sie nicht

---

8 Vgl. Marie-Louise von Franz, Psychologische Märcheninterpretationen. Eine Einführung, München 1989, 101; dort auch das folgende Zitat.

schon von Anfang an eine Art Illusion einer Besserung erfahren würden. Marie-Louise von Franz vermutet, dass »nur die Erinnerung an diesen Blick ins Paradies sie ihre dunkle Reise fortsetzen lässt.« Alles spricht dafür, dass diese Annahme zutrifft. Ohne die Erinnerung an die überbordende Aufbruchsstimmung hätten die Israeliten mit Sicherheit nie die Wüste durchquert, sondern wären nach Ägypten zurückgekehrt und weiterhin als erbärmliche Sklaven durchs Leben gehumpelt; die Versuchung dazu war groß genug. Und wenn Amor das Herz des Eselchens beim Anblick der Prinzessin nicht mit seinem Pfeil geritzt hätte, würde auch der weiseste König es nicht davon abgehalten haben, sich zu verabschieden, um für immer in sein altes Elend zurückzufallen.

**Was das Märchen andeutet**

Über dem Schicksal des Eselchens sollten wir das Los der Prinzessin nicht vergessen. Was empfindet sie bei dieser ganzen Sache? Mit keinem Wort hat sie sich bisher dazu geäußert.

Für das aus unserer Sicht befremdliche Schweigen der Prinzessin gibt es zunächst einmal eine *kultursoziologische Erklärung*. Das Märchen stammt aus einer Zeit, in der die Heirat der Kinder von den Eltern beziehungsweise vom Vater geregelt wurde.

Dies schließt jedoch nicht aus, dass die Prinzessin möglicherweise von einem positiven Vaterkomplex geprägt ist, wie Verena Kast vermutet. In diesem Fall würde sie den Wunsch ihres Vaters einfach verinnerlichen.[9] Aber selbst wenn diese *psychologische Erklärung* zutreffen sollte, so bedeutet das noch keineswegs, dass das Anliegen des Vaters sich mit den Interessen der Tochter nicht verträgt. Ganz im Gegenteil! Wie sich in der Hochzeitsnacht herausstellen wird, hat die Braut ihren eben angetrauten Gemahl »von Herzen lieb«; die Anima hat ihren Animus gefunden! Das kommt beileibe nicht von ungefähr. Offensichtlich war die Prinzessin schon vorher von dem Prinzen eingenommen. Zum einen heißt

---

9  Kast, 42.

es von dem Eselchen ausdrücklich, dass es sich »fein und säuberlich zu betragen« weiß. Damit kann man einen Menschen beeindrucken. Dazu kommt, dass oft ausgerechnet das Fremde und Ungewohnte eine geheimnisvolle Faszination auf uns ausübt. Warum sollte das für die Prinzessin nicht gelten, die plötzlich einem Eselchen begegnet, das die Laute spielt (was nicht nur auf eine musische Begabung, sondern auch auf ein mitfühlendes Wesen hindeutet)? Solche außergewöhnlichen Eigenschaften sind es, die einen Menschen, der durch sein Äußeres nicht allzu sehr besticht, dennoch so sympathisch erscheinen lassen, dass man sich schon in ihn verliebt hat, bevor man es überhaupt merkt. Und Liebe macht, entgegen einer weitverbreiteten Annahme, nicht blind, sondern sehend. Nicht die Sexualität, sondern die Liebe ist es, die in uns das Gespür für das Besondere und Unersetzliche in einem anderen Menschen weckt, die Goldader im Gestein, das Heckenröslein unter den Dornen, die sprießende Pflanze in der Steinwüste – kurzum die Seele im Menschen. Sobald die Liebe ihr Spiel mit uns spielt, und dieses Spiel ist immer ernst, nehmen wir die Dinge eben nicht mehr mit dem Auge wahr oder mit bloßen Sinnen, sondern mit dem Herzen.

In manchen Märchen, in denen das Wasser nicht viel zu tief ist, bildet die Vermählung der Königskinder jeweils den krönenden Abschluss des Geschehens. Im *Eselein* hingegen stellt die Hochzeit eine Wende dar.

Welche Faktoren haben letzten Endes dazu beigetragen? Verdankt sich die glückliche Entwicklung einfach günstigen Umständen? Oder ist sie eher das Ergebnis der Bemühungen des Königssohnes?

Da ist zunächst einmal die Tatsache, dass man, um geliebt zu werden, liebens*wert* sein muss. Die meisten Menschen verstehen das so, dass sie sich die Zuwendung anderer *verdienen* müssen. Gleichzeitig haben sie oft das Gefühl, nicht liebens*würdig* zu sein. Was in ihnen den Eindruck erweckt: »Keiner/keine kann mich je lieben.«

Man braucht sich bloß einmal die abgrundtiefe Angst vorzustellen, die ein schüchternes Mädchen während einer Party überkommt, wenn die anwesenden Jungen sich nach einer Tanzpartnerin umsehen. Jetzt kommt es nur auf eines an, nämlich nicht die Letzte zu sein! In diesem Moment hängt buchstäblich das ganze Lebensglück, die ganze Zukunft, ja einfach alles davon ab, ob irgendeiner dieser Jungen, und sei der noch so dumm und dusslig und doof, auf einen zugeht, damit man nicht sitzen bleibt; die Schande wird sonst eine unendliche sein. Sollte dies zutreffen, wird dieses Mauerblümchen und Aschenputtel schon auf dem Nachhauseweg heulen und sich überlegen, ob es überhaupt noch einmal hingehen soll – und wenn ja, hat es die ganze kommende Woche nur noch einen einzigen Gedanken: Wie soll ich mich zurechtmachen, was werde ich anziehen, wie soll ich mich anstellen, damit einer von den wirklich charmanten jungen Männern mich zum Tanzen auffordert?

Erst die *zuvorkommende* Zuwendung anderer befähigt uns zum Selbstvertrauen. Unser Märchen betont aber auch, dass der Prozess der Selbstfindung nur in Gang kommt, wenn wir uns nicht passiv verhalten.

Hermann Hesse hat das in seiner Erzählung *Die Verlobung* auf eine launige und gleichzeitig überaus rührende Art dargestellt.[10] Nachdem der klein gewachsene und schüchterne Andreas Ohngelt (*nomen est omen*), »schon in der Schule aller Rede und Geselligkeit abgeneigt«, sich als Kind die Zeit vorzugsweise mit den hinterbliebenen Puppen seiner Schwester verkürzt hat, ist er jetzt, da er nach abgedienter Lehrzeit im Laden seiner Tante Weißwaren verkauft, in einem Alter, in dem Jünglinge naturgemäß mit immer größeren Augen sich nach Mädchen umsehen, was den guten Andreas veranlasst, »in seinem Herzen einen Altar der Frauenliebe zu errichten« (195), dessen Flamme desto höher lodert, je trauriger seine Verliebtheiten verlaufen. Ihm fehlt es nicht an feinen und sorgfältigen Manieren, und zum Kennen-

---

10 Hermann Hesse, Die Verlobung, in: Gesammelte Werke, Bd. 3 (Werkausgabe Edition Suhrkamp), Frankfurt a. M. 1970, 193–214. Seitenangaben der Zitate jeweils in Klammern.

lernen und Beschauen von Mädchen bietet ihm sein Beruf als Verkäufer überreichlich Gelegenheit. Aber? Aber der kleine Ohngelt »war für alle Mädchen seines Alters, namentlich für die hübschen, trotz seiner Blicke und Verbeugungen nichts als eine komische Figur. Der Reihe nach war er in sie alle verliebt, und er hätte jede genommen, die ihm nur einen Schritt entgegengetan hätte« (197). Doch wie es in solchen Fällen zu geschehen pflegt, keine tut den Schritt. Was schließlich seine Mutter veranlasst einzuschreiten. Die sorgt dafür, dass der höfliche und aufmerksame, aber bis in die letzten Falten seiner Seele hinein verklemmte inzwischen sechsundzwanzigjährige Andreas im Kirchenchor mitsingen darf, wo er, wir ahnen es, nicht wegen seiner dünnen Tenorstimme, sondern als Spaßobjekt und Spottfigur willkommen ist. Der wahre Grund, warum der unbeholfene Andreas nicht in einem weltlichen Gesangsverein, sondern im Kirchenchor mitsingen will, ist Margret, die Tochter seines früheren Lehrmeisters, deren Nacken er bei den Proben seinen Blick ungleich häufiger zuwendet als dem Taktstock des Dirigenten. Dass die Lehrmeisterstochter sich insgeheim über ihn lustig macht, kann Paula Kircher nicht entgehen. Denn das Kircherspäule, wie es liebevoll-ironisch genannt wird, das ein paar Jährlein älter und ein paar Zentimeter größer ist als der unbeholfene Andreas, empfindet möglicherweise nicht nur Mitleid mit diesem. Nach einer Probe, auf dem Heimweg, äußert sie gegenüber dem kleinen Ohngelt offen die Vermutung, dass er wohl nicht der geborene Sänger sei und eher aus persönlichen, um nicht zu sagen unionspraktischen Gründen dem Kirchenchor beitrat. Kurz danach, anlässlich des traditionellen Ostermontagsspaziergangs des Kirchenchors, kommt es zur Katastrophe. Und zur Verlobung. Nachdem der glücklose Andreas Ohngelt, statt der schönnackigen Margret näherzukommen, wieder einmal zum Gespött des ganzen Kirchenchors geworden ist, setzt er sich von den anderen ab und lässt sich im Wald auf einem Baumstrunk nieder. Und beginnt zu heulen. Den Schluss der Geschichte lassen wir uns von Hesse selbst erzählen, zum einen, weil es beinahe so aussieht, als hätte der Dichter bei der Niederschrift das grimmsche *Eselein* vor Augen gehabt, zum anderen, weil er gleichzeitig das Zusammenspiel zwischen fürsorglicher Zuwendung und besorgtem Zutrauen, von dem bereits die Rede war, psychologisch glaubwürdig darstellt.

Wohl eine Stunde lang blieb er sitzen. Seine Augen waren wieder trocken und seine Erregung verflogen, aber das Traurige seines Zustandes und die Hoffnungslosigkeit seiner Bestrebungen waren ihm jetzt noch klarer als zuvor. Da hörte er einen leichten Schritt sich nähern, ein Kleid rauschen, und ehe er von seinem Sitz aufspringen konnte, stand die Paula Kircher neben ihm.

»Ganz allein?«, fragte sie scherzend. Und da er nicht antwortete und sie ihn genauer anschaute, wurde sie plötzlich ernst und fragte mit frauenhafter Güte: »Wo fehlt es denn? Ist Ihnen ein Unglück geschehen?«

»Nein«, sagte Ohngelt leise und ohne nach Phrasen zu suchen. »Nein. Ich habe nur eingesehen, dass ich nicht unter die Leute passe. Und dass ich ihr Hanswurst gewesen bin.«

»Nun, so schlimm wird es nicht sein – «

»Doch, gerade so. Ihr Hanswurst bin ich gewesen, und besonders noch den Mädchen ihrer. Weil ich gutmütig gewesen bin und es ehrlich gemeint habe. Sie haben recht gehabt, ich hätte nicht in den Verein gehen sollen.«

»Sie können ja wieder austreten, und dann ist alles gut.«

»Austreten kann ich schon, und ich tue es lieber heut als morgen. Aber damit ist noch lange nicht alles gut.«

»Warum denn nicht?«

»Weil ich zum Spott für sie geworden bin, und weil jetzt vollends keine mehr – «

Das Schluchzen übernahm ihn beinahe. Sie fragte freundlich: » – und weil jetzt keine mehr –?«

Mit zitternder Stimme fuhr er fort: »Weil jetzt vollends kein Mädchen mehr mich achtet und mich ernst nehmen will.«

»Herr Ohngelt«, sagte das Päule langsam, »sind Sie jetzt nicht ungerecht? Oder meinen Sie, ich achte Sie nicht und nehme Sie nicht ernst?«

»Ja, das wohl. Ich glaube schon, dass Sie mich noch achten. Aber das ist es nicht.«

»Ja, was ist es denn?«

»Ach Gott, ich sollte gar nicht davon reden. Aber ich werde ganz irr, wenn ich denke, dass jeder andere es besser hat als ich, und ich bin doch auch ein Mensch, nicht? Aber mich – mich will – mich will keine heiraten!«

Es entstand eine längere Pause. Dann fing das Päule wieder an:

»Ja, haben Sie denn schon die eine oder andere gefragt, ob sie will oder nicht?«

»Gefragt! Nein, das nicht. Zu was auch? Ich weiß ja vorher, dass keine will.«

»Dann verlangen Sie also, dass die Mädchen zu Ihnen kommen und sagen: Ach Herr Ohngelt, verzeihen Sie, aber ich möchte so schrecklich gern haben, dass Sie mich heiraten?! Ja, auf das werden Sie freilich noch lange warten können.«

»Das weiß ich wohl«, seufzte Andreas. »Sie wissen schon, wie ich's meine, Fräulein Päule. Wenn ich wüsste, dass es eine so gut mit mir meint und mich ein wenig gut leiden könnte, dann – «

»Dann würden Sie vielleicht so gnädig sein und ihr zublinzeln oder mit dem Zeigefinger winken! Lieber Gott, Sie sind – Sie sind – «

Damit lief sie davon, aber nicht etwa mit einem Gelächter, sondern mit Tränen in den Augen. Ohngelt konnte das nicht sehen, doch hatte er etwas Sonderbares in ihrer Stimme und in ihrem Davonlaufen bemerkt, darum rannte er ihr nach, und als er bei ihr war und beide keine Worte fanden, hielten sie sich plötzlich umarmt und gaben sich einen Kuss. Da war der kleine Ohngelt verlobt (212–214).

Es will einem fast vorkommen, als hätte Hesse bei der Schilderung dieser Szene an unser Märchen gedacht. Ähnlich wie das Eselchen erst durch das Entgegenkommen des alten Königs allmählich aus sich herausgeht, muss der verunsicherte Ohngelt aus der Reserve gelockt werden. Ein Mensch ohne jedes Selbstwertgefühl ist vielleicht erst fähig, auf andere zuzugehen, wenn diese ihn vor seiner Haustür abholen.

Was Hermann Hesse nicht ohne Humor ausführlich erzählt, schildert das Märchen im Zeitraffer und bloß andeutungsweise. Zuwendung und Zustimmung erfährt das Eselchen zuerst seitens des eigenen Vaters und später durch den alten König. Was bewirkt, dass es seine lähmende Angst überwindet und beziehungsfähig wird. Dass die Beziehung zur Hochzeit führt, besagt noch nicht, dass das Eselein auch bindungsfähig ist.

**Ich und Du und Er**

Abends, wie Braut und Bräutigam in ihr Schlafkämmerlein geführt wurden, wollte der König wissen, ob sich das Eselein auch fein artig und manierlich betrüge, und hieß einen Diener sich dort verstecken.

Wie sie nun beide drinnen waren, schob der Bräutigam den Riegel vor die Tür, blickte sich um, und wie er glaubte, dass sie ganz allein wären, da warf er auf einmal seine Eselshaut ab und stand da als ein schöner königlicher Jüngling. »Nun siehst du«, sprach er, »wer ich bin, und siehst auch, dass ich deiner nicht unwert war.« Da war die Braut froh, küsste ihn und hatte ihn von Herzen lieb.

Als aber der Morgen herankam, sprang er auf, zog seine Tierhaut wieder über, und hätte kein Mensch gedacht, was für einer dahintersteckte. Bald kam auch der alte König gegangen. »Ei«, rief er, »ist das Eselein schon munter! – Du bist wohl recht traurig«, sagte er zu seiner Tochter, »dass du keinen ordentlichen Menschen zum Mann bekommen hast?« »Ach nein, lieber Vater, ich habe ihn so lieb, als wenn er der allerschönste wäre, und will ihn mein Lebtag behalten.« Der König wunderte sich, aber der Diener, der sich versteckt hatte, kam und offenbarte ihm alles. Der König sprach: »Das ist nimmermehr wahr.« »So wacht selber die folgende Nacht, Ihr werdet's mit eigenen Augen sehen, und wisst Ihr was, Herr König, nehmt ihm die Haut weg und werft sie ins Feuer, so muss er sich wohl in seiner rechten Gestalt zeigen.« »Dein Rat ist gut«, sprach der König, und abends, als sie schliefen, schlich er sich hinein, und wie er zum Bett kam, sah er im Mondschein einen stolzen Jüngling da ruhen, und die Haut lag abgestreift auf der Erde. Da nahm er sie weg und ließ draußen ein gewaltiges Feuer anmachen und die Haut hineinwerfen, und blieb selber dabei, bis sie ganz zu Asche verbrannt war. Weil er aber sehen wollte, wie sich der Beraubte anstellen würde, blieb er die Nacht über wach und lauschte. Als der Jüngling ausgeschlafen hatte, beim ersten Morgenschein, stand er auf und wollte die Eselshaut anziehen, aber sie war nicht zu finden. Da erschrak er und sprach voll Trauer und Angst: »Nun muss ich sehen, dass ich entfliehe.« Wie er hinaustrat stand aber der König da und sprach: »Mein Sohn, wohin so eilig, was hast du im Sinn? Bleib hier, du bist ein so schöner Mann, du sollst nicht wieder von mir. Ich gebe dir jetzt mein Reich halb, und nach meinem Tod bekommst du es ganz.« »So wünsch ich, dass der gute Anfang auch ein gutes Ende nehme«, sprach der Jüngling, »ich bleibe bei Euch.« Da gab ihm der Alte das halbe Reich, und als er nach einem Jahr starb, hatte er das ganze, und nach dem Tod seines Vaters noch eins dazu, und lebte in aller Herrlichkeit.

Eigentlich könnte das Märchen, wie so viele andere, mit der Hochzeit enden. Psychologisch gesehen wäre ein solcher Schluss das denkbar schlechteste Finale. Denn mit der Vermählung sind die Prinzessin und der Prinz wohl *zusammengekommen*, aber das heißt noch lange nicht, dass sie *zueinander gefunden haben*. In dieser Hinsicht scheint auch der alte König seine Bedenken zu haben. Dies veranlasst ihn, einen Diener in der Kammer zu verstecken, in der das Paar seine Hochzeitsnacht verbringt. Wie das? Da haben die beiden Neuvermählten ihre Lust aneinander und ahnen nicht, dass sie belauscht und beobachtet werden! Da wird jeder Zuhörer und jede Leserin des Märchens zuerst einmal leer schlucken.

Was bei oberflächlicher Betrachtung unerträglich erscheint, ist auf der sinnbildlichen Ebene schlüssig. Der versteckte Diener steht nicht für irgendwelche voyeuristische Gelüste des Königs, sondern zeigt dessen Besorgtheit. Jedenfalls macht er sich ernsthaft Gedanken, ob das Eselein sich seiner Tochter gegenüber wirklich »fein artig und manierlich« betragen wird. Ihm liegt nicht nur das Wohl des Prinzen, sondern auch das Wohlbefinden seiner Tochter am Herzen. Plötzlich ist er sich nicht mehr so sicher, ob er gut daran tat, sie mit dem Prinzen zu verheiraten.

Damit deutet das Märchen an, wie kompliziert es in zwischenmenschlichen Beziehungen häufig zugeht, weil wir oft allzu sehr von anderen her und damit um drei Ecken herum denken.

Mittels eines langen und positiven Entwicklungsprozesses hat der Prinz ein gesundes Selbstvertrauen aufgebaut. Seiner Angetrauten gegenüber wagt er seine »neue« Identität ohne Weiteres zu offenbaren. Sobald er mit ihr allein ist, legt er seine Eselshaut ab und steht als »schöner königlicher Jüngling« vor ihr. Die Prinzessin wahrt das Geheimnis ihrem Vater gegenüber und verrät ihm am Morgen nach der Hochzeitsnacht nichts von ihrem Glück. Warum? Allem Anschein nach verspürt sie einen inneren Widerstand, ihm die Wahrheit zu sagen, weil sie meint, dass er ihren Gemahl nur so akzeptiert, wie *er* ihn kennt, nämlich als Eselchen. Deshalb (und hier vermutet Verena Kast zu Recht einen Vaterkomplex[11]) gibt sie dem König gegenüber vor, ihn so zu sehen, wie *er* ihn sieht.

Der König wiederum zweifelt, ob er für seine Tochter die richtige Entscheidung getroffen hat.

Manche Eltern, die eine sich anbahnende Partnerbeziehung ihrer Kinder mit Wohlwollen betrachtet und diese gefördert haben, werden in dieser geheimen Angst des Brautvaters ihre eigenen heimlichen Zweifel wiedererkennen. Auf Anhieb werden sie verstehen, dass und warum der König in der folgenden Nacht nicht mehr einen Diener in die Schlafkammer schickt, sondern sich selbst dort versteckt. Wiederum ist die Symbolik eindeutig. Das scheinbar abwegige Verhalten ist nicht Ausdruck einer ans Perverse grenzenden Neugierde. Angesichts seiner bänglichen Gedanken braucht der König Gewissheit. Hat das Märchen vorher den Eindruck vermittelt, ihm sei fast mehr an dem Eselchen als an seiner eigenen Tochter gelegen, so werden wir hier eines Besseren belehrt. Eines Besseren belehrt wird auch der König selbst, der entdeckt, dass sein Schwiegersohn kein Eselchen ist. Warum aber kann der Schwiegervater die Eselshaut nicht einfach liegenlassen und dem »stolzen Jüngling« schlicht sagen, dass er sie nicht mehr anzuziehen brauche? Weshalb sieht er sich verpflichtet, sie ihm wegzunehmen und sie zu verbrennen?

**Die Kraft des Feuers**

Wenn Menschen dazu verurteilt sind, eine Tierhaut zu tragen, lastet gewöhnlich ein Fluch auf ihnen.[12] Wenn der Königssohn als Eselchen geboren wird, kommt das nicht von ungefähr. Das wäre bestimmt nicht eingetroffen, wenn die Mutter den Kinderwunsch nicht auf sich (»Ich bin wie ein Acker, auf dem nichts wächst ...«), sondern *auf das Kind* bezogen hätte.

---

11 Kast, 44.
12 Vgl. Marie-Louise von Franz, Erlösungsmotive im Märchen, München 1991, 75.

Eine Tierhaut kann man nicht einfach abstreifen; sie muss verbrannt werden. In unserem Fall bedeutet das, der Prinz ist von seinem Fluch (psychologisch gesagt: von seinem Komplex) erst befreit, wenn nicht allein die Symptome, sondern die Ursachen beseitigt sind. Seine Persönlichkeit muss einen Reifeprozess durchmachen. Gewiss kommt dem Feuer auch eine destruktive Bedeutung zu; es gibt Mythen, die von der Vernichtung der Welt durch Feuerflammen erzählen. Entscheidend ist, *was* jeweils ausgerottet werden soll. Wenn Gott Feuer und Schwefel über Sodom und Gomorra regnen lässt, handelt es sich dabei um eine zerstörerische Strafaktion; die Menschen, die diese Städte bewohnen, sollen ja nicht zur Bekehrung veranlasst, sondern um ihrer Laster willen vom Erdboden vertilgt werden (vgl. Genesis 19,23–26). Demgegenüber schreibt die Bibel dem Feuer mehrfach auch eine reinigende Kraft zu. Von seinem Volk sagt Gott, er wolle es »ins Feuer werfen, um es zu läutern, wie man das Silber läutert, um es zu prüfen, wie man Gold prüft« (Sacharja 13,9). Auch in der Alchemie dient das Feuer dazu, alles Überflüssige zu verbrennen, sodass schließlich nur ein unzerstörbarer Kern übrig bleibt. Verständlich daher, dass der Bildrede vom Feuer auch in der Psychologie ein wichtiger Stellenwert zukommt, wenn es um Emotionen und Affekte geht. In der Umgangssprache reden wir von glühender Begeisterung, von brennenden Fragen oder von hitzigen Auseinandersetzungen. Ohne emotionale Ergriffenheit und ohne eine gewisse Leidenschaftlichkeit bleibt ein Mensch gesichtslos, eine Erkenntnis, die Marie-Louise von Franz zufolge in der Psychoanalyse eine wichtige Rolle spielt.

> Wenn es in einer Analyse weder das Feuer der Verzweiflung noch Hass oder Konflikt oder Ärger oder irgendetwas dieser Art gibt, kann man ziemlich sicher sein, dass nicht viel konstelliert sein wird und es ewig eine »Blabla-Analyse« bleiben wird. Also beschleunigt das Feuer, sogar wenn es eine destruktive Art von Feuer ist – Konflikte, Hass, Eifersucht oder irgendein anderer Affekt – den Reifeprozess. [...] Wenn das Feuer erlischt, ist alles verloren. Deshalb sagten die Alchemisten immer, dass man sein Feuer nicht ausgehen lassen dürfe. Der faule

Adept, der sein Feuer ausgehen lässt, ist verloren. Er ist der Mensch, der an analytischer Behandlung nur knabbert, sich aber nie mit ganzem Herzen darauf einlässt. Er hat kein »Feuer«, und deshalb passiert nichts. Also ist das Feuer tatsächlich der große Richter und bestimmt den Unterschied zwischen dem Korrumpierbaren und dem Unzerstörbaren, zwischen dem, was relevant, und dem, was unwesentlich ist, und deshalb hat Feuer in allen magischen und religiösen Ritualen eine heilige und verwandelnde Eigenschaft.[13]

Offensichtlich muss der König die Eselshaut verbrennen. *Seiner Braut gegenüber*, der der Vater einen »Esel« zum Mann bestimmt hat, beweist dieser nicht ohne Stolz sein wachsendes Selbstwertgefühl (und damit sein neues Sein). *Dem König gegenüber* jedoch empfindet er Hemmungen, sich so zu geben wie *jetzt* ist; dieser hat ihn ja *als Eselchen* akzeptiert; wer weiß, wie er auf seine »neue« (im Übrigen noch keineswegs gefestigte) Identität reagieren wird.

Ein alltägliches Beispiel mag verdeutlichen, welche komplexen psychischen Mechanismen bei einem solchen Prozess nachwirken. Da ist ein Junge, von dem sein Vater erwartet, dass er all das einmal schafft, was er selbst nicht erreicht hat. Dies wiederum bringt es mit sich, dass, was immer der Sohn tut, dem Vater nicht gut genug ist. Vermutlich wird er ihn dauernd kritisieren, ihn hänseln oder mit ironischen Bemerkungen überschütten. Angesichts eines solchen Verhaltens sind verschiedene Reaktionen denkbar. Wahrscheinlich wird der Sohn sich früher oder später derart albern vorkommen, dass er sich lächerlich macht für andere. Er *will* jetzt geradezu, dass man über ihn lacht. Er macht sich zum Klassenkasper und Cliquenclown; wo immer er auftaucht, ist für Unterhaltung gesorgt – und in solchen Momenten genießt es der arme Kerl, im Zentrum zu stehen. Um seine Traurigkeit oder Verzweiflung nicht zu zeigen, ist er der Lustigste von allen, und alle anderen finden ihn wirklich lustig. Irgendwann wird er wohl ein Mädchen kennenlernen, dem er anfänglich gerade wegen seines Witzes und seiner Unbekümmertheit besonders imponiert. Aber

---

13 Von Franz, Psychologische Märcheninterpretationen, 96.

ausgerechnet hier funktioniert sein Abwehrmechanismus nicht. Sein belustigendes Gebaren, mit dem er eine ganze Gesellschaft zum Lachen bringt, wirkt in der Zweierbeziehung gekünstelt; beide spüren, dass einiges nicht stimmt. Schon bald wird das Mädchen zu ihm sagen: Mir brauchst du nichts vorzumachen; versuch doch wenigstens, dich mir gegenüber so zu geben, wie du bist! Warum führst du dich selbst dauernd hinters Licht? Leg doch diese infantile Rolle ab, mit der du dich bislang durchs Leben gemogelt hast! Damit zeigt diese junge Frau, dass sie intuitiv und spontan erkannt hat, dass das Problem ihres Freundes nicht darin besteht, dass ihm aller Ernst abgeht. Aber wie soll *er*, den alle Welt als heiter und unbeschwert und oberflächlich einstuft, plötzlich *zeigen*, dass gerade er die ernsten Seiten des Lebens am besten kennt, wenn er gleichzeitig befürchtet, dass keine Menschenseele ihn ernst nimmt? Wenn er Glück hat, wird seine Freundin bei ihm bleiben und ihm helfen, diese Schwierigkeit zu überwinden.

Das Eselchen in unserem Märchen hat Glück. Einmal mehr ist es der alte König, der ihm hilft, über seinen Schatten zu springen. Er lässt ein »gewaltiges Feuer anmachen«, um die Eselshaut zu vernichten. Er steht sogar daneben, »bis sie ganz zu Asche verbrannt« ist. Ins Leben übersetzt besagt diese symbolische Handlung, dass der König sich vor seinen Schwiegersohn hinstellt und ihm ins Gesicht sagt, dass er sich jetzt, wo er endlich beginnt, auf eigenen Füßen zu stehen, »in seiner rechten Gestalt« zeigen soll. Steh endlich zu dem, was du in dir fühlst! Hast du nun ein gesundes Maß an Selbstvertrauen, oder willst du weiterhin als Nobody durchs Dasein humpeln?! Hinter das, was du – mühsam genug! – erreicht hast, willst du, zum Teufel nochmal, nicht mehr zurück! Weil der König überzeugt ist, dass das Eselein sich in einen Prinzen verwandelt hat, der auch den letzten Rest an Unsicherheit und Mutlosigkeit noch überwinden wird, gibt er ihm das halbe Reich. Übers Jahr schon, nachdem der alte König gestorben ist, wird er dessen Nachfolger, und später tritt er auch noch das Erbe seines Vaters an. Indem das Märchen den Tod der beiden Väter eigens erwähnt, betont es ausdrücklich, dass der Prinz jetzt fähig ist, selbstständig und eigenverantwortlich zu handeln.

Gleichzeitig erfahren wir so, wie ein Mensch zum »König« wird. »König« oder »Königin« wird man nie aufgrund von Erbfolge, noch durch einen Volksentscheid oder durch ein Losorakel. Königtum ist eine *Berufung*, angelegt im Herzen eines jeden Menschen.

Wenn unser Märchen davon berichtet, dass gleich zwei Könige und eine junge Frau einem Menschen dazu verhelfen, seine *königliche* Berufung zu finden, ist das ein Glücksfall. In der Regel verhält es sich wohl so, dass andere uns – hoffentlich – dabei behilflich sind, unsere Tierhaut abzulegen. Das Verbrennen müssen wir alleine besorgen.

Sonderbar mag uns vorkommen, dass am Schluss des Märchens von der Prinzessin überhaupt nicht mehr die Rede ist. Hat sie denn gar keine Bedeutung mehr? Geht sie einfach auf – oder gar unter – in dieser ganzen Geschichte? Wohl kommt es in anderen Märchen häufig vor, dass ein verwunschener Prinz durch eine Prinzessin erlöst wird und dass *beide* fortan vergnügt und glücklich miteinander leben bis an ihr seliges Ende. Aber *das* ist hier nicht das Thema. Unser Märchen zeigt vielmehr, wie ein Eselchen von einem Königsschloss ins andere zieht und auf dieser (Seelen-) Reise mithilfe zweier Könige und einer Prinzessin, in die es sich verliebt, zuerst und vor allem eines findet – nämlich sich selbst. Ist das vielleicht wenig?

## »Ein Gast im Haus, Gott im Haus«
## Der Arme und der Reiche

> Vergesst die Gastfreundschaft nicht; denn durch sie haben einige, ohne es zu ahnen, Engel beherbergt.
> *Hebräer 13,2*

Wenn wir uns in der grimmschen Sammlung der Kinder- und Hausmärchen bis zur Nummer 87 durchgelesen haben und da auf den Titel *Der Arme und der Reiche* stoßen, meinen wir zu wissen, was kommt, nämlich dass der Reiche am Ende maßlos enttäuscht wird, während der Arme schließlich sein Glück findet. Bibelkundige erinnern sich an ähnliche Episoden, etwa an jene, in der der Hofprophet Natan dem König David erzählt, dass ein reicher Geizhals, der gerade Besuch erhält, das einzige Lämmlein seines armen Nachbarn schlachten lässt, weil es ihn reut, eines seiner eigenen Schafe zu opfern, um den Gast zu verköstigen (2 Samuel 11,27 und 12,1–14). Bekannter noch ist vermutlich die von Jesus erzählte Beispielgeschichte von einem reichen Prasser, der wegen seiner Lebensführung in der Hölle schmoren wird, während der elendiglich vor seiner Tür hungernde Lazarus sich dereinst in Abrahams Schoß von allem erlittenen Harm erholen darf (Lukas 16,19–31).

So platt moralisierend allerdings ist unser Märchen nicht. Das zeigt schon die Tatsache, dass mehrere der darin enthaltenen Motive in der Weltliteratur auf sehr unterschiedliche Weise thematisiert wurden.

**Was Geiz und Gier bewirken**

Es trifft dies zu schon für die Einleitung, die allenfalls für jene überraschend ist, die sich in der antiken Mythologie nicht auskennen.

> Vor alten Zeiten, als der liebe Gott noch selber auf Erden unter den Menschen wandelte, trug es sich zu, dass er eines Abends müde war und ihn die Nacht überfiel, bevor er zu einer Herberge kommen konnte.

Die Vorstellung von unerkannt auf Erden wandelnden und die Menschheit heimsuchenden Göttern ist uralt; schon in Homers *Odyssee* ist sie greifbar:

> Denn oft tragen die Götter entfernter Fremdlinge Bildung [Aussehen].
> Unter jeder Gestalt durchwandeln sie Länder und Städte,
> dass sie den Frevel der Menschen und ihre Frömmigkeit schauen.[1]

Dieses Motiv greift die Sage von *Philemon und Baucis* auf, die der römische Dichter Ovid (43 vor – 17 nach Chr.) in seinen *Metamorphosen* (Verwandlungen) überliefert. In Menschengestalt sehen sich der Göttervater Zeus und sein Sohn Hermes in einer phrygischen Stadt um. Vergeblich bitten sie die wohlhabenden Bewohner um Gastfreundschaft. Allein Philemon und seine Frau Baucis, ein altes Ehepaar, das am Stadtrand in einer ärmlichen Hütte lebt, gewähren ihnen Essen und Unterkunft. Daran, dass sich der Weinkrug immer wieder von allein füllt, erkennen sie, dass es sich bei ihren Gästen um Götter handelt. Diese fordern sie auf, ihnen zu folgen, um der über die ungastliche Stadt verhängten Strafe zu entgehen. Von einer Anhöhe aus sehen Philemon und Baucis erschüttert, wie die Häuser im Sumpf versinken. Geblieben ist

---

1   Homer, Odyssee 17,485–487 (in der Übersetzung von Johann Heinrich Voss).

allein ihre Hütte, die sich in einen prächtigen Tempel verwandelt. Von Zeus aufgefordert, ihre Wünsche zu nennen, bitten sie darum, das Heiligtum als Priester hüten zu dürfen für den Rest ihres Lebens, und zur selben Stunde zu sterben, sodass keiner von ihnen des anderen Grab schauen wird. Und so geschieht es. Sie dienen im Tempel, bis sie, gebeugt vom Alter, auf den Tempelstufen miteinander redend, in eine Eiche beziehungsweise in eine Linde verwandelt werden.

Ein Hinweis auf den Glauben, dass die Himmlischen sich gelegentlich inkognito unter die Erdenbewohner mischen, findet sich auch in der Apostelgeschichte. Als die Jesusjünger Barnabas und Paulus in dem in der heutigen Türkei gelegenen Lystra einen Lahmen heilen, meinen die Anwesenden, in ihnen Zeus und Hermes zu erkennen. Was darauf schließen lässt, dass der Verfasser der Apostelgeschichte die Philemon-und-Baucis-Sage kannte.[2]

Eingeflossen in das grimmsche Märchen ist auch das weltweit vor allem in der moralisierenden oder erbaulichen Literatur verbreitete Klischee vom bösen Reichen und vom guten Armen. Dieses Motiv wird hier weiterentfaltet, und zwar auf differenzierte Weise.

> Nun standen auf dem Weg vor ihm zwei Häuser einander gegenüber, das eine groß und schön, das andere klein und ärmlich anzusehen, und gehörte das große einem reichen, das kleine einem armen Mann. Da dachte unser Herrgott: Dem Reichen werde ich nicht beschwerlich fallen; bei ihm will ich übernachten. Der Reiche, als er an seine Türe klopfen hörte, machte das Fenster auf und fragte den Fremdling, was er suche. Der Herr antwortete: »Ich bitte um ein Nachtlager.« Der Reiche guckte den Wandersmann von Haupt bis zu den Füßen an, und weil der liebe Gott schlichte Kleider trug und nicht aussah wie einer, der viel Geld in der Tasche hat, schüttelte er mit dem Kopf und sprach: »Ich kann euch nicht aufnehmen, meine Kammern liegen voll Kräuter und Samen, und sollte ich einen jeden

---

2   Alfons Weiser, Die Apostelgeschichte. Kapitel 13–28 (Ökumenischer Kommentar zum Neuen Testament 5/2), Gütersloh 1981, 350.

beherbergen, der an meine Tür klopft, so könnte ich selber den Bettelstab in die Hand nehmen. Sucht euch anderswo ein Auskommen.« Schlug damit sein Fenster zu und ließ den lieben Gott stehen.

Stellen wir uns einmal vor, dass der Papst, wenn er im Wagen vom Vatikan nach Castel Gandolfo gefahren wird, plötzlich vor einem beliebigen Haus anhalten ließe, um den Bewohnern einen Überraschungsbesuch abzustatten. Die würden sich nicht nur geehrt fühlen, sondern vielleicht gar eine Gedenktafel anbringen lassen zur Erinnerung an dieses außergewöhnliche Ereignis. Noch Generationen später würden die Nachkommen davon erzählen.

Im Märchen vom Armen und vom Reichen ist es nicht der Papst, sondern der liebe Gott persönlich, den es, müde von seiner Wanderschaft, nach einem Nachtlager und wohl auch nach einem Imbiss verlangt. Sensibel wie er ist, klopft er zunächst an die Tür des ansehnlichen Hauses; einem Begüterten wird er nicht zur Last fallen. Nicht ahnend, welche Ehre ihm zuteilwird, weist dieser den ungebetenen Gast ab, zumal er nicht aussieht wie jene, bei denen er seine Käufe tätigt. Wäre der Ankömmling hoch zu Ross und womöglich mit zwei Dienern erschienen, hätte er ihn bestimmt nicht weggewiesen. Ist es doch immer nützlich, mit solchen Leuten ins Gespräch und ins Geschäft zu kommen.

Allein die Tatsache, dass der Reiche das Fenster *zuschlägt*, erweist ihn als herzlosen Menschen, der nicht das mindeste Gespür empfindet für fremde Not. Wie ein Hohn klingt seine Bemerkung, dass er selbst, wollte er jemandem helfen, in Bedrängnis geraten könnte. Denn der Mann gehört nicht zu denen, die alles haben, was sie brauchen; er hat viel mehr, als er je benötigen wird. Entlarvend ist die Ausrede, derer er sich bedient: Wenn er jeden aufnähme, käme er bald an den Bettelstab; außerdem habe er keinen Platz, denn seine Kammern lägen voll von Kräutern und Samen.

Diese Bemerkung ist bildlich zu verstehen. Nicht im Haus fehlt es an Raum, den man doch schaffen könnte für einen Strohsack oder für eine Matratze. In Wahrheit zielt das ganze Sinnen und Trachten dieses Mannes auf das Horten von Geld, auf die Vermehrung von Besitz, auf die Anhäufung von Reichtum, sodass *in seinem Denken* kein Platz mehr ist für anderes. Die Haltung, die zu diesem Zustand führt, bezeichnen wir als Habsucht.

Habsucht hat zwei Gesichter, nämlich Gier und Geiz. Beide weisen Ähnlichkeiten auf, unterscheiden sich aber auch voneinander.[3]

Beide gelten als Laster. Aber handelt es sich immer und in jedem Fall, wenn wir von Gier reden oder von Geiz, um ein Laster? Wäre es, die Umstände jeweils personenbezogen betrachtend, in manchen Fällen nicht angebracht, eher von menschlichen Schwächen als von Lastern zu reden?

Unzählige haben während des Zweiten Weltkriegs von einem Tag auf den anderen alles verloren. Manchen widerfuhr Ähnliches im Zusammenhang mit Naturkatastrophen, Krankheiten oder unvorhersehbaren wirtschaftlichen Entwicklungen. Solche Erfahrungen hinterlassen Spuren. Die Not während des Krieges, der Hunger, das Elend, der Mangel am Allernötigsten ... können sich Menschen dermaßen einprägen, dass sie in der ständigen (unbewussten) Angst leben, dergleichen könne sich wiederholen. Und die dann auf eine Weise Vorsorge treffen, die wir als Geiz bezeichnen.

Andere wiederum haben während ihrer Kindheits- und Jugendjahre, vielleicht auch erst im Erwachsenenalter, über Dezennien hin vergeblich nach Liebe gelechzt, ohne zu ihrem Leidwesen jemals Anerkennung zu erfahren. Und kompensierten das erfolglos Ersehnte mit einem Kaufrausch oder mit dem Anhäufen von materiellen Gütern.

Die Beispiele zeigen, dass, wer immer beansprucht, in solchen Dingen zu richten, sich mit der Frage konfrontiert sieht: Handelt es sich um ein Laster oder um krankhaftes Verhalten?

Geiz und Gier. Geiz tendiert dazu, möglichst viel anzusammeln an materiellen Werten. Geiz ist Habsucht. In der Gier hin-

---

3 Zum Folgenden Eugen Drewermann, Ein Mensch braucht mehr als nur Moral. Über Tugenden und Laster, Düsseldorf/Zürich 2001, 163–191.

gegen manifestiert sich die Angst, nie genug angesammelt zu haben oder nie genug anhäufen zu können. Ausschlaggebend ist dabei nicht nur das Haben, sondern darüber hinaus der Zwang, den Besitz vermehren zu müssen. Beide Male ist eine Abhängigkeit im Spiel, gehe es nun ums Horten oder ums Raffen. Wobei die Unterschiede beträchtlich, oft aber nicht auf den ersten Blick ersichtlich sind.

Wer Geiz sagt, denkt ans Horten. Aber horten nicht auch die Sparsamen? Wo verläuft die Grenze zwischen Geiz und Sparsamkeit? Ist Sparsamkeit vielleicht eine abgemilderte Form von Geiz, die in eine gutbürgerliche Tugend uminterpretiert wurde? Das Gegenteil von Sparsamkeit ist Verschwendungssucht. Wenn früher ein Kind anlässlich seines Geburtstags von der Taufpatin einen kleinen Geldbetrag erhielt, war der zumeist fürs Sparschwein bestimmt. Der oder die so Beschenkte hätte sich dafür vermutlich lieber Süßigkeiten oder Spielsachen gekauft. Das kam aber nicht infrage! Es musste gespart werden! Könnte Geiz nicht auch eine Folge dieser Art von »Geschenken« sein, die in Wirklichkeit gar keine waren?

Sparsame denken an die Zukunft; sie versuchen, unvorhergesehenen, mit materiellen Einschränkungen verbundenen Ereignissen mittels finanzieller Reserven zu begegnen. Das ist beileibe nicht unklug. Rücklagen dienen dazu, das Schicksal auszutricksen, sollte es sich einmal gar zu mutwillig gebärden. Das hindert die Sparsamen aber nicht daran, sich ab und an etwas zu gönnen, das Gleichgewicht wahrend zwischen Verantwortung und Lebensfreude.

Ganz anders die Geizhälse: Sie meinen sich gegen jede Art von Unvorhergesehenheiten wappnen zu müssen und deshalb nie genug anhäufen zu können. Sie leisten sich nichts; ihr einziges »Vergnügen« besteht im Vermehren von Besitztümern. Wünsche sind ihnen ein Frevel; ihr ganzes Trachten richtet sich auf tote Dinge.

Während Geizige ihre Güter zumeist im Stillen horten, neigen Habsüchtige dazu, mit ihrem Besitz zu prahlen. Aufgrund dessen, was sie haben, bilden sie sich ein, etwas zu sein.

Habsüchtige haben gewissermaßen ein Loch im eigenen Ich, das immer neu von außen gestopft werden muss. Sie besitzen in der Regel kein, allenfalls nur ein sehr defizitäres Selbstwertgefühl. Sie können sich einfach nicht vorstellen, dass jemand sie mag, wie sie sind. Also flüchten sie sich in eine Scheinexistenz; sie meinen, Anerkennung zu erlangen mittels Designermode, mittels kostspieliger Wagen, mittels gekaufter akademischer Titel (Interessierte können sich bei Google schlaumachen). Eine Frau, die aus welchen Gründen auch immer Minderwertigkeitsgefühle empfindet, wird diese vielleicht durch ihre ausgesuchte Garderobe, durch kostbaren Schmuck oder durch den Besuch exklusiver Zirkel kompensieren. Ein Mann, dem es an Selbstvertrauen mangelt, neigt möglicherweise dazu, sein Ansehen mittels einer prunkvollen Villa, eines mit Raritäten gefüllten Weinkellers oder eines Luxusautos zu steigern.

Das alles zeigt: Was moralisch verwerflich erscheint, stellt häufig ein subjektives und damit ein psychisches Problem dar. Die Sache fällt dann nicht in den Zuständigkeitsbereich des Beichtvaters, sondern in jenen der Psychologin oder des Psychotherapeuten. Oft ist es biografisch Bedingtes, das zu Haltungen führt, die wir, »objektiv« betrachtet, als Geiz oder als Habsucht bezeichnen.

Habsucht und Geiz beziehen sich stets aufs Materielle. Da umklammert ein Mensch mit beiden Armen Gegenstände und Dinge, und dies oft nur deshalb, weil ihm eine Person fehlt, die er umarmen möchte.

Das latente Gefühl der Nichtigkeit kann durch Raffen und Horten und Sich-in-Szene-Setzen für eine Weile verdrängt, langfristig aber nicht ausgemerzt werden. Die Selbstdarstellung muss durchgehalten und angesichts der Konkurrenz wenn immer möglich gesteigert werden. Im Hintergrund lauert insgeheim die Angst, irgendwann nicht mehr mithalten zu können, das Gesicht zu verlieren und des mühsam Erworbenen verlustig zu gehen. Kurzum, Besitz und Ansehen machen uns oft sehr wohl zu *anderen*, aber in keiner Weise zu *besseren* Menschen. Das meint Jesus, wenn er von den Motten und Würmern spricht, die nicht nur unsere Habe, sondern auch unsere Seele zerfressen (vgl. Matthäus

6,20). Furchtbar ist es für einen Menschen, wenn er am Ende seiner Tage auf seinen gehorteten Schätzen sitzt und erkennt, dass sie nichts anderes sind als der Trümmerhaufen seines Lebens.

Der Reiche, heißt es, ließ den lieben Gott stehen. An dieser Stelle fährt das Märchen mit einem bedeutungsvollen Bild fort.

> Also *kehrte ihm der liebe Gott den Rücken* und ging hinüber zu dem kleinen Haus. Kaum hatte er angeklopft, so klinkte der Arme schon sein Türchen auf und bat den Wandersmann einzutreten. »Bleibt die Nacht über bei mir«, sagte er, »es ist schon finster, und heute könnt Ihr doch nicht weiterkommen.« Das gefiel dem lieben Gott, und er trat zu ihm ein. Die Frau des Armen reichte ihm die Hand, hieß ihn willkommen und sagte, er möchte sichs bequem machen und vorlieb nehmen, sie hätten nicht viel, aber was es wäre, gäben sie von Herzen gern. Dann setzte sie Kartoffeln ans Feuer, und derweil sie kochten, melkte sie ihre Ziege, damit sie ein wenig Milch dazu hätten. Und als der Tisch gedeckt war, setzte sich der liebe Gott nieder und aß mit ihnen, und schmeckte ihm die schlechte Kost gut, denn es waren vergnügte Gesichter dabei. Nachdem sie gegessen hatten und Schlafenszeit war, rief die Frau heimlich ihren Mann und sprach: »Hör, lieber Mann, wir wollen uns heute Nacht eine Streu machen, damit der arme Wanderer sich in unser Bett legen und ausruhen kann; er ist den ganzen Tag über gegangen, da wird einer müde.« »Von Herzen gern«, antwortete er, »ich wills ihm anbieten«, ging zu dem lieben Gott und bat ihn, wenns ihm recht wäre, möchte er sich in ihr Bett legen und seine Glieder ordentlich ausruhen. Der liebe Gott wollte den beiden Alten ihr Lager nicht nehmen, aber sie ließen nicht ab, bis er es endlich tat und sich in ihr Bett legte. Sich selbst aber machten sie eine Streu auf die Erde.

Nicht ahnend, wer bei ihnen angeklopft hat, gewähren der Arme und seine Frau dem Fremden Einlass. Noch bevor dieser überhaupt seine Bitte vorbringen kann, bieten sie ihm an, bei ihnen zu nächtigen. Vorerst aber laden sie ihn ein, ihr karges Mahl mit ihnen zu teilen. Ein paar Kartoffeln und ein paar Schlucke Ziegenmilch – mehr kommt nicht auf den Tisch. Aber hier spürt man, dass, wenn etwas von Herzen kommt, die Gebenden mit der Gabe immer einen Teil von sich selbst geben. Dabei loten die beiden Armen ihre Fähigkeit zur Empathie bis zur äußersten Grenze aus, indem sie den Gast nötigen, in ihrem Bett zu schlafen, während sie am Boden auf einem Strohsack nächtigen.

»Wo dein Schatz ist, ist auch dein Herz« (Matthäus 6,21). Immer wieder wird diese Sentenz aus der Bergpredigt den Besitzenden wie ein nasser Waschlappen um die Ohren geschlagen. Den italienischen Schriftsteller und Humanisten Sicco Polenton (1375–1447) hat sie zu einer Antoniuslegende inspiriert, die ziemlich makaber anmutet.

In einer Stadt der Toskana verstarb einst ein reicher Bürger. Seine Beisetzung sollte unter großem Pomp erfolgen. Da gebot Antonius von Padua, der zufällig vor Ort war, die Bestattungsfeierlichkeiten zu unterbrechen. Denn, so der Heilige, die Seele des Verstorbenen sei in die Hölle verbannt. Wenn die Anwesenden einen Beweis für diese Behauptung suchten, sollten sie die Leiche öffnen, und sie würden kein Herz finden. Die Bestürzung der Trauernden war groß. Größer noch wurde sie, als sich bewahrheitete, was Antonius angekündigt hatte. Am größten aber war das Entsetzen, als man das Herz des Toten in seiner Schatztruhe entdeckte.

Man meint die Moralkeule, die hinter dieser Geschichte hervorlugt, nicht nur zu sehen, sondern schon fast zu spüren. Dass Menschen nach Geld und Besitz streben und Vorräte anlegen, um gegen die Wechselfälle des Lebens gewappnet zu sein, ist nachvollziehbar. Die Perversion (das heißt die Verkehrung ins Krankhafte) beginnt da, wo sie vor ihren Besitztümern niederknien, sie also buchstäblich anbeten.

Wo dein Schatz ist, da ist auch dein Herz. Das gilt nicht nur für die Reichen, sondern auch für die Bedürftigen – also auch für die beiden Leute, die den lieben Gott beherbergen. Nur das Nötigste besitzend, kennen sie die Not und haben ein Herz für die Notleidenden.

Das erinnert an den heiligen Laurentius von Rom († 258). Von diesem Diakon berichtet die Legende, dass er für die Verwaltung des römischen Kirchenvermögens und dessen Verwendung zu sozialen Zwecken zuständig war. Nachdem der Kaiser ihn aufgefordert hatte, den Kirchenschatz herauszurücken, versammelte er eine Schar von Armen und Kranken, Verkrüppelten, Blinden, Leprösen, Witwen und Waisen und präsentierte sie dem Kaiser als »wahren Schatz der Kirche«. Worauf dieser ihn foltern und anschließend hinrichten ließ.

Wo dein Schatz ist, da ist auch dein Herz. Dass ihr Herz für jene schlägt, die ebenso wenig oder noch weniger ihr Eigen nennen als sie, tun die beiden Armen kund, die in einer alten Hütte hausen.

> Am andern Morgen standen der Arme und seine Frau vor Tag schon auf und kochten dem Gast ein Frühstück, so gut sie es hatten. Als nun die Sonne durchs Fensterlein schien und der liebe Gott aufgestanden war, aß er wieder mit ihnen und wollte dann seines Weges ziehen. Als er in der Tür stand, kehrte er sich um und sprach: »Weil ihr so mitleidig und fromm seid, so wünscht euch dreierlei, das will ich euch erfüllen.« Da sagte der Arme: »Was soll ich mir sonst wünschen als die ewige Seligkeit, und dass wir zwei, solang wir leben, gesund dabei bleiben und unser notdürftiges tägliches Brot haben; fürs Dritte weiß ich mir nichts zu wünschen.« Der liebe Gott sprach: »Willst du dir nicht ein neues Haus für das alte wünschen?« »O ja«, sagte der Mann, »wenn ich das auch noch erhalten kann, so wär mirs wohl lieb.« Da erfüllte der Herr ihre Wünsche, verwandelte ihr altes Haus in ein neues, gab ihnen nochmals seinen Segen und zog weiter.

Der Hinweis, dass am folgenden Morgen die Sonne beim Frühstück durchs Fensterlein scheint, verweist auf die Herzlichkeit, mit der der Fremde aufgenommen wurde. Vom Reichen hieß es, dass der liebe Gott ihm nach der erhaltenen Abfuhr *den Rücken kehrte*. Jetzt aber, nachdem er sich von den beiden Armen bereits verabschiedet hat, *kehrt er sich diesen erneut zu*. Drei Dinge sollen sie sich wünschen. Was läge da näher, als *zuerst* den Wunsch nach mehr Geld und Besitz zu äußern, um eine bescheidene Rücklage fürs Alter zu haben. Der Arme aber denkt zuallererst an das, worauf es seiner Ansicht nach am Lebensende ankommt, nämlich an »die ewige Seligkeit«. Damit bekundet er seinen Glauben an den, der vor ihm steht, ohne ihn zu erkennen. Auch Menschen, die kein Gespür für religiöse Empfindungen entwickeln, werden aus diesen Worten das Verlangen nach einem gelungenen und geglückten Leben heraushören.

Der zweite Wunsch, den die meisten wohl an erster Stelle geäußert hätten, betrifft die Gesundheit, die nun einmal vonnöten ist, um sich ein Auskommen und Nahrung zu beschaffen. Genau besehen beinhaltet dieser Wunsch nicht, dass Neues den beiden geschenkt werden möge, sondern dass das Alte weiterhin Bestand habe und sich nicht verschlechtere.

Dass die beiden von einer geradezu rührenden Genügsamkeit und Anspruchslosigkeit sind, kommt darin zum Ausdruck, dass sie gar nicht wissen, was sie sich darüber hinaus noch wünschen könnten. Nicht von ihnen, sondern vom Gast stammt der Hinweis, dass sie sich in einem ansehnlicheren Haus wohler fühlen würden. Dieser Wunsch deutet darauf hin, dass das alte Haus nicht durch den Segen des lieben Gottes erneuert wird. Vielmehr ist es neu geworden, weil die Bewohner aus Solidarität und Humanität handeln. Denn wo und wann immer das Gesetz der Menschlichkeit zum Tragen kommt, zeigt sich Gottes Segen. Dann scheint die Sonne auch noch ins Stübchen, wenn draußen Dunkelheit herrscht.

Dabei merken die Beteiligten meist gar nicht, dass sie Jesus und in ihm Gott begegnet sind. Wichtig ist einzig und allein ihre Haltung und nicht, ob sie sich dabei an jene Rede des Menschensohnes erinnern, nach der Heil oder Unheil davon abhängen, wie sie zu den anderen stehen: »Amen, ich sage euch: Was ihr für einen meiner geringsten Brüder getan habt, das habt ihr mir getan. [...] Was ihr für einen dieser Geringsten nicht getan habt, das habt ihr auch mir nicht getan« (Matthäus 25,40.45).

Wer entsprechend dieser Erkenntnis handelt, lebt in einem »neuen Haus«. Weil Empathie und Solidarität ihren Lohn in sich selbst haben.

**Wie Menschen sich ins Unglück stürzen**

Dem Reichen liegt diese Erkenntnis fern. Wie der weitere Verlauf der Geschichte zeigt, liegt sie außerhalb seines Fassungsvermögens.

> Es war schon voller Tag, als der Reiche aufstand. Er legte sich ins Fenster und sah gegenüber ein neues reinliches Haus mit roten Ziegeln, wo sonst eine alte Hütte gestanden hatte. Da machte er große Augen, rief seine Frau herbei und sprach: »Sag mir, was ist geschehen? Gestern Abend stand noch die alte elende Hütte, und heute steht da ein schönes neues Haus. Lauf hinüber und höre, wie das gekommen ist.« Die Frau ging und fragte den Armen aus. Er erzählte ihr: »Gestern Abend kam ein Wanderer, der suchte Nachtherberge, und heute Morgen beim Abschied hat er uns drei Wünsche gewährt, die ewige Seligkeit, Gesundheit in diesem Leben und das notdürftige tägliche Brot dazu, und zuletzt noch statt unserer alten Hütte ein schönes neues Haus.« Die Frau des Reichen lief eilig zurück und erzählte ihrem Manne, wie alles gekommen war. Der Mann sprach: »Ich möchte mich zerreißen und zerschlagen; hätte ich das nur gewusst! Der Fremde ist zuvor hier gewesen und hat bei uns übernachten wollen, ich habe ihn aber abgewiesen.« »Eil dich«, sprach die Frau, »und setz dich auf dein Pferd, so kannst du den Mann noch einholen, und dann musst du dir auch drei Wünsche gewähren lassen.«
>
> Der Reiche befolgte den guten Rat, jagte mit seinem Pferd davon und holte den lieben Gott noch ein. Er redete fein und lieblich und bat, er möchts nicht übel nehmen, dass er nicht gleich wäre eingelassen worden, er hätte den Schlüssel zur Haustür gesucht, derweil wäre er weggegangen. Wenn er des Weges zurückkäme, müsste er bei ihm einkehren. »Ja«, sprach der liebe Gott, »wenn ich einmal zurückkomme, will ich es tun.« Da fragte der Reiche, ob er nicht auch drei Wünsche tun dürfte wie sein Nachbar. Ja, sagte der liebe Gott, das dürfte er wohl, es wäre aber nicht gut für ihn, und er sollte sich lieber nichts wünschen. Der Reiche meinte, er wollte sich schon etwas aussuchen, das zu seinem Glück gereiche, wenn er nur wüsste,

dass es erfüllt würde. Sprach der liebe Gott: »Reit heim, und drei Wünsche, die du tust, die sollen in Erfüllung gehen.«

»Ich möchte mich zerreißen und zerschlagen; hätte ich das nur gewusst! Der Fremde ist zuvor hier gewesen und hat bei uns übernachten wollen, ich habe ihn aber abgewiesen.« Mit anderen Worten, die Felle sind mir davongeschwommen; ich Dummkopf habe es verpasst, ein gutes Geschäft zu machen.

Das sagt einer, der alles hat, um sein Leben angenehm zu gestalten. Aber das genügt ihm nicht, solange er seine ganze Energie darauf verwendet, seinen Besitz nicht nur zu wahren, sondern ihn wenn immer möglich zu mehren. Getrieben von seiner Habsucht und bar jeglichen Schamgefühls jagt er dem lieben Gott hinterher, um doch noch zu bekommen, was er verpasst hat. Eigentlich würden wir erwarten, dass der liebe Gott ob dieses Ansinnens brüskiert ist. Und dass er dem Bittsteller (der sich erst noch mit einer Lüge zu rechtfertigen sucht) die kalte Schulter zeigt. Oder ihn zumindest tadelt wegen seines ungastlichen Verhaltens.

Sonderbarerweise zeigt sich der liebe Gott über das Begehren des Reichen nicht einmal erstaunt; vielmehr erweist er sich als nachsichtig und gewährt auch ihm drei Wünsche.

> Nun hatte der Reiche, was er verlangte, ritt heimwärts und fing an nachzusinnen, was er sich wünschen sollte. Wie er sich so bedachte und die Zügel fallen ließ, fing das Pferd an zu springen, sodass er immerfort in seinen Gedanken gestört wurde und sie gar nicht zusammenbringen konnte. Er klopfte ihm an den Hals und sagte: »Sei ruhig, Liese«, aber das Pferd machte aufs Neue Männerchen. Da ward er zuletzt ärgerlich und rief ganz ungeduldig: »So wollt ich, dass du den Hals zerbrächst!« Wie er das Wort ausgesprochen hatte, plump, fiel er auf die Erde, und lag das Pferd tot und regte sich nicht mehr; damit war der erste Wunsch erfüllt. Weil er aber von Natur geizig war, wollte er das Sattelzeug nicht im Stich lassen, schnitts ab, hings auf seinen Rücken und musste nun zu Fuß gehen. Du hast noch zwei Wünsche übrig, dachte er und tröstete sich damit. Wie er nun langsam durch den Sand dahinging und zu Mittag die Sonne heiß

brannte, wards ihm so warm und verdrießlich zumute, der Sattel drückte ihn auf den Rücken, auch war ihm noch immer nicht eingefallen, was er sich wünschen sollte. Wenn ich mir auch alle Reiche und Schätze der Welt wünsche, sprach er zu sich selbst, so fällt mir hernach noch allerlei ein, dieses und jenes, das weiß ich im Voraus, ich wills aber so einrichten, dass mir gar nichts mehr übrig zu wünschen bleibt. Dann seufzte er und sprach: »Ja, wenn ich der bayerische Bauer wäre, der auch drei Wünsche frei hatte, der wusste sich zu helfen, der wünschte sich zuerst recht viel Bier, und zweitens so viel Bier, als er trinken könnte, und drittens noch ein Fass Bier dazu.« Manchmal meinte er, jetzt hätte er es gefunden, aber hernach schiens ihm doch noch zu wenig. Da kam ihm so in die Gedanken, was es seine Frau jetzt gut hätte, die säße daheim in einer kühlen Stube und ließe sichs wohl schmecken. Das ärgerte ihn ordentlich, und ohne dass ers wusste, sprach er so: »Ich wollte, die säße daheim auf dem Sattel und könnte nicht herunter, statt dass ich ihn da auf meinem Rücken schleppe.« Und wie das letzte Wort aus seinem Mund kam, so war der Sattel von seinem Rücken verschwunden, und er merkte, dass sein zweiter Wunsch auch in Erfüllung gegangen war. Da ward ihm erst recht heiß, er fing an zu laufen und wollte sich daheim ganz einsam in seine Kammer hinsetzen und auf etwas Großes für den letzten Wunsch sinnen. Wie er aber ankommt und die Stubentür aufmacht, sitzt da seine Frau mittendrin auf dem Sattel und kann nicht herunter, jammert und schreit. Da sprach er: »Gib dich zufrieden, ich will dir alle Reichtümer der Welt herbeiwünschen, nur bleib da sitzen.« Sie schalt ihn aber einen Schafskopf und sprach: »Was helfen mir alle Reichtümer der Welt, wenn ich auf dem Sattel sitze; du hast mich daraufgewünscht, du musst mir auch wieder herunterhelfen.« Er mochte wollen oder nicht, er musste den dritten Wunsch tun, dass sie vom Sattel ledig wäre und heruntersteigen könnte; und der Wunsch ward alsbald erfüllt. Also hatte er nichts davon als Ärger, Mühe, Scheltworte und ein verlornes Pferd. Die Armen aber lebten vergnügt, still und fromm bis an ihr seliges Ende.

Wie der Reiche das neue Haus seines mittellosen Nachbarn erblickt, befiehlt er seiner Frau, sich zu erkundigen, was es damit auf sich hat. Worauf diese, kaum dass sie über das Vorgefallene Bescheid weiß, ihm rät, sich aufs Pferd zu werfen, dem Wanderer nachzureiten und ihm seinerseits drei Wünsche abzubitten.

Vorauszusehen war, dass das Märchen für den Reichen nicht gut ausgehen und sein Wunsch nach Wünschen ihm nichts als Ärger einbringen würde. Manche werden ihre Schadenfreude über den Reinfall des Reichen nicht verhehlen können. Andere sind wohl versucht, von einer Strafe Gottes zu sprechen. Was schon deshalb verfehlt ist, weil der liebe Gott dem Mann ausdrücklich bedeutet, dass er sich »lieber nichts wünschen« solle.

So verständlich solche Reaktionen sind, sie werden der Aussageabsicht des Märchens nicht gerecht. Statt Schadenfreude ist eher Bedauern angezeigt, während die Rede von einer angeblichen »Strafe Gottes« schon deshalb nicht angebracht ist, weil der Reiche sein Fiasko selbst herbeiführt.

Abgesehen einmal davon, dass das Märchen vom Armen und vom Reichen auf einen platten Bauernschwank hinausläuft, liegt ihm doch eine Lebensweisheit zugrunde, die zu überdenken sich lohnt. Gezeigt wird, wie Menschen sich ins Unglück stürzen, weil sie sich zu Sklaven von Dingen machen, die, verständig gehandhabt, ihr Dasein bereichern würden.

### »Jene Gerechte, ohne die kein Dorf leben kann«

Das Märchen vom Armen und vom Reichen verfolgt zweifellos eine moralisierende Absicht. Was aber nicht dagegen spricht, dass Menschen so handeln wie der Arme und seine Frau und deswegen wenn nicht glücklich, so doch zufrieden sind, zeigt Alexander Solschenizyn in seiner autobiografischen Erzählung *Matrjonas Hof*.[4] Nachdem der spätere russische Nobelpreisträger 1953 aus einem Arbeits- und Sträflingslager in der Wüste Kasachstans entlassen

---

4 Alexander Solschenizyn, Matrjonas Hof, in: ders., Zwischenfall auf dem Bahnhof Kretschetowka. Erzählungen, München/Berlin 1971, 89–141.

wurde, fand er in einer abgelegenen Gegend eine Anstellung als Lehrer. Wie der Verfasser hat auch der vor ihm in seiner Erzählung vorgeschobene Berichterstatter nur einen Wunsch, nämlich sich irgendwo zu verkriechen, um ein Auskommen zu finden. In dem kleinen Dorf Torfoprodukt mietet er sich in einem heruntergekommenen, von Mäusen und Kakerlaken heimgesuchten Haus bei der 60-jährigen Matrjona ein.

> Außer Matrjona und mir lebten in der Stube noch eine halblahme Katze, Mäuse und Schaben. Die Katze war nicht mehr jung, aber das Wesentliche – sie war verkrüppelt. Sie war aus Mitleid von Matrjona aufgelesen worden und hatte sich eingewöhnt.

Trotz der widrigen Umstände und der ärmlichen Mahlzeiten, die Matrjona ihm täglich zubereitet (Pellkartoffeln, Pappsuppe, Gerstenbrei – »selbst um Gerstengrütze musste man kämpfen ...«), denkt der Lehrer nicht daran, sich eine komfortablere Unterkunft zu suchen. Denn er ist fasziniert von Matrjonas Schlichtheit, ihrer aufrichtigen Güte und Herzlichkeit, die auch in ihrer tapsigen Ausdrucksweise durchscheint. Kurzum, Matrjona ist ein einfach denkendes, gutherziges und sanftmütiges Menschenwesen, das niemandem einen Wunsch ausschlagen kann, selbst dann nicht, wenn sie weiß, dass sie ausgenützt wird. Wohl ist sie klug genug um zu bemerken, dass man sie im Dorf wegen ihrer Hilfsbereitschaft für dumm hält. Aber die Leute sind auch so nachsichtig, sich das nicht allzu sehr anmerken zu lassen. Im Lauf der Wochen erfährt der Erzähler mehr über ihr Schicksal. Ihre sechs Kinder sind, eines nach dem anderen, früh gestorben; zwei kamen gar tot zur Welt. Und dann hat ihr Mann sich mit einer anderen Frau davongemacht.

> Man konnte nicht behaupten, dass Matrjona tiefgläubig war. Viel eher war sie eine Heidin. Der Aberglaube beherrschte sie. [...] Solange ich auch bei ihr lebte – nie habe ich sie beten sehen, nicht ein einziges Mal hat sie sich bekreuzigt. Aber jede Arbeit begann sie »mit Gott!«, versäumte es auch nie zu mir »mit Gott!« zu sagen, wenn ich zur Schule

ging. Mag sein, sie betet auch, aber wenn, dann heimlich, weil sie sich vor mir genierte oder weil sie mich zu belästigen fürchtete. Es hingen in der Stube auch Heiligenbilder. Werktags hingen sie im Dunkeln, aber zur Zeit der Abendmesse und am Morgen der Feiertage entzündete Matrjona das Öllämpchen. Sünden beging sie weniger als ihre hinkende Katze. Die – beutelte Mäuse ...

Irgendwann überredet ihr Schwager sie, ihm die Hälfte ihres windschiefen Holzhauses zu überlassen; er will es an anderer Stelle für eine seiner Töchter wiederaufbauen. Matrjona willigt ein. Beim Abtransport der Bauteile bleibt einer der Wagen auf einem unbeschrankten Bahnübergang stecken und wird von einer Lokomotive gerammt. Matrjona, die sich, wer weiß weshalb, den Fuhrleuten angeschlossen hat, wird zusammen mit dem Sohn des Schwagers zermalmt.

Mit Matrjona zeichnet Solschenizyn eine zutiefst menschliche, schon fast mystische Gestalt. Umso erschütternder ist das Andenken, das ihr die Angehörigen bewahren, welche ihr ärmliches Haus plündern, noch ehe sie begraben ist.

> Alle ihre Äußerungen über Matrjona waren abfällig; schlampig sei sie gewesen; an Anschaffungen war ihr nichts gelegen; auch nicht umsichtig; [...] zudem dumm, hat fremden Leuten umsonst geholfen. [...] Und erst da, bei diesen missbilligenden Äußerungen erstand vor mir eine Gestalt Matrjonas, die ich nicht begriffen hatte, obgleich ich Seite an Seite mit ihr gelebt. [...]

> An Anschaffungen war ihr nichts gelegen ... Hatte nicht geschuftet, um sich Sachen zu kaufen und sie mehr zu schonen als ihr Leben.

> War nicht auf Kleider versessen. Auf Kleider, die selbst Krüppel und Bösewichte herausputzen.

> Unverstanden und sogar von ihrem Mann im Stich gelassen, sechs Kinder begrabend, ohne ihre Hilfsbereitschaft zu verlieren, den Schwestern, den Schwägerinnen fremd, lächerlich, dumm genug, für

andere umsonst zu arbeiten, hatte sie gegen Ende ihres Lebens keinen Besitz angehäuft. Besaß nur eine schmutzigweiße Ziege, eine lahme Katze, Gummibäume …

Alle haben wir neben ihr gelebt und nicht begriffen, dass sie jene Gerechte war, ohne die, wie das Sprichwort sagt, kein Dorf leben kann …

Und keine Stadt.

Und auch nicht unser Land.

Wäre irgendein armer Teufel bei Matrjona wegen eines Nachtlagers vorstellig geworden, hätte sie diesem bestimmt nicht die Tür gewiesen. Obwohl sie vermutlich das in Polen verbreitete Sprichwort *Gość w dom, Bóg w dom – ein Gast im Haus, Gott im Haus* nicht kannte.

# Der fröhliche Hans und der heilige Franz
## Hans im Glück

> Wer von euch kann mit all seiner Sorge sein Leben auch nur um eine kleine Spanne verlängern?
> *Matthäus 6,27*

Dass Menschen ihr ganzes Vermögen verprassen und in der Gosse landen, ist sicher nicht alltäglich. Aber es kommt vor. Darüber mögen wir den Kopf schütteln. Aber was ist von jenen zu halten, welche ihren Besitz um irgendwelcher kurzlebiger Vorteile willen verschleudern? Ist ein solches Verhalten ein Anzeichen von Leichtlebigkeit oder von Dummheit? Mit dieser Frage konfrontiert uns das Märchen von *Hans im Glück*.

> Hans hatte sieben Jahre bei seinem Herrn gedient, da sprach er zu ihm: »Herr, meine Zeit ist herum, nun wollte ich gerne wieder heim zu meiner Mutter, gebt mir meinen Lohn.« Der Herr antwortete: »Du hast mir treu und ehrlich gedient, wie der Dienst war, so soll der Lohn sein«, und gab ihm ein Stück Gold, das so groß als Hansens Kopf war. Hans zog ein Tüchlein aus der Tasche, wickelte den Klumpen hinein, setzte ihn auf die Schulter und machte sich auf den Weg nach Haus. Wie er so dahinging und immer ein Bein vor das andere setzte, kam ihm ein Reiter in die Augen, der frisch und fröhlich auf einem muntern Pferd vorbeitrabte. »Ach«, sprach Hans ganz laut, »was ist das Reiten ein schönes Ding! Da sitzt einer wie auf einem Stuhl, stößt sich an keinen Stein, spart die Schuh, und kommt fort, er weiß nicht wie.« Der Reiter, der das gehört hatte, hielt an und rief: »Ei, Hans, warum läufst du auch zu Fuß?« »Ich muss ja wohl«, antwortete er, »da habe ich einen Klumpen heimzutragen; es ist zwar Gold, aber ich kann den Kopf dabei nicht gerad halten, auch drückt mirs auf die Schulter.« »Weißt du was«, sagte der Reiter, »wir wollen tauschen: ich

gebe dir mein Pferd, und du gibst mir deinen Klumpen.« »Von Herzen gern«, sprach Hans, »aber ich sage Euch, Ihr müsst Euch damit schleppen.« Der Reiter stieg ab, nahm das Gold und half dem Hans hinauf, gab ihm die Zügel fest in die Hände und sprach: »Wenns nun recht geschwind soll gehen, so musst du mit der Zunge schnalzen und hopp hopp rufen.«

*Sieben Jahre* hat Hans gedient; die sind jetzt um. In seiner Komödie *Wie es euch gefällt* betrachtet Shakespeare die Welt als Bühne, auf der sich die Spieler tummeln. Sieben Rollen zählt er auf, in die der Mensch im Verlauf seines Lebens schlüpft und mehr oder weniger geschickt ausfüllt.

Der Philosoph Philo von Alexandrien (um 15/10 v. Chr. – nach 40 n. Chr.), der zur Zeit Jesu in Ägypten allerlei denkerischen Bemühungen nachging, hat das Menschenschicksal in zehn Jahrsiebte eingeteilt (wie übrigens auch der deutsche Psychiater und Individualpsychologe Friedrich Wilhelm Künkel; 1889–1956). Am Ende des zehnten Jahrsiebts, so Philo, »ist es am besten zu sterben, da in dem darüber hinausgehenden Alter der Mensch nur ein gebrechlicher und unnützer Greis ist«.[1] Darin ist sich der ägyptische Weise mit dem englischen Komödienschreiber einig, der das Abtreten von der Bühne für besser hält als eine Existenz »ohn' Augen, ohne Zahn, Geschmack und alles«. Da scheint es doch das Beste, seine Siebensachen mit dem siebten Himmel zu vertauschen.

Oder doch nicht?

### Ein Minus-Tauscher?

Hans hat sieben Jahre gedient; nicht seine Zeit ist um, sondern bloß die Zeit *bei seinem Meister*. Eine neue Lebensphase beginnt.

---

1 Zit. Otto Betz, Das Geheimnis der Zahlen, Stuttgart 1989, 90. Dort zahlreiche weitere Hinweise zur Bedeutung der Siebenzahl.

Damit verweist das Märchen ungewollt auf die Bedeutung der Sieben im Christentum. Dieses basiert auf der Überzeugung, dass mit Jesu Auferstehung eine neue Ära beginnt, eine Vorstellung, die schon in den Paulusbriefen greifbar ist: »Wenn jemand in Christus ist, dann ist er eine neue Schöpfung: Das Alte ist vergangen, siehe, Neues ist geworden« (2 Korinther 5,17). Paulus stellt einen Zusammenhang her zwischen der Erschaffung der Welt, die der biblischen Überlieferung zufolge am ersten Wochentag ihren Anfang nahm und am siebten vollendet wurde, und der »neuen Schöpfung«, die durch Jesu Auferweckung begründet und am achten Tag, der auf den siebten folgt, gefeiert wird.

Weil die Christen der Auferweckung Jesu am Sonntag als dem ersten Wochentag gedachten, setzte sich schon bald die Vorstellung durch, dass dieser erste Tag gleichzeitig auch der erste nach den sieben Schöpfungstagen sei – und damit der achte Tag, an dem die »Neuschöpfung« durch Christus beginnt. In diesem Sinn sollte auch das achteckige Taufbecken die Gläubigen daran erinnern, dass die Taufe eine »Neugeburt« darstellt.

Und die Altlasten? Tatsache ist, dass, wer zu neuen Ufern aufbricht, seine Vergangenheit nicht einfach hinter sich zurücklässt.

Bekanntlich hat jeder Mensch seine eigene, ganz persönliche Geschichte. Diese besteht aus Begegnungen und Abschieden, aus erfüllten Erwartungen und unerwarteten Enttäuschungen, aus Erfolgen und Niederlagen, aus Freude und Schmerz. In gewisser Weise gibt es in dieser Geschichte keine Vergangenheit, weil diese uns geprägt hat. Unsere Erlebnisse und Erfahrungen haben dazu beigetragen, dass wir so geworden sind, wie wir jetzt sind. Darüber hinaus wird unsere Identität nicht nur durch das bestimmt, was wir waren und jetzt sind, sondern auch durch all das, was wir für uns und andere erhoffen und erwarten. Die Sehnsüchte, die uns wachhalten, und die Ängste, die uns begleiten, sind mehr als flüchtige Zufälligkeiten, auch wenn sie uns oft als solche erscheinen. Alles, was uns widerfährt, bewirkt etwas in uns und wird so zu einem Teil unseres Ichs. Wir *haben* nicht eine Geschichte, sondern wir *sind* unsere Geschichte, und ohne *diese* Geschichte wären wir nicht so, wie wir sind.

Was bedeutet das für Hans? Was seine Zukunft betrifft, schweigt sich das Märchen vorerst aus. Gesagt wird lediglich, dass er sich auf den Weg macht zu seiner Mutter. Von irgendwelchen Zukunftsplänen ist ebenso wenig die Rede wie von Hansens Erfahrungen während der sieben bei einem »Meister« verbrachten Jahre. Allerdings findet sich da ein Hinweis, der stutzig macht. Der Klumpen Gold, den er als Lohn erhalten hat, drückt desto mehr auf seine Schultern, je länger sein Fußmarsch dauert. Was sich wiederum auf seinen Gemütszustand auswirkt. Jedenfalls ist er froh, dass der Reiter, dem er zufällig begegnet, ihm für den Goldklumpen sein Pferd überlässt – eine Win-win-Situation für beide?

> Hans war seelenfroh, als er auf dem Pferd saß und so frank und frei dahinritt. Über ein Weilchen fiels ihm ein, es sollte noch schneller gehen, und fing an mit der Zunge zu schnalzen und hopp hopp zu rufen. Das Pferd setzte sich in starken Trab, und ehe sichs Hans versah' war er abgeworfen und lag in einem Graben, der die Äcker von der Landstraße trennte. Das Pferd wäre auch durchgegangen, wenn es nicht ein Bauer aufgehalten hätte, der des Weges kam und eine Kuh vor sich hertrieb. Hans suchte seine Glieder zusammen und machte sich wieder auf die Beine. Er war aber verdrießlich und sprach zu dem Bauer: »Es ist ein schlechter Spaß, das Reiten, zumal, wenn man auf so eine Mähre gerät wie diese, die stößt und einen herabwirft, dass man den Hals brechen kann; ich setze mich nun und nimmermehr wieder auf. Da lob ich mir Eure Kuh, da kann einer mit Gemächlichkeit hinterhergehen und hat obendrein seine Milch, Butter und Käse jeden Tag gewiss. Was gäb ich darum, wenn ich so eine Kuh hätte!« »Nun«, sprach der Bauer, »geschieht Euch so ein großer Gefallen, so will ich Euch wohl die Kuh für das Pferd vertauschen.« Hans willigte mit tausend Freuden ein. Der Bauer schwang sich aufs Pferd und ritt eilig davon.

Warum reitet der Bauer *eilig* davon? Vermutlich fürchtet er, dass Hans misstrauisch wird und den Handel rückgängig machen möchte. Aber weiß der überhaupt, dass ein Pferd mehr wert ist als eine Kuh? Und falls er es weiß, was veranlasst ihn, ein solches Geschäft zu tätigen?

Offensichtlich denkt hier einer nicht in kommerziellen, sondern in existenziellen Kategorien. Schon der Umstand, dass er keinerlei Zukunftspläne hat, sondern möglichst schnell heim zur Mutter will, zeigt, dass er einfach nur in den Tag hineinlebt, ohne sich Gedanken um seine Versorgung zu machen. Das zeigt auch der Fortgang der Geschichte.

> Hans trieb seine Kuh ruhig vor sich her und bedachte den glücklichen Handel. Hab ich nur ein Stück Brot, und daran wird mirs noch nicht fehlen, so kann ich, sooft mirs beliebe, Butter und Käse dazu essen; hab ich Durst, so melk ich meine Kuh und trinke Milch. Herz, was verlangst du mehr? Als er zu einem Wirtshaus kam, machte er halt, aß in der großen Freude alles, was er bei sich hatte, sein Mittags- und Abendbrot, rein auf und ließ sich für seine letzten paar Heller ein halbes Glas Bier einschenken. Dann trieb er seine Kuh weiter, immer nach dem Dorf seiner Mutter zu. Die Hitze ward drückender, je näher der Mittag kam, und Hans befand sich in einer Heide, die wohl noch eine Stunde dauerte. Da ward es ihm ganz heiß, sodass ihm vor Durst die Zunge am Gaumen klebte. Dem Ding ist zu helfen, dachte Hans, jetzt will ich meine Kuh melken und mich an der Milch laben. Er band sie an einen dürren Baum, und da er keinen Eimer hatte, so stellte er seine Ledermütze unter, aber wie er sich auch bemühte, es kam kein Tropfen Milch zum Vorschein. Und weil er sich ungeschickt dabei anstellte, so gab ihm das ungeduldige Tier endlich mit einem der Hinterfüße einen solchen Schlag vor den Kopf, dass er zu Boden taumelte und eine Zeit lang sich gar nicht besinnen konnte, wo er war. Glücklicherweise kam gerade ein Metzger des Wegs, der auf einem Schubkarren ein junges Schwein liegen hatte. »Was sind das für Streiche!«, rief er und half dem guten Hans auf. Hans erzählte, was vorgefallen war. Der Metzger reichte ihm seine Flasche und sprach: »Da trinkt einmal und erholt Euch. Die Kuh will wohl keine Milch geben, das ist ein altes Tier, das höchstens noch zum Ziehen taugt oder zum Schlachten.« »Ei, ei«, sprach Hans und strich sich die Haare über den Kopf, »wer hätte das gedacht! Es ist freilich gut, wenn man

so ein Tier ins Haus abschlachten kann, was gibts für Fleisch! Aber ich mache mir aus dem Kuhfleisch nicht viel, es ist mir nicht saftig genug. Ja, wer so ein junges Schwein hätte! Das schmeckt anders, dabei noch die Würste.« »Hört, Hans«, sprach da der Metzger, »Euch zuliebe will ich tauschen und will Euch das Schwein für die Kuh lassen.« »Gott lohn Euch Eure Freundschaft«, sprach Hans, übergab ihm die Kuh, ließ sich das Schweinchen vom Karren losmachen und den Strick, woran es gebunden war, in die Hand geben.

Wenn immer Hans auf ein Hindernis trifft, wählt er den Weg des geringsten Widerstands. Gleichzeitig versäumt er es nicht, sein Handeln vor sich zu rechtfertigen. Ein Stück Brot wird sich immer finden – die Kuh liefert ihm dazu Milch und Butter, also was soll's ... Als seine Erwartungen enttäuscht werden, nimmt er die Sache nicht tragisch, lässt sich ein Schweinchen aufschwatzen und findet gleich einen Grund, warum der Tausch sich für ihn lohnt. Nicht im Entferntesten hat er den Eindruck, übervorteilt worden zu sein. Irgendwie hat man den Eindruck, in Hans einem unverbesserlichen Optimisten zu begegnen, eine Vorstellung, die der weitere Verlauf der Geschichte zu bestätigen scheint.

Hans zog weiter und überdachte, wie ihm doch alles nach Wunsch ginge, begegnete ihm eine Verdrießlichkeit, so würde sie doch gleich wiedergutgemacht. Es gesellte sich danach ein Bursch zu ihm, der trug eine schöne weiße Gans unter dem Arm. Sie boten einander die Zeit, und Hans fing an, von seinem Glück zu erzählen, und wie er immer so vorteilhaft getauscht hätte. Der Bursch erzählte ihm, dass er die Gans zu einem Kindtaufschmaus brächte. »Hebt einmal«, fuhr er fort und packte sie bei den Flügeln, »wie schwer sie ist, die ist aber auch acht Wochen lang genudelt worden. Wer in den Braten beißt, muss sich das Fett von beiden Seiten abwischen.« »Ja«, sprach Hans, und wog sie mit der einen Hand, »die hat ihr Gewicht, aber mein Schwein ist auch keine Sau.« Indessen sah sich der Bursch nach allen Seiten ganz bedenklich um, schüttelte auch wohl mit dem Kopf. »Hört«, fing er darauf an, »mit Eurem Schwein mags nicht ganz richtig sein. In dem Dorfe, durch das ich gekommen bin, ist eben dem

Schulzen eins aus dem Stall gestohlen worden. Ich fürchte, Ihr habts da in der Hand. Sie haben Leute ausgeschickt, und es wäre ein schlimmer Handel, wenn sie Euch mit dem Schwein erwischten. Das Geringste ist, dass Ihr ins finstere Loch gesteckt werdet.« Dem guten Hans ward bang. »Ach Gott«, sprach er, »helft mir aus der Not, Ihr wisst hier herum bessern Bescheid, nehmt mein Schwein da und lasst mir Eure Gans.« »Ich muss schon etwas aufs Spiel setzen«, antwortete der Bursche, »aber ich will doch nicht schuld sein, dass Ihr ins Unglück geratet.« Er nahm also das Seil in die Hand und trieb das Schwein schnell auf einen Seitenweg fort. Der gute Hans aber ging, seiner Sorgen entledigt, mit der Gans unter dem Arme der Heimat zu. Wenn ichs recht überlege, sprach er mit sich selbst, habe ich noch Vorteil bei dem Tausch: erstlich den guten Braten, hernach die Menge von Fett, die herausträufeln wird, das gibt Gänsefettbrot auf ein Vierteljahr, und endlich die schönen weißen Federn, die lass ich mir in mein Kopfkissen stopfen, und darauf will ich wohl ungewiegt einschlafen. Was wird meine Mutter eine Freude haben!

Als er durch das letzte Dorf gekommen war, stand da ein Scherenschleifer mit seinem Karren, sein Rad schnurrte, und er sang dazu.

Ich schleife die Schere und drehe geschwind,
und hänge mein Mäntelchen nach dem Wind.

Hans blieb stehen und sah ihm zu. Endlich redete er ihn an und sprach: »Euch gehts wohl, weil Ihr so lustig bei Eurem Schleifen seid.« »Ja«, antwortete der Scherenschleifer, »das Handwerk hat einen güldenen Boden. Ein rechter Schleifer ist ein Mann, der, sooft er in die Tasche greift, auch Geld darin findet. Aber wo habt Ihr die schöne Gans gekauft?« »Die hab ich nicht gekauft, sondern für mein Schwein eingetauscht.« »Und das Schwein?« »Das hab ich für eine Kuh gekriegt.« »Und die Kuh?« »Die hab ich für ein Pferd bekommen.« »Und das Pferd?« »Dafür hab ich einen Klumpen Gold, so groß als mein Kopf, gegeben.« »Und das Gold?« »Ei, das war mein Lohn für sieben Jahre Dienst.« »Ihr habt Euch jederzeit zu helfen gewusst«, sprach der Schleifer, »könnt Ihrs nun dahin bringen, dass Ihr das Geld in der Tasche springen hört, wenn Ihr aufsteht, so habt Ihr Euer Glück gemacht.« »Wie soll ich das anfangen?«, sprach Hans. »Ihr müsst ein Schleifer werden wie ich; dazu gehört eigentlich nichts als ein Wetzstein, das andere findet sich schon von selbst. Da hab ich einen, der ist zwar ein wenig schadhaft, dafür sollt Ihr mir aber auch weiter nichts als Eure Gans geben; wollt Ihr das?« »Wie könnt Ihr noch fragen«, antwortete Hans, »ich werde ja zum glücklichsten Menschen auf Erden; habe ich Geld, sooft ich in die Tasche greife, was brauche ich da länger zu sorgen?«, reichte ihm die Gans hin, und nahm den Wetzstein in Empfang. »Nun«, sprach der Schleifer und hob einen gewöhnlichen schweren Feldstein, der neben ihm lag, auf, »da habt Ihr noch einen tüchtigen Stein dazu, auf dem sichs gut schlagen lässt und Ihr Eure alten Nägel gerade klopfen könnt. Nehmt ihn und hebt ihn ordentlich auf.«

Hans lud den Stein auf und ging mit vergnügtem Herzen weiter; seine Augen leuchteten vor Freude. Ich muss in einer Glückshaut geboren sein, rief er aus, alles, was ich wünsche, trifft mir ein, wie einem Sonntagskind. Indessen, weil er seit Tagesanbruch auf den Beinen gewesen war, begann er müde zu werden; auch plagte ihn der Hunger, da er allen Vorrat auf einmal in der Freude über die erhandelte Kuh aufgezehrt hatte. Er konnte endlich nur mit Mühe weitergehen und musste jeden Augenblick haltmachen; dabei drückten ihn die Steine ganz erbärmlich. Da konnte er sich des Gedankens nicht erwehren, wie gut es wäre, wenn er sie gerade jetzt nicht zu tragen brauchte. Wie eine Schnecke kam er zu einem Feldbrunnen geschlichen, wollte da ruhen und sich mit einem frischen Trunk laben. Damit er aber die Steine im Niedersitzen nicht beschädigte, legte er sie bedächtig neben sich auf den Rand des Brunnens. Darauf setzte er sich nieder und wollte sich zum Trinken bücken, da versah ers, stieß ein klein wenig an, und beide Steine plumpten hinab. Hans, als er sie mit seinen Augen in die Tiefe hatte versinken sehen, sprang vor Freuden auf, kniete dann nieder und dankte Gott mit Tränen in den Augen, dass er ihm auch diese Gnade noch erwiesen und ihn auf eine so gute Art, und ohne dass er sich einen Vorwurf zu machen brauchte, von den schweren Steinen befreit hätte, die ihm allein noch hinderlich gewesen wären. »So glücklich wie ich«, rief er aus, »gibt es keinen Menschen unter der Sonne.« Mit leichtem Herzen und frei von aller Last sprang er nun fort, bis er daheim bei seiner Mutter war.

Der Mutter wird Hans seine Wandererlebnisse gewiss nicht vorenthalten haben. Über ihre Reaktionen berichtet das Märchen nichts. Vermutlich wird sie ihren Sohn ausschelten, ihn einen Tölpel, Toren und Dummkopf nennen und ihm vorhalten, was er sich (und ihr!) mit dem Klumpen Gold hätte kaufen können. Sämtliche Sorgen wäre er losgewesen, hätte, statt sich fortan abzurackern, in Ruhe den Ruhestand genießen und, wenn er unterwegs auf die paar Annehmlichkeiten verzichtet hätte, sich in Zukunft jede Bequemlichkeit leisten können. Die meisten Leser und Leserinnen werden ihr zustimmen.

### »Lernt von den Lilien des Feldes!«

Offensichtlich macht Hans ein Verlustgeschäft nach dem anderen. Will das Märchen davor warnen? Sich gar lustig machen über Menschen, die vor lauter Begriffsstutzigkeit von einem Übel in ein größeres stolpern? Joseph Ratzinger zufolge (der sich mehr mit dogmatischen Feinsinnigkeiten als mit Märchen befasste) zielt die Aussageabsicht von *Hans im Glück* in diese Richtung. Er sieht darin eine Art Gleichnis für den seiner Ansicht nach fortschreitenden Glaubensverlust, allerdings ohne sich über die Gründe dafür groß Gedanken zu machen.

> Wer die theologische Bewegung der letzten Jahrzehnte beobachtet hat und nicht zu jenen Gedankenlosen gehört, die das Neue jederzeit auch schon für das Bessere halten, könnte sich wohl dabei an die alte Geschichte von *Hans im Glück* erinnert fühlen: Den Goldklumpen, der ihm zu mühsam und schwer war, vertauschte er der Reihe nach, um es bequemer zu haben, für ein Pferd, für eine Kuh, für eine Gans, für einen Schleifstein, den er endlich ins Wasser warf, ohne noch viel zu verlieren – im Gegenteil: Was er nun eintauschte, war die köstliche

Gabe völliger Freiheit, wie er meinte. Wie lang seine Trunkenheit währte, wie finster der Augenblick des Erwachens aus der Geschichte seiner vermeinten Befreiung war, das auszudenken überlässt jene Geschichte, wie man weiß, der Fantasie ihrer Leser.[2]

In der Folge behauptet Ratzinger, dass viele Theologen in den Jahren vor der Veröffentlichung seines Buches (also vor 1968) mit ihrem »stufenweise Herunterinterpretieren« einen Weg gegangen sind, der »vom Gold zum Schleifstein führt«, den man getrost wegwerfen kann.

Als Illustration zu dieser These (die hier nicht zur Diskussion steht) mag die Geschichte von *Hans im Glück* dienlich sein. Aber die Frage muss erlaubt sein, ob diese Art der Deutung nicht ihrerseits einem Herunterinterpretieren des Märchentextes gleichkommt. Der Vergleich mit dem angeblichen Glaubensschwund zeitgenössischer Theologen scheint an ziemlich langen Haaren herbeigezerrt, zumal das Märchen sich anhört wie eine Paraphrase zu einer jesuanischen Gleichnisrede.

> Ihr könnt nicht Gott dienen und dem Mammon. Deswegen sage ich euch: Sorgt euch nicht um euer Leben, was ihr essen oder trinken sollt, noch um euren Leib, was ihr anziehen sollt! Ist nicht das Leben mehr als die Nahrung und der Leib mehr als die Kleidung? Seht euch die Vögel des Himmels an: Sie säen nicht, sie ernten nicht und sammeln keine Vorräte in Scheunen; euer himmlischer Vater ernährt sie. Seid ihr nicht viel mehr wert als sie? Wer von euch kann mit all seiner Sorge sein Leben auch nur um eine kleine Spanne verlängern? Und was sorgt ihr euch um eure Kleidung? Lernt von den Lilien des Feldes, wie sie wachsen: Sie arbeiten nicht und spinnen nicht. Doch ich sage euch: Selbst Salomo war in all seiner Pracht nicht gekleidet wie eine von ihnen. Wenn aber Gott schon das Gras so kleidet, das heute auf dem Feld steht und morgen in den Ofen geworfen wird, wie viel mehr dann euch, ihr

---

2 Joseph Ratzinger, Einführung in das Christentum, München [10]1968, 7 (Erstausgabe im selben Jahr).

Kleingläubigen! Macht euch also keine Sorgen und fragt nicht: Was sollen wir essen? Was sollen wir trinken? Was sollen wir anziehen? Denn nach alldem streben die Heiden. Euer himmlischer Vater weiß, dass ihr das alles braucht. Sucht aber zuerst sein Reich und seine Gerechtigkeit; dann wird euch alles andere dazugegeben. Sorgt euch also nicht um morgen; denn der morgige Tag wird für sich selbst sorgen. Jeder Tag hat genug an seiner eigenen Plage (Matthäus (6,24–34).

»*Deswegen* sage ich euch ...« Damit bezieht sich Jesus auf die von ihm zu Beginn aufgezeigte Alternative Gott *oder* Mammon. Fällt die Wahl auf Gott, dann gilt, was folgt: Wer auf Gott vertraut, braucht sich weder um Nahrung noch um Kleidung zu sorgen, noch sich Gedanken zu machen über den morgigen Tag – und darüber hinaus. Denn der himmlische Vater, der sich sogar um Sperlinge und Spierstauden und Lilien kümmert, weiß, was wir brauchen.

Das könnte Tagedieben und Nachtschwärmern sehr wohl zupasskommen. Ist aber nicht so gemeint. Lilien und Gras und Spatzen sind schon deshalb keine Vorbilder, weil sie nicht arbeiten. *Vielmehr zeugen sie von Gottes Fürsorge.* Darin liegt die Sinnspitze dieser Gleichnisrede, die in eine ganz bestimmte Situation hinein gesprochen ist.

Offensichtlich hat Jesus hier seine Jünger und Jüngerinnen im Blick, die ihn von Galiläa nach Jerusalem begleiten, um zusammen mit ihm das Reich Gottes zu verkünden. Wenig später wird Jesus einige von ihnen als Wanderprediger entsenden:

Geht und verkündet: Das Himmelreich ist nahe. [...] Steckt nicht Gold, Silber und Kupfermünzen in euren Gürtel. Nehmt keine Vorratstasche mit auf den Weg, kein zweites Hemd, keine Schuhe, keinen Wanderstab; denn wer arbeitet, hat ein Recht auf seinen Unterhalt (Matthäus 10,7–10).

Wenn Wanderprediger aufbrechen, brauchen sie ein Gottvertrauen, das jegliches Bemühen um ein abgesichertes Dasein in den Hintergrund treten lässt.

Als Matthäus sein Evangelium niederschrieb, bestand seine Gemeinde zum größten Teil aus Gläubigen, die einen festen Wohnsitz hatten. Für die aber, müsste man meinen, konnte der zeit- und situationsbedingte Jesusruf keine Geltung mehr haben.

Warum hat der Evangelist ihn dennoch überliefert? Offensichtlich weil er der Ansicht war, dass es sich dabei um eine Kernaussage der jesuanischen Verkündigung handelt, die über den historischen Augenblick hinaus Beachtung verdient. In der Tat kommt in diesen Aussagen ein zeitloses Anliegen zum Ausdruck.

Das Gottvertrauen, zu dem Jesus uns aufruft, haben wir weitgehend durch den Glauben an den Mammon ersetzt. Je mehr wir davon haben, desto besser abgesichert fühlen wir uns. Umso größer ist gleichzeitig die Angst, alles zu verlieren. Diese Angst, verbunden mit der Gier nach immer mehr, wirkt sich auch auf den Arbeitsmarkt aus. Unternehmer machen sich die Not der Arbeitsuchenden zunutze; Lohndumping und Kurzzeitverträge sind die Folge. Praktisch läuft das auf Erpressung hinaus; statt Waren werden Menschen verkauft – der Arbeitsmarkt als Menschenhandel. Investoren werden unter der Hand plötzlich zu Spekulanten. Spekuliert wird mit Währungen, mit Rohstoffen, mit Bodenschätzen. Oder, was besonders verwerflich ist, mit Grundnahrungsmitteln. Was dazu führt, dass die Moral buchstäblich im Müll landet.

Keinesfalls verbietet der Mann aus Nazaret, für Notzeiten etwas zurückzulegen, noch fordert er, die Altersvorsorge zu vernachlässigen. Er ruft lediglich in Erinnerung, dass der Mensch nicht »vom Brot allein« lebt (Matthäus 4,4), sondern am »Brot allein« zugrunde geht.

### Ein Mensch, dem sie alles weggenommen haben, ist frei

Gelegentlich hört man, dass Menschen es vom Tellerwäscher zum Millionär geschafft haben. Hans hingegen geht den Weg vom Millionär zum freien Menschen.

Dass und wie Menschen selbst in extremen Situationen zu einer inneren Freiheit hinfinden können, illustriert Alexander Solschenizyn in seinem Roman *Der erste Kreis der Hölle*. In der Scharaschka, einem Spezialgefängnis für politische Gefangene vor den Toren Moskaus haben die Häftlinge, fast allesamt Wissenschaftler, den Auftrag, einen Sprachzertrümmerer zu konstruieren, der der Kremlspitze ungestörte Telefonate und dem Geheimdienst die Entschlüsselung abgehörter Ferngespräche ermöglichen soll. Abakumow, der allmächtige Minister für Staatssicherheit, steht unter Druck: Stalin erwartet, dass die abhörsichere Telefonanlage, die Abakumow ihm in Aussicht gestellt hat, in Kürze betriebsfähig ist. Wenige Stunden vor dem vor Stalin fälligen Rapport zitiert Abakumow den Häftling Bobynin, den Leiter des Projekts, zu sich, um sich über den Stand der Dinge zu informieren. Nachdem Bobynin das Arbeitszimmer des Ministers betreten hat, setzt er sich einfach hin.

»Und warum setzen Sie sich ohne Erlaubnis?«

Bobynin würdigte den Minister kaum eines Blickes, säuberte seine Nase mit dem Taschentuch und antwortete ohne Umschweife:

»Ach, sehen Sie, da gibt es so ein chinesisches Sprichwort: ›Stehen ist besser als gehen, sitzen besser als stehen, aber am besten von allen ist sich niederlegen.‹«

»Aber können Sie sich vielleicht denken, wer ich wohl sein mag?«

Bequem legte Bobynin seine Ellbogen auf die Armlehnen des von ihm auserwählten Sessels, sah Abakumow an und schlug träge vor: »Nun, wer wohl? Irgendjemand so in der Art von Marschall Göring?«

»Wie wer???«

»Marschall Göring. Einmal hat er die Flugzeugfabrik bei Halle besucht, in der ich arbeiten musste. Da gingen die dortigen Generäle nur noch auf Zehenspitzen, aber ich drehte mich nicht einmal nach ihm um. Er guckte und guckte, und dann ging er weiter.«

Über Abakumows Gesicht ging eine Bewegung, die entfernt an ein Lächeln erinnerte, aber gleich darauf blickten seine Augen wieder drohend auf den unerhört dreisten Gefangenen. Angespannt kniff er die Augen zu und fragte:

»Was sind Sie für einer? Sehen Sie keinen Unterschied zwischen uns?«

»Zwischen Ihnen? Oder zwischen uns?« Bobynins Stimme tönte metallisch. »Zwischen uns sehe ich ihn sehr deutlich: Sie brauchen mich, aber ich brauche Sie – nicht!«

Abakumow hatte auch eine Stimme, die wie Donner rollen konnte, und er wusste sie sehr wohl zu gebrauchen, um andere Menschen einzuschüchtern. Doch jetzt fühlte er, dass es nutzlos und unwürdig wäre, zu schreien. Er sah ein, dass dieser Gefangene *schwierig* war. So warnte er nur:

»Hören Sie, Sie sind ein Gefangener. Wenn ich sanft mit Ihnen umgehe, ist das kein Grund für Sie, die Beherrschung zu verlieren ... «

»Wenn Sie grob zu mir wären, würde ich gar nicht mit Ihnen sprechen, Bürger Minister. Schreien Sie Ihre Obersten und Generäle an, die haben zu viel vom Leben, die hängen zu sehr daran.«

»Wenn nötig, werden wir Sie zwingen.«

»Sie irren sich, Bürger Minister!« Bobynins kräftige Augen leuchteten zornerfüllt auf. »Ich habe nichts, denken Sie daran – überhaupt nichts! Meine Frau und mein Kind sind für Sie unerreichbar – eine Bombe hat sie erschlagen ... Meine Eltern sind auch schon tot. Mein Eigentum hier auf Erden ist mein Taschentuch, meine Kombination und die Unterwäsche, ohne Knöpfe ...« – er entblößte seine Brust und zeigte sie – »... sind Staatseigentum. Die Freiheit habt ihr mir schon lange weggenommen, sie mir zurückzugeben, steht nicht in euren Kräften, weil ihr selbst nicht frei seid. Ich bin zweiundvierzig Jahre alt, ihr habt mir fünfundzwanzig Jahre aufgebrummt, bei der Zwangsarbeit bin ich schon gewesen, mit einer Nummer herumgelaufen, in Handschellen, von Polizeihunden bewacht und in einer Brigade für verschärfte Zwangsarbeit – womit können Sie mir noch drohen? Was können Sie mir noch wegnehmen? Die Ingenieurarbeit? Damit verliert ihr mehr. So, und jetzt werde ich rauchen.« Abakumow öffnete eine Spezialschachtel ›Trojka‹ und hielt sie Bobynin hin: »Hier, nehmen Sie diese.«

»Danke schön. Ich bleibe bei meiner Marke. Bei denen muss ich husten.« Und er entnahm dem selbst gemachten Zigarettenetui eine ›Belomor‹. »Überhaupt, verstehen Sie, und geben Sie es dort oben an die weiter, die es nötig haben, dass sie nur so lange mächtig sind, wie sie den Menschen nicht alles weggenommen haben. Denn ein Mensch, dem sie alles weggenommen haben, ist außerhalb ihres Machtbereiches, er ist wieder frei.«

Bobynin schwieg und genoss seine Zigarette. Es gefiel ihm, den Minister zu ärgern und sich in solch einem bequemen Sessel breitzumachen. Er bedauerte nur, dass er um der Wirkung willen die Luxuszigaretten abgelehnt hatte.

Der Minister sah in seine Papiere.

»Ingenieur Bobynin! Sie sind der leitende Ingenieur der ›Sprachzertrümmerung‹?«

»Ja.«

»Ich bitte Sie, sagen Sie mir ganz genau: Wann wird sie gebrauchsfertig sein?«

Bobynin zog seine dichten dunklen Brauen hoch.

»Was sind das für Neuigkeiten? Haben Sie keinen Höhergestellten gefunden, der Ihnen darauf antwortet?«

»Ich möchte das gerade von Ihnen wissen. Wird sie im Februar fertig?«

»Februar? Sie spaßen? Wenn Sie die Antwort für Berichte brauchen, dann, mit großer Eile und viel Mühe, nun, dann vielleicht in einem halben Jährchen. Aber was die absolute Chiffrierung angeht, da kann ich noch gar nichts sagen. Vielleicht in einem Jahr.«

Abakumow war wie betäubt. Er dachte an das bös-ungeduldige Zittern von Stalins Bart – und es wurde ihm angst und bange, als er sich der Versprechen erinnerte, die er gegeben hatte.[3]

Obwohl in Freiheit lebend, ist der Minister Abakumow geradezu der Prototyp des fremdbestimmten Menschen. Hilflos ist er den Launen des Diktators ausgeliefert. Täglich muss er um seine Stellung fürchten. Er ist ein Gefangener des Systems. Bobynin hingegen hat nichts mehr zu verlieren: »Ein Mensch, dem sie alles weggenommen haben, ist [...] frei.« Noch deutlicher kommt dies zum Ausdruck bei Menschen, denen man nichts *weggenommen* hat, sondern die aus eigenem Antrieb alles *weggegeben* haben.

**Die Kunst des Loslassens**

Dafür gibt es Beispiele. Vermutlich im 5. vorchristlichen Jahrhundert – so berichtet die Legende – wird im heutigen Nepal ein gewisser Siddharta Gautama von seinem Vater von der Welt abgeschirmt, weil dieser ihn vor allem Übel bewahren möchte. Kaum dass Siddharta Vater geworden ist, zieht er aus seiner Heimat weg in die Heimatlosigkeit. Auf seinen Ausfahrten begegnet er einem

---
3 Alexander Solschenizyn, Der erste Kreis der Hölle, Frankfurt a. M. 1968, 113–115.

abgezehrten Greis, dann sieht er einen Kranken und stößt auf einen Leichnam. Schließlich trifft Siddharta auf einen Bettelmönch, der allem Luxus entsagt hat. In Gedanken an diese Begegnungen gelangt er zu der Überzeugung, dass Leiden zum Leben gehört. Verursacht wird es zuvörderst vom »Durst«, der die Menschen dazu treibt, immer mehr haben oder sein zu wollen. Dieses Begehren gilt es zu überwinden durch rechte Gesinnung, rechtes Reden, rechtes Handeln und rechtes Streben ...

Ähnliches wird berichtet von einem verwöhnten Herrensöhnchen, das 1700 Jahre später und zehntausend Kilometer von Nepal entfernt lebte. Wie die meisten seines Alters hat der junge Mann Großes vor. Die politischen Verhältnisse bieten ihm hinreichend Gelegenheit, um sich auszuzeichnen. Seit seiner Geburt im Jahr 1182 liegt seine Heimatstadt Assisi mit dem benachbarten Perugia in blutiger Fehde um die wirtschaftliche Vorherrschaft. Überfälle, Schlägereien, regelrechte Schlachten gehören zum Alltag. 1202 zieht die Bürgerwehr von Assisi gegen Perugia ins Feld und erleidet beim Ponte San Giovanni eine vernichtende Niederlage. Francesco Bernardone – dies der Name des jungen Mannes –, der sich an dem Unternehmen beteiligt, gerät in Gefangenschaft und dämmert in der Folge fast ein Jahr lang in einem dunklen Verlies in Perugia dahin. Kaum zurück in Assisi, denkt er schon wieder an Krieg. Im Sommer 1204 zieht es ihn hinunter, nach Süden, wo er sich dem Anführer der päpstlichen Truppen, dem siegreichen Walter von Brienne, anschließen will, dessen Söldner in Apulien herumlümmeln und die Bauern schikanieren. Doch schon in Spoleto überfallen ihn Zweifel; er gerät ins Nachdenken, gleicht immer mehr dem Ritter von der traurigen Gestalt – und kehrt um. Ein für alle Mal hat er genug von den Schlächtereien. Francesco Bernardone weiß jetzt, was er *nicht* will. Aber was will er wirklich?

Das meint er anlässlich eines Besuchs des außerhalb Assisi gelegenen Kirchleins San Damiano erfahren zu haben. Er betritt das vom Verfall bedrohte Gotteshaus und betet vor dem Bild des Gekreuzigten. Da vernimmt er in seinem Inneren eine Stimme: »Franz, siehst du denn nicht, wie mein Haus zerstört wird? Geh und stell es wieder her!«[4] Franziskus versteht den Auftrag wörtlich, verkauft hinter dem Rücken seines Vaters ein paar Tuchballen aus dessen Geschäft, um mit dem Erlös das Gotteshaus instand setzen zu lassen. Später erst wird sich herausstellen, was die Stimme meinte – und dass das scheinbar Zufällige nicht eine nebensächliche Episode im Verlauf einer Lebensgeschichte, sondern der Beginn einer Wende war, deren Folgen weit über die eigene Biografie hinausreichen.

Vorerst jedoch macht sich Franziskus zum Gespött seiner Gefährten, was den Vater derart erzürnt, dass er den Sohn wegen des Tuches verklagt. Franziskus besteht darauf, dass die Angelegenheit nicht vor dem Rat der Stadt, sondern vor dem Bischof verhandelt wird, da er nunmehr im Dienst der Kirche stehe. Prompt kommt es zum Eklat:

> Rasch begab sich Franziskus in ein Gemach des Bischofs, und nachdem er sich aller seiner Kleider entledigt hatte, kam er nackt zurück, legte Kleider und Geld vor dem Bischof und vor seinem Vater in Gegenwart aller anderen nieder und sprach: »Hört alle und versteht wohl! Bis jetzt nannte ich Pietro Bernardone meinen Vater, aber da ich nun den Vorsatz habe, dem Herrn zu dienen, gebe ich ihm das Geld zurück, um das er sich aufregt, nebst allen Kleidern, die ich aus seinem Eigentum besitze – und von nun an will ich sagen: ›Vater unser, der du bist im Himmel‹, nicht mehr: ›Vater Pietro Bernardone‹.«[5]

Der Konflikt zwischen Franz und seinem Vater entstand nicht allein deshalb, weil der Sohn sich zum Gespött der Leute machte. Schon vorher war es immer wieder zu Auseinandersetzungen gekommen zwischen den beiden, wobei die Mutter vergeblich zu vermitteln suchte.

Und Franz? Sammelt Steine für die Instandsetzung des Kirchleins, bettelt sich sein Essen zusammen und lässt sich so lange als

---

4 Die Drei-Gefährten-Legende, in: Otto Karrer (Hg.), Franz von Assisi. Legenden und Laude, Zürich 1945, 29–82; 43.
5 A. a. O., 49 f.

Narr verhöhnen, bis seinen Landsleuten das Lachen vergeht. Gefährten sammeln sich um ihn, und zwar nicht irgendwelche verkrachte Existenzen, sondern gestandene Männer und wohlhabende Bürger, unter ihnen ein Priester und ein Rechtsanwalt. Sie alle wollen seine Lebensweise teilen. Die Gemeinschaft gibt sich eine Regel, die später vom Papst bestätigt wird. Deren Inhalt lässt sich in einem einzigen Satz zusammenfassen: »Regel und Leben der Minderbrüder ist dies: Unseres Herrn Jesu Christi heiliges Evangelium zu bewahren.«[6]

Es hat Zeit gebraucht, bis Franziskus verstanden hat, was die Stimme des Gekreuzigten meinte, als sie ihn aufforderte, sein »Haus« wiederherzustellen. Nicht bloß das Kirchlein San Damiano vor den Toren von Assisi, sondern die Kirche Christi überhaupt war vom Verfall bedroht und musste gestützt und gestärkt und renoviert und reformiert werden.

Buddha trennt sich von seinen Angehörigen und verabschiedet sich von seiner Verwandtschaft und zieht in die Fremde. Durch die Begegnung mit anderen gelangt er zu Erkenntnissen, die sein künftiges Leben grundlegend verändern. Franz von Assisi werkelt herum, um ein verfallendes Gotteshaus auszubessern. Später erst wird er begreifen, dass seine Aufgabe darin besteht, die Kirche Christi zum Evangelium zurückzuführen.

Buddha und Franziskus – weil sie nichts *haben* wollen, gehört ihnen die ganze Welt. Was im Sonnengesang der Heiligen von Assisi einen ebenso poetischen wie rührenden Ausdruck findet:

Altissimu onnipotente bon Signore ...
Gelobt seist du, Herr,
mit allen Wesen, die du geschaffen,
der edlen Herrin vor allem, Schwester Sonne,
die uns den Tag heraufführt

---

6  Franz von Assisi, Die endgültige Regel, in: ders., Die Werke (Sonnengesang, Ordensregeln, Testament, Briefe, Fioretti), Zürich 1979, 37–48, 37.

und Licht mit ihren Strahlen, die Schöne, spendet,
gar prächtig in mächtigem Glanz …⁷

Bruder Mond und die Sterne, Bruder Wind, Schwester Quelle, Bruder Feuer, die Mutter Erde – alle werden sie gepriesen, und am Ende spricht Franziskus den »leiblichen Tod« als Bruder an.

Erinnert das Märchen von *Hans im Glück* nicht an den Gefangenen, von dem bei Solschenizyn die Rede ist, an Buddha auch und an den Poverello von Assisi?

Dabei geht es in keinem Fall um einen Rückzug aus der Welt und schon gar nicht handelt es sich darum, dem Pauperismus das Wort zu reden.

Der Gefangene Bobynin erkennt, dass er seine innere Freiheit nur erlangen kann, wenn er auf Vergünstigungen seitens seiner Peiniger verzichtet. Der Fürstensohn Siddharta Gautama sieht ein, dass alle nur möglichen Annehmlichkeiten des Lebens sein Herz nicht auszufüllen vermögen. Franz von Assisi begreift, dass er in dem Maß unfrei ist, wie das Trachten nach vergänglichen Dingen sein Herz besetzt. Alle haben sie gelernt, dass sie am Leben vorbeileben, solange sie sich an vergängliche Dinge klammern. Ein Kranker ist froh, wenn er von seinem Leiden geheilt ist; um glücklich zu sein, braucht er keinen Ferrari. Glücklich werden Menschen erst, wenn sie sich zu bescheiden wissen.

Scheinbar nur handelt das Märchen vom glücklichen Hans vom Scheitern. Für ihn erweist sich der Gang der Dinge als Erfolgsgeschichte. Wer das Märchen durch die materialistische Brille liest, wird schon durch den Titel eines Besseren belehrt. Hans ist kein Minus-Tauscher. Jeder materielle Verlust vermindert die Last. Jeder von ihm erworbene Besitz macht Hans erst froh, wenn er ihn wieder los ist. Stufenweise übt er sich ein in die *Kunst des Loslassens*.

---

7 Franz von Assisi, Der Sonnengesang, in: Otto Karrer (Hg.), Franz von Assisi. Legenden und Laude, Zürich 1945, 674–677; 675.

Wichtig ist nicht die Frage, ob das Märchen vom Scheitern oder vom Gelingen erzählt. Wichtig ist, was Hans empfindet. Er ist ganz einfach glücklich. Und was will ein Mensch mehr, als sich glücklich zu fühlen.

**Postskriptum**

Glück ist ein großes Wort. Zumeist wird damit ein Glücks*gefühl* assoziiert. Die kleine Schwester des Glücks ist die Zufriedenheit. Genügsame Menschen sind schon zufrieden, wenn das, was sie haben, zum Leben reicht. Man glaubt ihnen, wenn sie sagen, dass sie sich deswegen glücklich schätzen.

Auf eindrückliche und gleichzeitig ironische Weise hat der deutsche Nobelpreisträger Heinrich Böll das in seiner *Anekdote zur Senkung der Arbeitsmoral* illustriert, die sich wie ein Kommentar zu unserem Märchen anhört.[8]

Ein betuchter Tourist, der – klick, klick, klick – vor lauter Fotografieren kaum zu Atem kommt, begegnet einem ärmlichen Fischer, der in seinem Boot vor sich hindöst. »Sie werden heute einen guten Fang machen«, sagt der Tourist zum Fischer. Der schüttelt den Kopf: »Ich werde heute nicht ausfahren.« »Oh, Sie fühlen sich nicht wohl?« »Doch«, sagt der Fischer, »ich fühle mich sogar großartig.« Darauf der Tourist: »Aber warum fahren Sie dann nicht aus?« Die Antwort fällt knapp aus. »Weil ich heute Morgen schon ausgefahren bin.« »War der Fang gut?« »Er war so gut, dass ich sogar für morgen und übermorgen genug habe.« »Ich will mich ja nicht in Ihre persönlichen Angelegenheiten mischen«, sagt der Tourist, »aber stellen Sie sich mal vor, Sie würden heute noch ein oder zwei Mal ausfahren ... stellen Sie sich das doch mal vor.« Der Fischer nickt. »Und«, fährt der Tourist fort, »stellen Sie sich weiter vor, Sie würden nicht nur heute, sondern morgen,

---

8 Heinrich Böll: Anekdote zur Senkung der Arbeitsmoral (1963), in: Robert C. Conrad (Hg.), Heinrich Böll. Werke 12: 1959–1963 (Kölner Ausgabe), Köln 2008, 441–443.

übermorgen, ja, an jedem günstigen Tag zwei, drei Mal, vielleicht vier Mal ausfahren, dann würden Sie sich in spätestens einem Jahr ein Motorboot kaufen können, in zwei Jahren ein zweites Boot, in drei oder vier Jahren schon würde es für einen kleinen Kutter reichen. Dann könnten Sie ein Kühlhaus bauen – und dann ...«
»Was dann?«, fragt der Fischer leise. »Dann«, sagt der Tourist voller Begeisterung, »dann könnten Sie beruhigt hier im Hafen sitzen, in der Sonne dösen und auf das herrliche Meer blicken.«
»Aber das tu ich ja schon jetzt«, sagt der Fischer, »ich liege hier am Hafen und döse, nur Ihr verdammtes Klicken hat mich dabei gestört.«

Recht hat der Mann. Nicht vom Wohlstand ist unser Glück abhängig, sondern vom Wohlbefinden.

## Alle Menschen sind gleich
## Von dem Mäuschen, Vögelchen und der Bratwurst

> Gott hat jedes einzelne Glied so in den Leib eingefügt, wie es seiner Absicht entsprach. Wären alle zusammen nur ein Glied, wo bliebe dann der Leib? So aber gibt es viele Glieder und doch nur einen Leib. Das Auge kann nicht zur Hand sagen: Ich brauche dich nicht. Der Kopf wiederum kann nicht zu den Füßen sagen: Ich brauche euch nicht. Im Gegenteil, gerade die schwächer scheinenden Glieder des Leibes sind unentbehrlich.
> *1 Korinther 12,18–22*

Ein Blinder und ein Lahmer werden von einem Brand überrascht. Der Blinde flieht in Richtung Feuer. »Flieh nicht dorthin«, warnt ihn der Lahme. Der Blinde schreit: »Wohin soll ich denn laufen?« Der Lahme darauf: »Nimm mich auf deine Schultern; ich werde dir dann sagen, wohin du gehen sollst, damit wir heil davonkommen.« Der Blinde folgt dem Rat des Lahmen, sodass beide sich retten können.

Diese Geschichte ist jahrhundertealt und in verschiedenen Versionen überliefert. Sie erinnert daran, dass wir allesamt auf die Hilfe anderer angewiesen sind. Wenn das Zusammenleben gelingen soll, kann kein Mensch sich selbst genügen.

Zusammenarbeiten kann man auch, um Übles zu bewerkstelligen. Daran erinnert eine Gleichnisrede im Talmud, dem nach der Hebräischen Bibel bedeutendsten Schriftwerk des Judentums.

> Ein König hatte einen Obstgarten voll reifer Früchte. Da setzte er zwei Wächter in den Garten ein, einen Lahmen und einen Blinden. Der Lahme sagte zu dem Blinden: Komm, lass mich reiten, dann holen wir sie, um sie zu essen. Da ritt der Lahme auf dem Blinden, und sie holten die Früchte und aßen sie. Nach einigen Tagen kam der Besitzer des

Obstgartens. Er sagte zu ihnen: Wo sind denn die vorzüglichen Frühfrüchte? Der Lahme sagte zu ihm: Habe ich denn Füße, um damit gehen zu können? Der Blinde sagte zu ihm: Habe ich denn Augen, um sehen zu können? Da hieß der König den Lahmen auf dem Blinden reiten und bestrafte sie miteinander.[1]

**Das Lügenmärchen des Menenius Agrippa**

Beide Geschichten erinnern an eine Begebenheit, die der aus Padua stammende römische Geschichtsschreiber Titus Livius in seinem Standardwerk *Ab urbe condita* (Seit der Gründung der Stadt Rom) überliefert.[2]

Nachdem die Bevölkerung im Jahr 509 v. Chr. den letzten König verjagt und die Republik ausgerufen hatte, wurde die Stadt von den Patriziern, den Mitgliedern des altrömischen Adels, regiert. Bald schon kam es zu Standeskämpfen zwischen der herrschenden Oberschicht und den Plebejern, den einfachen Bürgern. Während die Patrizier sich mancherlei Privilegien erfreuten, musste die Plebs bluten. Die hatte wahrlich allen Grund zur Klage. Politisch waren die Unterprivilegierten den Adeligen schutzlos ausgeliefert. Aus Letzteren rekrutierten sich die Staatsmänner, die Priester und die Beamten, während die Plebejer im Kriegsfall aufgeboten und als einfache Soldaten Einsatz zu leisten hatten.

Was bedeutete, dass sie ihre Felder während dieser Zeit nicht bestellen konnten und durch den Verdienstausfall zu Schuldsklaven wurden. Weil ihnen die Patrizier in dieser Sache keine Zugeständnisse machten, kam es im Jahr 494 v. Chr. zum Streik, eine Maßnahme, die Jahrhunderte später südlich der Alpen fast alltäglichen Charakter annehmen sollte. In Scharen verließen die ausgenutzten Soldaten die Stadt und zogen, versehen nur mit dem

---

1 Vgl. Talmud, b Sanhedrin 91a/91b, in: Der Talmud, ausgewählt, übersetzt und erklärt von Reinhold Mayer, München ⁵1980, 646.
2 Titus Livius, Ab urbe condita, 2,32, 8–12.

Nötigsten, auf den *mons sacer*, den außerhalb Roms gelegenen Heiligen Berg. Ohne diese Fußtruppen waren die Patrizier kampfunfähig. Was weiter geschah, können wir bei Titus Livius nachlesen.

Man beschloss, den Menenius Agrippa als Sprecher zum Volk zu schicken. Er verstand es zu reden und war bei den Bürgern, aus deren Mitte er selbst stammte, sehr beliebt. Er wurde ins Lager gelassen und soll in alter, einfacher Art Folgendes erzählt haben:

»Einst war im Menschen noch nicht alles so harmonisch wie heute. Jedes Glied hatte seinen eigenen Willen, seine eigene Sprache. Da ärgerten sich die übrigen Glieder, dass sie nur für den Magen sorgten, für ihn arbeiteten und alles heranholten. Der Magen aber liege ruhig in der Mitte und tue nichts anderes, als sich mit den herangebrachten Dingen zu sättigen.

Die Glieder beschlossen also: Die Hände sollten keine Nahrung zum Mund führen, der Mund solle das Gebotene nicht nehmen, die Zähne es nicht zerkauen. In dieser Zeit, in der sie den Magen durch Hunger zwingen wollten, wurden die Glieder selbst und der ganze Körper völlig schwach und elend.

Da sahen sie ein, dass auch die Aufgabe des Magens nicht die Faulheit war. Ebenso, wie er ernährt wurde, stärkte er auch wieder. Das durch die Verarbeitung der Nahrung erzeugte Blut, wodurch wir leben und gedeihen, verteilte er in alle Adern bis in alle Glieder des Körpers.«

Durch den Vergleich der inneren Revolte im Körper mit der Stimmung der Bürger gegen die Väter soll er die Menge umgestimmt haben.

Mit dieser Rede vermochte Menenius Agrippa die Plebs von der Naturgegebenheit der Standesunterschiede zu überzeugen. Dem Philosophen Ernst Bloch zufolge ist diese Geschichte schlicht und einfach »das bleibende Modell der sozialdemagogischen Lüge, sozusagen ihre Urpflanze«[3], um die Vorrechte der Herrschenden abzusichern und die sozial Schwachen bei der Stange zu halten, damit die Privilegien der Schmarotzer nur ja nicht zu gefährdet würden.

Goldrichtig, was der große Denker da sagt! Sogar Begriffsstutzigen fällt auf, dass diese der Plebs aufgetischte Fabel ein Lügenmärlein darstellt. Da findet sich kein Wort betreffend die seitens der Bürger angemahnten Veränderungen. Und schon gar nicht ist die Rede davon, ob und weshalb die Vorrechte der Oberschicht gerechtfertigt sein sollten. Stattdessen behauptet Menenius Agrippa, dass die Gesellschaft nur dann Bestand haben könne, wenn alle die ihnen von Geburt (vom Schicksal? von Gott?) her zugeteilte Rolle akzeptierten. Klar und drastisch ausgedrückt: Zu fressen haben die Armen nur, wenn sie bereit sind, die Mägen der Reichen zu stopfen.

Nach Menenius Agrippa sind die Standesunterschiede notwendig, damit ein Gemeinwesen funktioniert. Ein ähnliches, nicht weniger fadenscheiniges Argument liegt dem grimmschen Märchen *Die ungleichen Kinder Evas* (KHM 180) zugrunde, das seinerseits auf frühneuzeitliches Überlieferungsgut zurückgeht.[4]

Durch einen Engel erfährt Eva, inzwischen Mutter von zwanzig (allesamt männlichen!) Kindern, dass Gott ihr und Adam in Bälde einen Besuch abstatten werde. Also macht sie die acht wohl gestalteten Kinder hübsch zurecht, während sie die übrigen zwölf, die durchweg von hässlichem Aussehen sind, im Haus versteckt. Wie nun Gott die Ersteren erblickt, teilt er ihnen wichtige Rollen zu. Den einen bestimmt er zum König, einen anderen zum Fürsten, den dritten zum Grafen … und so geht es weiter mit der Verleihung von Ämtern und Berufen: Ritter, Edelmann, Bürger,

---

3 Ernst Bloch, Gesamtausgabe 11: Politische Messungen, Pestzeit, Vormärz, Frankfurt a. M. 1970, 173.
4 Zu den Ursprüngen und der Überlieferungsgeschichte des Märchens und dessen unterschiedlichen Varianten und Deutungen siehe Johannes Bolte/Georg Polívka, Anmerkungen zu den Kinder- und Hausmärchen der Brüder Grimm, Hildesheim u. a. 1992, 308–321.

Kaufmann, Gelehrter. Da ruft Eva ihren übrigen Nachwuchs herbei, in der Hoffnung, dass Gott auch ihn zu Großem bestimme. Dabei hätte sie sich doch ausmalen können, dass es entsprechend dem bisherigen Muster der Rollenverteilung nur abwärtsgehen würde. Bauer, Fischer, Schmied, Lohgerber, Weber, Schuhmacher, Schneider, Töpfer, Karrenführer, Schiffer, Bote … Fehlt noch der Hausknecht. Als Eva sich darüber beschwert, dass Gott ihre Kinder so ungleich behandelt, belehrt sie dieser:

> »Eva, das verstehst du nicht. Mir gebührt und ist Not, dass ich die ganze Welt mit deinen Kindern versehe. Wenn sie alle Fürsten und Herren wären, wer sollte Korn bauen, dreschen, mahlen und backen? Wer schmieden, weben, zimmern, bauen, graben, schneiden und nähen? Jeder soll seinen Stand vertreten, dass einer den anderen erhalte und alle ernährt werden wie am Leib die Glieder.« Da antwortete Eva: »Ach, Herr, vergib, ich war zu rasch, dass ich einredete. Dein göttlicher Wille geschehe auch an meinen Kindern.«

Wie am Leib die einzelnen Glieder erfüllen die verschiedenen Stände innerhalb der Gesellschaft eine bestimmte Funktion. Im Gegensatz zu Menenius Agrippas Parabel wird hier die Notwendigkeit der Standesunterschiede nicht allein mit dem Verweis auf das Gemeinwohl begründet. Vielmehr wird die bestehende Gesellschaftsordnung unter Rekurs auf die Religion als *gottgewollte Einrichtung* festgeschrieben. Die dahintersteckende Absicht ist klar: Was göttlichem Willen entspricht, ist nicht hinterfragbar, sondern hinzunehmen.

Schon das Kastensystem im alten Indien beruhte auf der Idee von einer vorgegebenen höheren, gewissermaßen übernatürlichen Ordnung. Gleiches gilt für den in Europa im ausgehenden 17. Jahrhundert verbreiteten Absolutismus und der damals gängigen Rede vom »Königtum von Gottes Gnaden«, das in Ludwig XIV. (1643–1715), dem *Roi Soleil*, seinen extremsten Ausdruck fand. Staatliche, bürgerliche, gesellschaftliche, aber auch kirchliche Autoritäten präsentierten sich als Vollstreckungsorgane eines göttlichen Willens, wobei der Willkür faktisch Tür und Tor geöffnet waren. Was im religiösen Bereich dazu führte, dass das Antlitz des »lieben Gottes« zusehends dem Gesicht des Königs, dem Profil des Polizeileutnants oder den Zügen des Herrn Pfarrers ähnelte.

### Wenn die Gleichmacher das Sagen haben

Weder die hanebüchenen Argumente eines Menenius Agrippa noch das Märlein von Evas Kindern vermochten das einfache Volk auf Dauer hinters Licht zu führen. Wenn die Klassenunterschiede dazu beitragen, dass es unter den sozial Benachteiligten zu brodeln beginnt, ertönt irgendwann der Ruf nach Fraternité, Liberté und Égalité.

Égalité meint Gleichheit – wird aber oft im Sinn von Gleichmacherei verstanden. Was dabei herauskommt, zeigt das grimmsche Märchen *Von dem Mäuschen, Vögelchen und der Bratwurst*, dem wir uns nun zuwenden.

> Es waren einmal ein Mäuschen, ein Vögelchen und eine Bratwurst in Gesellschaft geraten, hatten einen Haushalt geführt, lange wohl und köstlich im Frieden gelebt, und trefflich an Gütern zugenommen. Des Vögelchens Arbeit war, dass es täglich im Wald fliegen und Holz beibringen müsste. Die Maus sollte Wasser tragen, Feuer anmachen und den Tisch decken, die Bratwurst aber sollte kochen.
>
> Wem zu wohl ist, den gelüstet immer nach neuen Dingen! Also eines Tages stieß dem Vöglein unterwegs ein anderer Vogel auf, dem es seine treffliche Gelegenheit erzählte und rühmte. Derselbe andere Vogel schalt es aber einen armen Tropf, der große Arbeit, die beiden zu Haus aber gute Tage hätten. Denn wenn die Maus ihr Feuer angemacht und Wasser getragen hatte, so begab sie sich in ihr Kämmerlein zur Ruhe, bis man sie hieß den Tisch decken. Das Würstlein blieb beim Hafen [Topf], sah zu, dass die Speise wohl kochte, und wenn es bald Essenszeit war, schlingte es sich ein Mal viere durch den Brei oder das Gemüs, so war es geschmalzen, gesalzen und bereitet. Kam dann das Vöglein heim und legte seine Bürde ab, so saßen sie zu

Tisch, und nach gehabtem Mahl schliefen sie sich die Haut voll bis an den andern Morgen; und das war ein herrlich Leben.

Das Vöglein anderen Tages wollte aus Anstiftung nicht mehr ins Holz, sprechend, es wäre lang genug Knecht gewesen, und hätte gleichsam ihr Narr sein müssen, sie sollten einmal umwechseln und es auf eine andere Weise auch versuchen. Und wiewohl die Maus und auch die Bratwurst heftig dafür bat, so war der Vogel doch Meister; es musste gewagt sein, spieleten derowegen, und kam das Los auf die Bratwurst, die musste Holz tragen, die Maus ward Koch, und der Vogel sollte Wasser holen.

Was geschieht? Das Bratwürstchen zog fort gen Holz, das Vöglein machte Feuer an, die Maus stellte den Topf zu, und erwarteten allein, bis Bratwürstchen heimkäme und Holz für den andern Tag brächte. Es blieb aber das Würstlein so lang unterwegs, dass ihnen beiden nichts Gutes vorkam, und das Vöglein ein Stück Luft hinaus entgegenflog. Unfern aber findet es einen Hund am Weg, der das arme Bratwürstlein als freie Beut angetroffen, angepackt und niedergemacht. Das Vöglein beschwerte sich auch dessen als eines offenbaren Raubes sehr gegen den Hund, aber es half kein Wort, denn, sprach der Hund, er hätte falsche Briefe bei der Bratwurst gefunden, deswegen wäre sie ihm des Lebens verfallen gewesen.

Das Vöglein, traurig, nahm das Holz auf sich, flog heim und erzählte, was es gesehen und gehöret. Sie waren sehr betrübt, verglichen sich aber, das Beste zu tun und beisammen zu bleiben. Derowegen so deckte das Vöglein den Tisch und die Maus rüstete das Essen und wollte anrichten, und in den Hafen, wie zuvor das Würstlein, durch das Gemüs schlingen und schlupfen, dasselbe zu schmälzen. Aber ehe sie in die Mitte kam, ward sie angehalten und musste Haut und Haar und dabei das Leben lassen.

Als das Vöglein kam und wollte das Essen auftragen, da war kein Koch vorhanden. Das Vöglein warf bestürzt das Holz hin und her, rufte und suchte, konnte aber seinen Koch nicht mehr finden. Aus

Unachtsamkeit kam das Feuer in das Holz, also dass eine Brunst entstand; das Vöglein eilte, Wasser zu langen, da entfiel ihm der Eimer in den Brunnen, und es mit hinab, dass es sich nicht mehr erholen konnte und da ersaufen musste.

Der Unterhaltungswert dieser Geschichte ist nicht gerade überwältigend – aber auch nicht gering, guter Durchschnitt eben. Sie könnte aus dem berühmten *Rollwagenbüchlein* stammen, einer Schwanksammlung, die Jörg Wickram 1555 in Straßburg in Druck gab. Der Roll- oder Pferdewagen war damals ein Verkehrsmittel, in dem sich die Reisenden die Zeit mit dem Erzählen von erheiternden, oft auch frivolen Geschichten verkürzten. In den folgenden hundert Jahren erlebte das Werklein immerhin 14 Auflagen. Themen daraus lassen sich auch bei den Brüdern Grimm nachweisen. Ausdrücklich vermerkt Wickram, dass er sein Büchlein »von guter kurtzweil wegen an tag geben, niemants zu underweisung noch leer, auch niemandts zu schmach, hon oder spott«.[5] Ob das ernst gemeint war, ist fraglich, zumal die im *Rollwagenbüchlein* enthaltenen Geschichten bei Lesern oder Zuhörerinnen gerade solche Reaktionen hervorrufen.

Von Spott, Hohn und Schmach und von der Absicht zur Unterweisung zeugt auch unser Märchen, dessen Ursprünge sich bis um die Mitte des 17. Jahrhunderts zurückverfolgen lassen.[6]

Was zunächst nach einer Posse, Schnurre oder Burleske aussieht, entpuppt sich bei näherem Hinsehen nicht nur als pädagogische Lektion, sondern auch als sozial- und gesellschaftskritisches Lehrstück stärksten Kalibers.

Wache Zuhörerinnen und aufmerksame Leser werden das schon nach dem ersten Abschnitt merken: »Wem zu wohl ist, den gelüstet immer nach neuen Dingen.«

---

5   Jörg Wickram, Das Rollwagenbüchlein. Hg. von Johannes Bolte, Stuttgart 1984, 7.
6   Vgl. Anmerkungen zu den Kinder- und Hausmärchen der Brüder Grimm (Leipzig 1913). Neu bearbeitet von Johannes Bolte und Georg Polívka, Hildesheim u. a. 1994, Bd. 2, 204.

Zumindest für Commissario Brunetti scheint dies nicht zuzutreffen. Dank seiner Fähigkeit, um die Ecke zu denken, hat er noch jeden Fall gelöst, mit dem die Krimiautorin Donna Leon ihn bislang konfrontierte. Weniger kombinationsfreudig zeigt er sich, wenn es um seine Garderobe geht. Er mag sich einfach nicht trennen von seinen alten Klamotten, ganz gleich ob es sich um ein Jackett, einen Pullover oder auch nur um ein Paar Socken handelt. Für ihn hat das nichts mit Geld oder mit Trägheit zu tun, sondern mit der Überzeugung, dass nichts Neues so bequem und vertraut sein kann wie das Alte.

Als um die Mitte des vorigen Jahrhunderts die Taschenuhren von den Armbanduhren verdrängt wurden, machte dieser Trend auch vor den Klöstern nicht halt. Was den damaligen Generaloberen der Franziskaner-Minoriten dazu veranlasste, die neumodischen Zeitmesser zu verbieten. Ein paar Jährlein danach, als das Fernsehen in den Familien Einzug hielt, erließ er ein weltweites Fernsehverbot für alle Ordensniederlassungen. Irgendwann aber, die Erdkugel bewegt sich ja weiter, und die Zeit bleibt auch nicht einfach stehen, nahmen die Klöster auch diese Hürde, ob zum Nachteil oder zum Nutzen bleibe dahingestellt. Und dann, nachdem die Schreibmaschinen im Verschwinden waren und die Computer erschwinglich wurden, verbot ein neuer Generaloberer desselben Ordens seinen Untergebenen kategorisch die Anschaffung dieser Errungenschaft. Damit lag er ganz auf der Linie von Papst Gregor XVI. (1831–1846), dem die Pferdekutsche genügte, weil er die Eisenbahn als Erfindung des Teufels betrachtete.

Irgendwie ist es verständlich, dass der Mensch allem Ungewohnten anfänglich mit Misstrauen, zumindest mit Zurückhaltung begegnet. Oft ist es die Angst vor dem Neuen, manchmal auch eine gewisse Bequemlichkeit, die zu solchen Reaktionen führt.

Beharren auf dem Altbewährten – das kennen wir auch in der Kirche. Was ist das Wichtigste in der Kirche? Auf diese Frage würden wohl die meisten Gläubigen antworten: die Messe. Und was ist das Wichtigste an der Messe? Selbstverständlich die Wandlung! Und wenn man diese Menschen darauf hinweist, dass sich in der

Kirche endlich vielleicht doch einiges wandeln müsste, tönt es: Aber das ist doch etwas ganz anderes!

Statt Neues unbesehen zu verteufeln, scheint es angebracht, ein Wort des Apostels Paulus zu beherzigen: »Prüft alles und behaltet das Gute« (1 Thessalonicher 5,21).

Aber das Gewohnte ist bewährt und handsam, brauchbar und passend; man weiß, womit man es zu tun hat. Alles Neue hingegen birgt Unsicherheiten, ist mit oft unabschätzbaren Risiken verbunden. So wird die Angst vor dem Neuen zum Hemmschuh jeglicher Veränderung und Verbesserung.

Den Aufbruch wagen – davor schrecken viele zurück, sei es aus Trägheit und Bequemlichkeit, sei es aus einem sentimentalen Hang zum Althergebrachten oder aber (und vielleicht vor allem) aus Angst vor Neuerungen, vor dem Unbekannten und dem noch nicht Bewährten.

Bezüglich unseres Märchens hätte sich die Angst vor Neuem und Nichtbewährtem sehr wohl als gedeihlich erwiesen. Nüchtern betrachtet gibt es keinen Grund, irgendwelche Änderungen bezüglich der Aufgabenteilung vorzunehmen. Das Mäuschen, das Vögelchen und die Bratwurst fühlen sich überaus wohl. Die Arbeit ist aufgeteilt, der Haushalt wird ordentlich geführt, und zu essen haben die drei mehr als genug.

Dass das Bewährte plötzlich infrage gestellt wird, entspringt keineswegs einem irrationalen Verlangen nach »neuen Dingen«, wie der Erzähler unterstellt. Vielmehr geschieht hier, was sich im wirklichen Leben immer wieder ereignet. Ein Artgenosse setzt dem Vöglein einen Floh ins Ohr. Im Vergleich zu den beiden anderen Bewohnern dieser WG sei es ein »armer Tropf«, weil es eine viel mühsamere Arbeit verrichten müsse. In Wirklichkeit handelt es sich nicht um eine Einflüsterung von außen, sondern um Gedanken, die aus dem Inneren kommen. Zeigte sich das Vögelchen bislang zufrieden mit seiner Lage, beginnt in seinen Seelenfalten irgendwann der Neid zu keimen. So etwas mag niemand zugeben, am wenigsten vor sich selbst. Also appelliert man an die Gerechtigkeit. Die verlangt, Ungleichheiten auszubügeln. Holz aus dem Wald heranzuschaffen, ist naturgemäß mühsamer, als aus dem Brunnen einen Eimer Wasser zu schöpfen, den Tisch zu decken oder eine Suppe zu kochen. Schließt die Forderung nach Gerechtigkeit ein, die Lasten *gleichmäßig* auf alle zu verteilen?

Offenbar herrschte in unserem Märchenhaushalt bislang deshalb eine so gute Stimmung, weil alle drei *eine ihren Fähigkeiten entsprechende Aufgabe* erfüllten, was wiederum dazu beitrug, dass sie allesamt zufrieden waren.

Jetzt aber sollen die Hausarbeiten umverteilt werden; damit wird der Gerechtigkeit angeblich Genüge getan. Denn alle Menschen sind gleich. Steht so schon in der Bibel, lange bevor von Menschenrechten die Rede war: »Es gibt nicht mehr Juden und Griechen, nicht Sklaven und Freie, nicht männlich und weiblich; denn ihr alle seid einer in Christus Jesus« (Galater 3,28). Alle Unterschiede zwischen Geschlechtern, Ständen und Nationen sind aufgehoben. Der Mann steht nicht über der Frau, der Bettler gilt so viel wie der Bankdirektor, der Straßenfeger nicht weniger als das Staatsoberhaupt …

Diese (auch in den ersten beiden Artikeln der von den Vereinten Nationen 1948 verabschiedeten *Allgemeinen Erklärung der Menschenrechte* verankerte) Gleichheit vor dem Gesetz (oder vor Gott) impliziert jedoch keine Gleichmacherei, vor der das Märchen eindringlich warnt.

Dem Vöglein zufolge ist jeder Mensch beliebig auswechselbar. Weil alle gleich sind, müssen alle die gleiche Last tragen. Was eine Rotation der Rollen bedingt. Die Neuverteilung erfolgt schon am folgenden Tag durch das Los (sie »spieleten derowegen, und kam das Los auf die Bratwurst, die musste Holz tragen, die Maus ward Koch, und der Vogel sollte Wasser holen«).

Wenn immer ein Mensch auf seine Rolle reduziert wird, zählt er nicht mehr als Person. Besonders drastisch kommt das in der Art zum Ausdruck, mit der früher in Frankreich der Tod des Königs bekannt gegeben und gleichzeitig der neue Herrscher ausgerufen wurde: »*Le roi est mort, vive le roi* – der König ist tot, es lebe der König!« Auf die Monarchie folgte die Republik, und wie vormals die Könige lösen heute die Staatsoberhäupter einander ab – unentbehrlich ist keiner. Und keine.

Wie verfehlt eine solche Sichtweise ist, erfahren wir hautnah am ehesten an den Gräbern unserer Liebsten. Wenn ein uns nahestehender Mensch stirbt, hinterlässt er eine Lücke, die selbst Gott nicht schließen kann. Weil es hier nämlich um eine Person geht und nicht um die Stellung, die diese innehatte in der Gesellschaft. Daran erinnert der von den Nazis ermordete Theologe Dietrich Bonhoeffer in einem seiner Briefe:

> Es gibt nichts, was uns die Abwesenheit eines uns lieben Menschen ersetzen kann, und man soll das auch gar nicht versuchen. Man muss es einfach aushalten und durchhalten. Das klingt zunächst sehr hart, aber es ist zugleich ein großer Trost. Indem die Lücke wirklich unausgefüllt bleibt, bleibt man durch sie miteinander verbunden. Es ist verkehrt, wenn man sagt, Gott füllt die Lücke aus. Er füllt sie gar nicht aus, sondern er hält sie vielmehr gerade unausgefüllt und hilft uns dadurch, unsere echte Gemeinschaft – wenn auch unter Schmerzen – zu bewahren. Je schöner und voller die Erinnerungen, desto schwerer die Trennung. Aber die Dankbarkeit verwandelt die Qual der Erinnerung in eine stille Freude.[7]

Dass wir hinsichtlich unserer Funktionen ersetzbar sind, ist in keiner Weise deprimierend. Bedrückend ist vielmehr, wenn andere uns ausschließlich im Hinblick auf unsere Rolle wahrnehmen und beurteilen. Die Lücken, die die uns Nahestehenden nach ihrem Tod in unserem Leben hinterlassen, aber auch jene, die wir selbst vielleicht einmal offenlassen, zeigen, dass jeder Mensch einzigartig und *deshalb* unersetzbar ist. Jeder und jede von uns hat eine eigene Art sich zu freuen und zu trauern, zu lieben und zu verzweifeln, zu hoffen und zu leben.

Jeder Mensch ist etwas Besonderes. Das gibt ihm kein Recht, deswegen irgendwelche Privilegien für sich zu beanspruchen. In ihrer Funktion hingegen sind alle Menschen ersetzbar. Aber nicht

---

7 Dietrich Bonhoeffer, Widerstand und Ergebung. Briefe und Aufzeichnungen aus der Haft. Herausgegeben von Eberhard Bethge, München [14]1990, 101.

alle können jede beliebige Funktion ausüben, wie das Märchen deutlich zu verstehen gibt. Damit deckt es sich in etwa mit dem, was Paulus (allerdings bezogen auf die christliche Gemeinde) im 1. Korintherbrief anmahnt.

> Durch den einen Geist wurden wir in der Taufe alle in einen einzigen Leib [d. h. in die Kirche] aufgenommen, Juden und Griechen, Sklaven und Freie. [...] Der Leib besteht nicht nur aus einem Glied, sondern aus vielen Gliedern. Wenn der Fuß sagt: Ich bin keine Hand, ich gehöre nicht zum Leib!, so gehört er doch zum Leib. Und wenn das Ohr sagt: Ich bin kein Auge, ich gehöre nicht zum Leib!, so gehört es doch zum Leib. So gibt es viele Glieder und doch nur einen Leib. [...] Wenn ein Glied leidet, leiden alle Glieder mit; wenn ein Glied geehrt wird, freuen sich alle Glieder mit. Ihr seid der Leib Christi und jeder Einzelne ist ein Glied an ihm.
>
> So hat Gott in der Kirche die einen erstens als Apostel eingesetzt, zweitens als Propheten, drittens als Lehrer; ferner verlieh er die Kraft, Machttaten zu wirken, sodann die Gaben, Krankheiten zu heilen, zu helfen, zu leiten, endlich die verschiedenen Arten von Zungenrede. Sind etwa alle Apostel, alle Propheten, alle Lehrer? Haben alle die Kraft, Machttaten zu wirken? Besitzen alle die Gabe, Krankheiten zu heilen? Reden alle in Zungen? (1 Korinther 12,13–31 passim).

Ob Paulus bei der Niederschrift dieses Textes die Fabel des Menenius Agrippa vor Augen hatte, sei dahingestellt. Letzterer sieht im Schicksal der Plebejer schlicht eine dem Gemeinwohl dienende Notwendigkeit, von der diese angeblich sogar profitieren; ergo müssen sie sich wohl oder übel mit ihrem Schicksal abfinden. Was dazu führt, bestehende Unrechtszustände zu konsolidieren. Nicht so Paulus, der eine ganz andere Stoßrichtung verfolgt. Ausdrücklich kritisiert er diese Art von Gängelei und Ausbeuterei. Wohl ermahnt er die Gläubigen, sich ihrer Grenzen bewusst zu sein. Gleichzeitig aber fordert er sie auf, ihr Licht nur ja nicht unter den Scheffel zu stellen. Ihm geht es nicht darum, die Kleinen kleinzuhalten. Vielmehr ermuntert er alle, sich gemäß ihren je eigenen

Geistesgaben und Fähigkeiten in den Dienst der Glaubensgemeinschaft zu stellen. Ihm ist es ein Anliegen, dass sämtliche Mit*glieder* einer (in diesem Fall der kirchlichen) Gemeinschaft sich entsprechend ihren individuellen Begabungen einbringen können. Und eben darauf läuft auch die Moral unseres Märchens hinaus.

Wenn immer Menschen gezwungen werden, ungeachtet ihrer individuellen Fähigkeiten irgendwelche Funktionen wahrzunehmen, ist die persönliche und gesellschaftliche Katastrophe vorprogrammiert.

Mit der Bildsprache unseres Märchens ausgedrückt: Unter dem Vorwand, es trage »falsche Briefe« bei sich, wird das Bratwürstchen von einem Hund »angepackt und *niedergemacht*« (was im wirklichen Leben physisch *und* moralisch zu verstehen ist); das Mäuschen, das im Gegensatz zur Bratwurst keinerlei Fähigkeit hat, sich durch den Brei oder das Gemüse zu schlingen, um beides zu würzen, verbrüht im Topf; das Vöglein, das sich in der Luft am wohlsten fühlt, ersäuft im Wasser …

Wenn der Wunsch nach Gerechtigkeit auf der politischen Ebene dahin führt, unterschiedlich veranlagte Menschen durch ein unrealistisches Gleichförmigkeitsprinzip zu uniformieren, artet das unweigerlich in Chaos aus.

Eigentlich nimmt das Märchen nur vorweg, was der Kommunismus vor und nach Stalin mit seinem verheerenden, weil persönlichkeitsfeindlichen Projekt vom genormten »sozialistischen Menschen«, der überall einsetzbar ist, praktizierte (wobei die Spitzenfunktionäre faktisch gleicher waren als alle Gleichgeschalteten).[8]

Ähnliches gilt für die von Mao Zedong zwischen 1966 und 1976 ausgelöste chinesische Kulturrevolution und den damit verbundenen (gescheiterten) Versuch, die Menschen zu normieren. Die geplante Gleichschaltung ging Hand in Hand mit massiven Menschenrechtsverletzungen und politischen Morden; Schätzun-

---

8  Dazu ausführlich Eugen Drewermann, Wer bin ich? Von Not und Gier. Grimms Märchen tiefenpsychologisch gedeutet, Ostfildern 2018, 152–155.

gen gehen von mindestens 400 000 Toten in ganz China aus. Die höhere Bildung und das gesamte Kulturleben kamen fast völlig zum Erliegen. Die Propagierung des Klassenkampfes erschien weitaus wichtiger als Wissensvermittlung.

In Kambodscha versuchten die Roten Khmer in den Siebzigerjahren des vorigen Jahrhunderts unter Führung des irrwitzigen Pol Pot eine egalitäre Gesellschaft nach maoistischem Muster zu errichten. Es kam zu Zwangsumsiedelungen von der Stadt aufs Land, zu Zwangsarbeit, Kollektivierung und Massentötungen. Die Gewalt richtete sich vor allem gegen Beamte und Intellektuelle, gegen Lehrer auch und gegen ethnische Minderheiten. Dem blutigen Regime fielen rund eine Million Menschen zum Opfer, wobei Unzählige in sogenannten Umerziehungslagern gefoltert wurden, bevor man sie umbrachte. Ein auch nur halbwegs geregelter Universitätsbetrieb fand 1966 bis 1978 nicht statt.

Das alles zeigt: In dem Maß, wie der Geist ausgemerzt wird, nimmt die Brutalität überhand.

### Was Erziehungsberechtigte manchmal vergessen

Was das Märchen *Vom Mäuschen, Vögelchen und der Bratwurst* weltgeschichtlich gesehen fast prophetisch vorwegnahm, erweist sich gleichzeitig als Mahnung und Warnung bezüglich des Umgangs mit Schutzbefohlenen.

Gerade in diesem Bereich erliegen Menschen immer wieder der Versuchung, andere nach ihren Vorstellungen zu formen, ohne auf deren Interessen, Stärken und Fähigkeiten zu achten.

Manche Eltern erweisen sich diesbezüglich als unbelehrbar, Väter häufiger vielleicht als Mütter. Für sie steht überhaupt nicht zur Debatte, ob ihre Söhne oder Töchter ein Handwerk erlernen sollen. Eine künstlerische Laufbahn einzuschlagen, gilt als Torheit. Ein Doktortitel ist das Mindeste, was sie sich für ihren Nachwuchs erhoffen. Als Braut oder als Bräutigam kommt ganz sicher kein einfacher Angestellter und keine Frau aus niederen Verhältnissen infrage.

Auf diese Weise werden Kinder schon im zarten Alter unter Leistungs- und Erfolgsdruck gesetzt, dem sie sehr oft nicht gewachsen sind.

Am Ende ist die Enttäuschung gegenseitig. Beide fühlen sich als Versager; die Eltern, die es doch nur gut gemeint haben (und nie begreifen werden, dass das Gegenteil von gut nicht *schlecht* ist, sondern *gut gemeint*), und die Kinder, die Schuldgefühle haben, weil sie den Wünschen ihrer Erzeuger nicht zu entsprechen vermögen.

Darüber hinaus enthält das Märchen eine Mahnung an jene Erziehungsberechtigten, die sich rühmen, alle ihre Schutzbefohlenen gleich zu behandeln. Gleichbehandlung ist für sie gleichbedeutend mit Gerechtigkeit – eine Gleichung, die nie aufgeht. Denn im Rahmen einer egalitären Pädagogik ist Empathie naturgemäß ein Fremdwort.

Da ist eine Lehrerin, die sich damit brüstet, dass sie keinerlei Unterschied mache zwischen den ihr anvertrauten Kindern. Soziale Herkunft, Charakter, Bildungsstand – bloß keine Empfindlichkeiten! Für sie gibt es weder Bevorzugung noch Benachteiligung. Ihr Auftrag erschöpft sich ihrer Ansicht nach in der Wissensvermittlung. Punkt. Nun gibt es aber Kinder, die überaus kreativ, aber nicht überdurchschnittlich begabt sind. Andere wiederum sind von einem geradezu staunenswerten Einfallsreichtum, gleichzeitig aber derart introvertiert, dass sie sich gar nicht erst trauen, ihre Vorstellungen umzusetzen. Gemeinsam ist allen, dass sie sehr unterschiedliche Veranlagungen haben, die es zu fördern gilt. Das eine Kind ist sehr sensibel, ein anderes hat eine überbordende Fantasie.

Wie ist das nun mit der Gleichbehandlung? Kann man von allen erwarten, dass sie sich fürs Holzsammeln, fürs Tischdecken und fürs Kochen gleichermaßen begeistern? Müssen alle es in diesen Dingen zur Perfektion bringen?

Ähnliche Probleme stellen sich im familiären Umfeld. Ist eines der Kinder weniger begabt, benötigt es mehr Förderung, ein anderes braucht ein größeres Maß an Zuwendung, wieder einem anderen gegenüber ist eine strengere Haltung angemessen. Praktisch geht es darum, besondere Begabungen und bestehende Defizite zu berücksichtigen und allen nach Kräften entgegenzukommen.

Das Märchen *Von dem Mäuschen, Vögelchen und der Bratwurst* führt uns drastisch vor Augen, dass jede auf Gleichmacherei beruhende Vorstellung von Gerechtigkeit sich desaströs auswirkt – sei das nun im privaten oder im gesellschaftlichen Bereich. Weil Menschen daran gehindert werden, die ihnen eigenen Fähigkeiten umzusetzen und so sein zu dürfen, wie sie sind.

Soll noch jemand behaupten, dass Märchen nicht wahr sind!

## Wie man lernt über seinen Schatten zu springen
## Rotkäppchen

> Keiner, der in Versuchung gerät, soll sagen: Ich werde von Gott in Versuchung geführt. Denn Gott lässt sich nicht zum Bösen versuchen, er führt aber auch selbst niemanden in Versuchung. Vielmehr wird jeder von seiner eigenen Begierde in Versuchung geführt, die ihn lockt und fängt.
> *Jakobus 1,13–14*

»Rotkäppchen war meine erste Liebe. Ich wusste: Hätte ich Rotkäppchen heiraten können, so wäre mir vollkommene Glückseligkeit zuteilgeworden.« Viele werden die Begeisterung verstehen, die der englische Schriftsteller Charles Dickens hier zum Ausdruck bringt,[1] weil es ihnen ähnlich ergangen sein mag in ihren Kindertagen.

Vielleicht hängen Kinder an diesem Märchen deshalb so sehr, weil sie instinktiv fühlen, dass es darin um Dinge geht, die mit dem Gelingen oder dem Scheitern des Lebens zusammenhängen. Das zeigt schon der Anfang der Geschichte.

> Es war einmal eine kleine süße Dirne, die hatte jedermann lieb, der sie nur ansah, am allerliebsten aber ihre Großmutter, die wusste gar nicht, was sie alles dem Kind geben sollte. Einmal schenkte sie ihm ein Käppchen von rotem Sammet, und weil ihm das so wohl stand und es nichts anders mehr tragen wollte, hieß es nun das Rotkäppchen.

---

1 Zit. Bruno Bettelheim, Kinder brauchen Märchen, München [17]1994, 31.

Eines Tages sprach seine Mutter zu ihm: »Komm, Rotkäppchen, da hast du ein Stück Kuchen und eine Flasche Wein, bring das der Großmutter hinaus; sie ist krank und schwach und wird sich daran laben. Mach dich auf, bevor es heiß wird, und wenn du hinauskommst, so geh hübsch sittsam und lauf nicht vom Weg ab, sonst fällst du und zerbrichst das Glas, und die Großmutter hat nichts. Und wenn du in ihre Stube kommst, so vergiss nicht, guten Morgen zu sagen, und guck nicht erst in allen Ecken herum.« »Ich will schon alles gut machen«, sagte Rotkäppchen zur Mutter und gab ihr die Hand darauf.

Auffallenderweise wird keine der auftretenden Personen mit Namen genannt. Das deutet darauf hin, dass hier nicht ein individuelles Schicksal zur Sprache kommt. Vielmehr wird am Beispiel eines Kindes durchbuchstabiert, womit alle auf allen Altersstufen konfrontiert sind, nämlich mit der Tatsache, dass man überall von unsichtbaren Zäunen, will sagen von einem ganzen Gehege von Verboten, Vorschriften und Verhaltensregeln umgeben ist – und wie man damit umgehen soll. Zwar handelt es sich bei diesen Normen beileibe nicht nur um Erwartungen, die die Gesellschaft an einen heranträgt, oder um Forderungen, die eine Kirche an ihre Mitglieder stellt, sondern um ein moralisches Gesetz, das in uns Menschen verankert ist und das wir als Gewissen bezeichnen. Eben diese innere Stimme versinnbildlicht die Mutter im Märchen; tatsächlich ruft sie ihrem Kind gerade ein paar Dinge in Erinnerung, die allesamt ganz vernünftig sind und um die es, wenn auch vielleicht noch unartikuliert, schon weiß.

Die Großmutter aber wohnte draußen im Wald, eine halbe Stunde vom Dorf. Wie nun Rotkäppchen in den Wald kam, begegnete ihm der Wolf. Rotkäppchen aber wusste nicht, was das für ein böses Tier war, und fürchtete sich nicht vor ihm. »Guten Tag, Rotkäppchen«, sprach er. »Schönen Dank, Wolf.« »Wo hinaus so früh, Rotkäppchen?« »Zur Großmutter.« »Was trägst du unter der Schürze?« »Kuchen und Wein. Gestern haben wir gebacken, da soll sich die kranke und schwache Großmutter etwas zugutun und sich damit stärken.«

»Rotkäppchen, wo wohnt deine Großmutter?« »Noch eine gute Viertelstunde weiter im Wald, unter den drei großen Eichenbäumen, da steht ihr Haus, unten sind die Nusshecken, das wirst du ja wissen«, sagte Rotkäppchen. Der Wolf dachte bei sich: Das junge zarte Ding ist ein fetter Bissen, der wird noch besser schmecken als die Alte; du musst es listig anfangen, damit du beide erschnappst. Da ging er ein Weilchen neben Rotkäppchen her, dann sprach er: »Rotkäppchen, sieh einmal die schönen Blumen, die ringsumher stehen, warum guckst du dich nicht um? Ich glaube, du hörst gar nicht, wie die Vöglein so lieblich singen? Du gehst ja für dich hin, als wenn du zur Schule gingst, und ist so lustig haußen im Wald.«

Der Weg zur Großmutter führt in den Wald. Dort trifft Rotkäppchen auf den Wolf. Der Wald steht im Märchen häufig für das Unbewusste. Rotkäppchens Wanderung in den Wald kommt einem Abstecher ins eigene Innere gleich. Und der Wolf, der ihm dort begegnet, gehört zum Rotkäppchen wie sein *Schatten*. Das ist hier im Sinn der jungschen Psychologie zu verstehen, die mit diesem Begriff die unterdrückten, ungelebten, weil ungeliebten Seiten des Ichs, das also, was ein Mensch nicht sein möchte, bezeichnet.[2] Die Begegnung mit dem Wolf ist demnach eine Begegnung mit sich selbst, genauer, mit einem Teil seines Ich, den Rotkäppchen bisher noch kaum wahrgenommen hat.

Lässt sich eine solche Deutung mit der Logik des Märchens vereinbaren? Ausgerechnet eine dunkle und destruktive Seite soll zum Ich-Komplex »der kleinen süßen Dirne« gehören, von der es ausdrücklich heißt, dass alle sie lieb haben? Der Einwand wird gegenstandslos, sobald man sich daran erinnert, dass die erzählerische Struktur der Fabel erfordert, dass Rotkäppchen als kleines unschuldiges Mädchen auftritt. Auf der Symbolebene jedoch ist sein Alter überhaupt nicht von Bedeutung, weil es in diesem Märchen nicht um die Psychologie eines heranwachsenden Kindes, sondern um ein menschliches Problem geht, das auch Goethes

---
2 Vgl. Marie-Louise von Franz, Der Schatten und das Böse im Märchen, München 1985, 9.

Faust im Visier hat, wenn er von den »zwei Seelen« spricht, die in seiner Brust wohnen.[3] Damit will der berühmte Mann sagen, dass er in seinem Inneren nicht nur den Drang nach oben verspürt, sondern immer wieder auch dem Hang nach unten nachgibt.

Letzteres einzugestehen, fiel den Menschen seit je schwer. Um sich angesichts ihres Versagens zu entlasten, suchten sie nach einem Versucher, dem sie die eigene Verantwortung aufbürden konnten.

Diesen psychologisch einleuchtenden Trick thematisiert die Bibel schon auf den ersten Seiten mit der Geschichte vom Sündenfall. Adam beißt in die ihm von Eva gereichte verbotene Frucht; Eva scheint sich ebenfalls daran zu ergötzen. Anschließend werden beide von Gott zur Rechenschaft gezogen (Genesis 3,1–24).

Adam rechtfertigt sich: »Die Frau, die du mir zugesellt hast, gab mir von dem Baum und ich aß.« Die Frau ihrerseits schiebt die Schuld auf die Schlange: »Sie betrog mich, sodass ich aß.« Allerdings schiebt Adam den Schwarzen Peter einfach seiner Frau zu; seine Argumentation ist viel raffinierter. Gott selbst zerrt er auf die Anklagebank. Die Frau, *die Gott ihm beigesellte*, hat ihn verführt. *Letztlich* treten daher weder die Frau noch die Schlange als Fallensteller in Erscheinung, sondern Gott selbst.

Und es ist dies bei Weitem nicht die einzige Episode in der Bibel, in der Gott höchstpersönlich in die Rolle des Verführers schlüpft. Er ist es, der Satan ermächtigt, Ijobs, des Gerechten, Glaubensfestigkeit zu testen (Ijob 1,12) – ein Motiv, das Goethe in seinem *Faust* aufgreift, wo Mephistopheles mit Gott wettet, dass er selbst den gelehrten Doktor Faust herumkriegen werde:

> Was wettet ihr? Den sollt Ihr noch verlieren,
> wenn Ihr mir die Erlaubnis gebt,
> ihn meine Straße sacht zu führen.
> Und Gott darauf:
> Nun gut, er sei dir überlassen!
> Zieh diesen Geist von seinem Urquell ab,

---

3   Johann Wolfgang von Goethe, Faust I, Vers 112.

und führ' ihn, kannst du ihn erfassen,
auf deinem Wege mit herab.[4]

Auch im 2. Samuelbuch ist Gott es selbst, der sich scheinbar ein Vergnügen daraus macht, die Menschen auf Abwege zu locken. Dort wird berichtet, dass er den König David »reizt«, seine Untertanen zu zählen (2 Samuel 24,1). Prompt tappt David in die Falle und ordnet eine Volkszählung an, was eine fürchterliche Gottesstrafe zur Folge hat; siebzigtausend Menschen fallen wegen dieser Freveltat der Pest zum Opfer. Nach damaligem Verständnis nämlich kam ein solcher Zensus einem Gottesfrevel gleich, weil der König sich dadurch ein Recht anmaßte, das einzig und allein Gott als dem Herrscher über Israel zustand. Später dann bezieht sich ein anderer biblischer Verfasser auf dieselbe Begebenheit – nur dass er Jahwe-Gott jetzt durch Satan ersetzt: »*Der Satan* trat gegen Israel auf und reizte David, Israel zu zählen« (1 Chronik 21,1). Offensichtlich erschien inzwischen der Gedanke unerträglich, dass Gott Menschen zum Bösen verleitet. Diese neue Sicht greift der Verfasser des neutestamentlichen Jakobusbriefes auf: »Niemand sage, wenn er versucht wird, dass er von Gott versucht werde. Denn Gott kann nicht versucht werden zum Bösen, und er selbst versucht niemand. Sondern ein jeder, der versucht wird, wird von *seiner eigenen Begierde* gereizt und gelockt« (Jakobusbrief 1,13–14). Wir Menschen hegen eben nicht nur das Verlangen nach Hohem und Erhabenem, sondern spüren, dass auch Böses, nämlich Hass und Rachsucht, Neid und Missgunst, Eifersucht und Mordlust … in uns hocken und uns locken.[5]

---

4 Goethe, Faust I, Verse 312–314 und 323–326.
5 Noch immer vermittelt die im deutschen Sprachraum übliche Vaterunserbitte »Führe uns nicht in Versuchung« (Matthäus 6,13) den Eindruck, dass Gott Versuchungen nicht nur zulässt, sondern planmäßig herbeiführt. Das scheint vom griechischen Originaltext abgesichert. Manche Bibelkundige weisen allerdings darauf hin, dass es (wenn wir den Text ins Aramäische, also in die Sprache Jesu, zurückübersetzen) wohl heißen müsste: »Lass uns in der Versuchung nicht im Stich!«

Noch gibt sich Rotkäppchen keine Rechenschaft über die Zwiespältigkeiten des menschlichen Daseins. Trotzdem fühlt es instinktiv, dass der Wolf ihm gefährlich werden könnte. Aus welchem anderen Grund sollte es ihm sonst so genau schildern, wo seine Großmutter wohnt? Es braucht schon ein gerüttelt Maß an Kurzsichtigkeit, um nicht zu erkennen, dass Rotkäppchen den Wolf loswerden möchte.

Aber so leicht lässt sich der Verführer nicht abweisen. Und so findet sich Rotkäppchen plötzlich in einer ähnlichen Lage wie die Stammeltern im Paradies. Völlig unvorbereitet lernt es die Versuchung kennen. Wie weiland die Schlange begnügt sich der Wolf nicht mit ein paar billigen Taschenspielertricks, sondern erweist sich als wahrer Experte und großartiger Artist, der die raffinierte Kunst der Verführung und die dazugehörigen Zwischentöne perfekt beherrscht. Fünf Mal wendet er sich an das unerfahrene Mädchen und spricht es dabei vier Mal mit seinem Kosenamen an. Es ist dies die vorzüglichste Weise, eine Atmosphäre der Vertrautheit und der Verbundenheit zu schaffen. Und gleichzeitig: Schau nur, die schönen Blumen! Horch, wie die Vöglein so lieblich singen! Ei, wie ist's doch wunderherrlich im Wald!

Unter anderen Umständen und in einer anderen Situation könnte der Wolf genauso gut sagen: Das Kleid, das du dir genäht hast, gefällt mir besser als alles, was in den Schaufenstern herum-

---

Folgerichtig haben die französischen Bischöfe die bisher gängige Vaterunserbitte *Et ne nous soumets pas à la tentation* durch eine neue Formulierung ersetzt; jetzt heißt es: *Et ne nous laisse pas entrer dans la tentation* (und bewahre uns vor der Versuchung). Ähnliches gilt für die Gläubigen italienischer Sprache. Die bislang offizielle Formel *E non ci indurre in tentazione* lautet neuerdings: *E non abbandonarci nella tentazione* – Gott, verlass uns nicht, wenn wir in Versuchung geraten. In der 2016 veröffentlichten katholischen Einheitsübersetzung der Bibel hat diese sich aufdrängende Neuformulierung leider keinen Niederschlag gefunden, sodass die deutschsprachigen Gläubigen beim Vaterunser nach wie vor um die Ecke denken müssen, wenn sie es nicht einfach herunterbeten, sondern sich dabei Gedanken machen.

hängt. Außerdem steht es dir prächtig. Und ausdrücken kannst du dich, als hättest du die Universität besucht. »Ein Blick von dir, ein Wort mehr unterhält / als alle Weisheit dieser Welt«, schmeichelt Faust dem Gretchen, kaum dass dieses ein paar unbeholfene Silben gestammelt hat. Und küsst ihm die Hand.[6] Glaube mir, so schöne schmale Hände habe ich mein Lebtag nicht gesehen! Du hättest es verdient, als Prinzessin geboren zu werden. Gleichzeitig spricht dieser Don Juan den Vornamen der Schönen ein paarmal so schön aus, als fühle sich dieser an wie Honig auf seiner Zunge. Ganz nebenher lässt er einfließen, dass man früher zu zweit und in Ruhe nicht einmal ein bisschen Musik hören oder ein Kännchen Kaffee miteinander trinken konnte, ohne dass die Leute gezischelt hätten. Und schon ist es um das arglose Mägdlein geschehen; jetzt, wo es weiß, dass es eigentlich zum Schlossfräulein bestimmt gewesen wäre, kann es sich doch nicht wie ein Bauerntrampel verhalten. Nachher heißt es dann, das arme Ding habe sich verführen lassen, oder, eine Spur nachsichtiger, es sei verführt worden.

> Rotkäppchen schlug die Augen auf, und als es sah, wie die Sonnenstrahlen durch die Bäume hin und her tanzten und alles voll schöner Blumen stand, dachte es: Wenn ich der Großmutter einen frischen Strauß mitbringe, der wird ihr auch Freude machen; es ist so früh am Tag, dass ich doch zu rechter Zeit ankomme – und lief vom Weg ab in den Wald hinein und suchte Blumen. Und wenn es eine gebrochen hatte, meinte es, weiter hinaus stünde eine schönere, und lief danach, und geriet immer tiefer in den Wald hinein.
> 
> Der Wolf aber ging geradewegs nach dem Haus der Großmutter und klopfte an die Tür. »Wer ist draußen?« »Rotkäppchen, das bringt Kuchen und Wein, mach auf.« »Drück nur auf die Klinke«, rief die Großmutter, »ich bin zu schwach und kann nicht aufstehen«. Der Wolf drückte auf die Klinke, die Türe sprang auf, und er ging, ohne

---

6   Goethe, Faust I, Verse 3979–3980.

ein Wort zu sprechen, gerade zum Bett der Großmutter und verschluckte sie. Dann tat er ihre Kleider an, setzte ihre Haube auf, zog die Vorhänge vor und legte sich in ihr Bett.

Rotkäppchen aber war nach den Blumen herumgelaufen, und als es so viel zusammen hatte, dass es keine mehr tragen konnte, fiel ihm die Großmutter wieder ein, und es machte sich auf den Weg zu ihr.

**Der pädagogische Aspekt**

Wenn von akuten Gefährdungen die Rede ist, assoziieren wir damit häufig eine massive Bedrohung, die auf den ersten Blick als solche erkannt wird, etwas Handfestes und Konkretes eben, dem man aus dem Weg gehen oder doch wirksam begegnen kann. Aber es gibt auch Gefährdungen ganz anderer Art; die klingen wie eine zaubersüße Melodie, die sich vom Ohr in die Seele schleicht und das Herz besetzt und den Geist betäubt. Dass man solchen Gefahren erlegen ist, erkennt man, wenn überhaupt, am »Rotkäppchensyndrom«. Das manifestiert sich derart unauffällig, dass selbst versierte Fachleute es kaum wahrnehmen.

»Es ist so lustig haußen im Wald«, hatte der Wolf gesagt, und sich dann vom Rotkäppchen verabschiedet. Dieses blickt um sich. Und siehe da, der Wolf hat recht! Die Sonnenstrahlen tanzen durch die Bäume und die Blumen leuchten, und was tut Rotkäppchen? Rotkäppchen strahlt. Und ist ganz *geblendet* von so viel Pracht und Wonne. Vergessen sind die Bedenken, weshalb der Wolf so artige Reden führte. Vergessen ist die Mahnung der Mutter, doch ja nicht vom Weg abzugehen. Vergessen ist auch die Großmutter, die sich über den Kuchen freuen wird und, mehr noch vielleicht, über das Fläschlein Wein. Jetzt locken die bunten Blumen, der lustige Gesang der Vögel und das frische Grün des Waldes. Zwar sagt sich Rotkäppchen, dass die Großmutter einen schönen Strauß gewiss zu schätzen wisse. Dabei handelt es sich offensichtlich um einen Vorwand, um die Mahnung der Mutter in den Wind zu schlagen.

Kommt uns das nicht bekannt vor? Geschieht es nicht immer wieder, dass wir glasklar erkennen, dass das, was wir zu tun im Begriff sind, falsch ist? Dass es uns und anderen schadet? Dass die Art, wie wir uns verhalten, unsere Beziehung zu einem anderen Menschen gefährdet? Wenn solche Fragen auftauchen, finden wir jede Menge Gründe, ein verbotenes Ziel dennoch anzusteuern und die damit verbundenen Schuldgefühle zu neutralisieren.

Offenbar hängt das damit zusammen, dass das Schlimme, das Böse oder das Falsche sich uns meistens von der besten Seite zeigt. Hat sich der Wolf Rotkäppchen gegenüber nicht höchst manierlich verhalten?

Hat es sich möglicherweise gar nicht täuschen lassen wie Adam und Eva? Könnte es sein, dass es nicht einer Verlockung nachgab, sondern der Großmutter eine Überraschung bereiten wollte? Dagegen spricht, dass Rotkäppchen keinen Gedanken an die Großmutter verliert; ausdrücklich heißt es ja, dass es sich erst wieder an sie erinnert, *nachdem* es fast mehr Blumen gesammelt hat, als es in der Hand zu halten vermag. Es gibt ganz einfach seinem Verlangen nach. Das manifestiert sich auch darin, dass Rotkäppchen gar nicht genug Blumen pflücken kann.

Wichtig ist hier zugleich, was das Märchen *nicht* sagt, nämlich dass es auch die gegenteilige Art gibt, sich von seinem Schatten bedingen zu lassen, nämlich indem man ihn verleugnet, statt ihm nachzugeben.

Was damit gemeint ist, vermag ein Beispiel zu illustrieren. Es gibt Menschen, die jede Zeitschrift und jeden Roman und alle Radio- und Fernsehsendungen danach beurteilen, ob sie moralisch einwandfrei sind. Wird irgendwo ein angeblich sittenwidriger Film gezeigt (etwa *Fifty Shades of Grey* von Sam Taylor-Johnson nach der Romantrilogie von E. L. James), werden sie sich den auf jeden Fall ansehen, weil sie schließlich wissen wollen, gegen welchen Morast sie in Hörer- und Leserinnenbriefen ihrer Empörung Ausdruck verleihen müssen. Sie geben sich keine Rechenschaft darüber, dass sie dabei nur drei Dinge im Kopf haben, nämlich Sex, Sex und nochmals Sex. Sie haben ihre Sexualität nicht integriert (was übrigens auch durch Sublimierung geschehen kann) und leben sie deshalb auf eine Art aus, die für viele ihrer Zeitgenossen einen exotischen Beigeschmack hat, der schon fast ans Humorige grenzt. Selbst wo sich nichts drunter verbirgt, vermögen sie etwas aufzudecken. Ein Kuss, ganz gleich, ob auf einer Parkbank zwischen zwei Verliebten getauscht oder auf der Leinwand dargestellt, ist für sie eben kein Kuss, sondern eine Schamlosigkeit, so wie ein Dreieck für sie kein Dreieck ist, sondern ein Venusdelta. Dann tun sie alles, um den Wolf zu bekämpfen, der ihr ganzes Dasein bestimmt. Und dies, ohne zu realisieren, *was* ihr ganzes Dasein besetzt. Sie halten sich für Jäger. In Wirklichkeit sind sie Gejagte.

Rotkäppchen hingegen, das nicht genug Blumen kriegen kann, wird nicht von seinem Schatten verfolgt; es folgt ihm. Dabei wäre es doch erfreulich, wenn Kinder sich für die Natur mehr begeistern können als für die Playstation. Wenn sie darob die schwächliche Großmutter für eine Weile vergessen, ist das keineswegs tadelnswert; Rotkäppchens Entzücken angesichts der singenden Vögel und der sprießenden Blumen zeugt von Lebendigkeit und Daseinsfreude. Ist es nicht besser, sich *lebendig* zu fühlen als immer nur *brav* zu sein?

Das Märchen verweist hier auf ein Problem, über das die Geisteslehrerinnen und die Seelenführer gewöhnlich nicht allzu viele Worte verlieren. Unsere größten Fehler bestehen nicht darin, dass wir unseren Schwächen nachgeben – beispielsweise indem wir uns ein bisschen im Wald ergehen, statt mit der Oma Kaffee zu trinken und Kuchen zu essen und uns dabei anzuhören, wer in den vergangenen drei Wochen an welchen Krankheiten verstorben ist. Weit schlimmere Versuchungen als aus unseren Schwächen entstehen uns oftmals aus unseren Stärken. Mehr als unsere schlimmen Neigungen können uns gerade unsere Vorzüge zur Falle werden. Nicht weniger bedenklich als die Vernachlässigung der Tugend erweist sich ein übersteigertes Tugendstreben. Während Moralisten und Idealistinnen uns weismachen wollen, dass der Mensch nie vollkommen genug sein könne, vergessen sie zu sagen, dass die Fixierung auf die Tugend dazu führen kann, dass man in den Abgrund stürzt und dabei sogar andere mitreißt.

Da setzt sich jemand konsequent und kompromisslos für Gerechtigkeit ein. Dabei kann es geschehen, dass ausgerechnet die Liebe zu dieser Tugend dazu führt, dass man, um dem Recht zum Durchbruch zu verhelfen, über Leichen geht. Eine hervorragende Illustration dazu bildet Heinrich von Kleists Novelle *Michael Kohlhaas*:

> An den Ufern der Havel lebte um die Mitte des 16. Jahrhunderts ein Rosshändler namens Michael Kohlhaas, Sohn eines Schulmeisters, einer der rechtschaffensten und zugleich entsetzlichsten Menschen seiner Zeit. Dieser außerordentliche Mann würde bis in sein dreißigstes Jahr für das Muster eines guten Staatsbürgers haben gelten können. Er besaß in einem Dorfe, das noch von ihm den Namen führte, einen Meierhof, auf welchem er sich durch sein Gewerbe ruhig ernährte; die Kinder, die ihm sein Weib schenkte, erzog er in der Furcht Gottes, zur Arbeitsamkeit und Treue; nicht einer war unter seinen Nachbarn, der sich nicht seiner Wohltätigkeit oder seiner Gerechtigkeit erfreut hätte; kurz, die Welt würde sein Andenken haben segnen müssen, wenn er in einer Tugend nicht ausgeschweift hätte. Das Rechtsgefühl aber machte ihn zum Räuber und Mörder.[7]

Michael Kohlhaas muss zusehen, wie ein sächsischer Junker zwei seiner besten Pferde beschlagnahmt und seinen Knecht aufs Schlimmste malträtiert. Weil dieser unedle Edelmann eines gewissen Einflusses nicht entbehrt, weist der Gerichtshof in Dresden Kohlhaas' Klage ab, worauf seine Frau dem Kurfürsten von Brandenburg eine Petition unterbreiten will. Dabei wird sie von den Wachen derart misshandelt, dass sie kurz darauf stirbt. Nun beschließt Kohlhaas sein Recht auf eigene Faust durchzusetzen; mit einer Bande von angeheuerten Wegelagerern äschert er das Schloss des Junkers ein und verbreitet Schrecken und Tod im Land. Aber, und dies ist hier von allerhöchster Bedeutung, ihm geht es nicht

---

7 Heinrich von Kleist, Michael Kohlhaas. Aus einer alten Chronik. Mit einem Nachwort von Bruno Markwardt (RUB 218), Stuttgart 1959 (Nachdruck), 3.

um Rache; ihm geht es um Gerechtigkeit. Durch die Vermittlung Martin Luthers (die Szene, die die nächtliche Unterredung zwischen dem Reformator und dem Rechtsbrecher aus Überzeugung schildert, gehört zu den erregendsten dieser Meisternovelle) lädt der Kurfürst von Sachsen Kohlhaas nach Dresden, wo das Gericht den Junker zur Rückgabe der Pferde und zu einem angemessenen Schadenersatz verurteilt. Obwohl der sächsische Kurfürst Kohlhaas freies Geleit zugesichert hat, wird dieser nun wegen der von ihm und seiner Bande begangenen Untaten arretiert, nach Brandenburg überführt und dort zum Tod verurteilt. Vor der Enthauptung erhält er auf dem Richtplatz seine beiden Pferde zurück und erfährt, dass der Junker seiner verdienten Strafe zugeführt worden ist. Bereit, seinerseits für den Bruch des Landfriedens Satisfaktion zu leisten, besteigt Kohlhaas das Schafott, heiter und gelassen. Denn seinem Gerechtigkeitssinn, um dessentwillen er den Tod Unschuldiger fraglos in Kauf genommen hatte und der ihn schließlich bis zur Selbstzerstörung trieb, ist Genüge getan.

Die höchsten und heiligsten Ideale beinhalten gleichzeitig die größten Versuchungen. Vaterlandsliebe kann zum Rassismus führen, Toleranz in Indifferentismus umschlagen, Großzügigkeit in Verantwortungslosigkeit ausarten. Aber wenden wir uns jetzt wieder Rotkäppchen zu. Und das hat im Moment ganz andere Probleme.

> Es wunderte sich, dass die Tür aufstand, und wie es in die Stube trat, so kam es ihm so seltsam darin vor, dass es dachte: Ei, du mein Gott, wie ängstlich wird mirs heute zumute, und ich bin sonst so gern bei der Großmutter! Es rief »Guten Morgen!«, bekam aber keine Antwort. Darauf ging es zum Bett und zog die Vorhänge zurück; da lag die Großmutter und hatte die Haube tief ins Gesicht gesetzt und sah so verwunderlich aus. »Ei, Großmutter, was hast du für große Ohren!« »Dass ich dich besser hören kann.« »Ei, Großmutter, was hast du für große Augen!« »Dass ich dich besser sehen kann.« »Ei, Großmutter, was hast du für große Hände!« »Dass ich dich besser packen kann.« »Aber Großmutter, was hast du für ein entsetzlich großes Maul!« »Dass ich dich besser fressen kann.« Kaum hatte der

Wolf das gesagt, so tat er einen Satz aus dem Bett und verschlang das arme Rotkäppchen.

Wie der Wolf sein Gelüsten gestillt hatte, legte er sich wieder ins Bett, schlief ein und fing an überlaut zu schnarchen. Der Jäger ging eben an dem Haus vorbei und dachte: Wie die alte Frau schnarcht, du musst doch sehen, ob ihr etwas fehlt! Da trat er in die Stube, und wie er vor das Bett kam, so sah er, dass der Wolf darin lag. »Finde ich dich hier, du alter Sünder«, sagte er, »ich habe dich lange gesucht.« Nun wollte er seine Büchse anlegen, da fiel ihm ein, der Wolf könnte die Großmutter gefressen haben, und sie wäre noch zu retten: schoß nicht, sondern nahm eine Schere und fing an, dem schlafenden Wolf den Bauch aufzuschneiden. Wie er ein paar Schnitte getan hatte, sah er das rote Käppchen leuchten, und noch ein paar Schnitte, da sprang das Mädchen heraus und rief: »Ach wie war ich erschrocken, wie war's so dunkel in dem Wolf seinem Leib!« Und dann kam die alte Großmutter auch noch lebendig heraus und konnte kaum atmen. Rotkäppchen aber holte geschwind große Steine, damit füllten sie dem Wolf den Leib, und wie er aufwachte, wollte er fortspringen, aber die Steine waren so schwer, dass er gleich niedersank und sich totfiel.

Da waren alle drei vergnügt; der Jäger zog dem Wolf den Pelz ab und ging damit heim, die Großmutter aß den Kuchen und trank den Wein, den Rotkäppchen gebracht hatte, und erholte sich wieder, Rotkäppchen aber dachte: Du willst dein Lebtag nicht wieder allein vom Weg ab in den Wald laufen, wenn dir's die Mutter verboten hat.

Rotkäppchen hat dem Wolf den Weg zur Großmutter aufs Genaueste beschrieben; unmöglich, dass es nicht ahnt, dass es ihm jetzt wieder begegnen wird. Warum sonst sollte ihm so ängstlich zumute sein, kaum dass es den Fuß in die Stube setzt. Wie schon im Wald verbirgt der Wolf erneut seine wahre (Wolfs-)Natur, indem er sich als Großmutter ausgibt.

Entlarvend sind die vier Fragen, die Rotkäppchen an den Wolf richtet. Was hast du für große Ohren, Augen, Hände, und was für ein großes Maul? In den Antworten des Wolfs treten seine Wesenszüge unverhüllt zutage; sein Horizont beschränkt sich auf sein Triebleben: Hören, Sehen, Zupacken, Verschlingen. Besser könnte man das zerstörerische Element nicht darstellen. Hätte Rotkäppchen die wahre Natur des Wolfes früher erkannt, wäre es nicht von ihm gefressen worden. Das destruktive Prinzip lässt sich nicht einfach wegleugnen. Die Frage ist, wie man damit umgehen soll.

Das Beispiel des Jägers zeigt, dass man die negativen Kräfte in sich nicht *blindwütig* bekämpfen darf. Wäre der Jäger seinem natürlichen Impuls gefolgt (»Finde ich dich hier, du alter Sünder«), so hätte er den Wolf totgeschossen. Aber er lässt den Verstand walten, und der sagt ihm, dass er Unheil anrichten könnte, wenn er seinen Emotionen nachgibt. Und so verhilft er – die Symbolik ist eindeutig – Rotkäppchen und seiner Großmutter zu einer Wiedergeburt. Damit zeigt das Märchen, dass es oft der Hilfe Dritter bedarf, damit ein Mensch sein inneres Gleichgewicht wiederfindet. Aber es zeigt auch, dass kein Psychologe und keine Psychotherapeutin helfen kann, verdrängte Schattenseiten aufzuarbeiten, wenn man nicht bereit ist, sich vorzutasten in die dunklen Winkel des eigenen Herzens, so wie ja auch Rotkäppchen sich nur von dem Wolf in seinem Inneren befreien kann, indem es dessen Bauch mit Steinen füllt, an denen er zugrunde geht. »Rotkäppchen aber dachte: ›Du willst dein Lebtag nicht wieder allein vom Weg ab in den Wald laufen, wenn dir's die Mutter (will sagen dein Gewissen) verboten hat.‹«

Leider schweigt sich das Märchen darüber aus, ob Rotkäppchen von dem Kuchen auch etwas abgekriegt hat.

### »Schuld« als Chance

Manche Lehrerin und mancher Lehrer bringen es fertig, Kindern die schönsten Geschichten zu vermiesen, weil sie sie nur erzählen, um die darin enthaltene Moral loszuwerden.

Gewiss enthält auch *Rotkäppchen* eine Moral. Die sieht allerdings ein bisschen anders aus als jene Ratschläge, von denen einem zumeist nichts in Erinnerung bleibt als der erhobene Mahnfinger.

Zweifelsohne hat sich das Rotkäppchen allzu sehr mit dem Wolf eingelassen. Aber gerade so hat es die wölfischen Tücken kennengelernt. Ohne fremde Hilfe hätte es mit Rotkäppchen ein schlimmes Ende genommen. Aber weder die Großmutter noch der Jäger lassen sich zu irgendwelchen Vorwürfen hinreißen. Offenbar wissen sie, dass Fehler nicht überflüssig, sondern notwendig sind, wenn ein Mensch sich entwickeln soll. Wenn man gar nichts mehr falsch machen darf, führt das schließlich dazu, dass man schon beim geringsten Fehler meint, alles falsch gemacht zu haben. Die Schuldgefühle verdichten sich zu Schuldkomplexen. Ein Gefühl innerer Lähmung, wenn nicht gar Depressionen sind die Folge. Diese Erkenntnis hat sich in unseren Kirchen längst nicht überall herumgesprochen. Solange man meint, den Gläubigen bestimmte Normen einfach einbläuen zu müssen, die ihrerseits wegen ihres angeblich göttlichen Ursprungs nicht mehr hinterfragbar sind, leistet man ihnen in menschlicher *und* in religiöser Hinsicht einen Bärendienst. Denn wer diese Vorschriften nicht einhält oder, aus welchen Gründen auch immer, nicht einhalten kann, muss sich als verdammenswerte Kreatur vorkommen. Ähnlich wie manche Eltern meinen, ihre Kinder müssten sich wie Volljährige verhalten und sie daher wie kleine Erwachsene behandeln, war der kirchliche Maßstab für das Christsein das Vollkommenheitsideal der Heiligen (wobei manchmal selbst offensichtlich krankhafte Haltungen noch zur Nachahmung empfohlen wurden). Die an sich banale Tatsache, dass das Leben Entwicklungen einschließt, wurde zwar wahr-, aber nicht ernst genommen. So straft denn gerade die Geschichte vom Rotkäppchen ein Vollkommenheitsideal Lügen, das davon ausgeht, dass jedem Fehltritt ein persönliches Versagen zugrunde liege und damit als Sünde zu qualifizieren sei. In gewisser Weise bildet dieses Märchen eine hervorragende Illustration zur *felix culpa*, was die katholische Kirche auf den Sündenfall der Stammeltern bezieht: »O wahrhaft *heilbringende Sünde* des Adam, du wurdest uns zum Segen, o *glückliche Schuld*, welch großen Erlöser hast du gefunden!« Über die existenzielle Bedeutung dieser Rede hat die Theologenzunft noch längst nicht genügend nachgedacht – Stichwort: Schuld als Chance.

Wenn im Hinblick auf unser Märchen schon von einer »Moral« die Rede sein soll, dann ergibt sich diese ganz gewiss nicht aus Rotkäppchens Vorsatz, die Ratschläge der Mutter künftig akkurat zu beherzigen. Vielmehr findet sich diese in einem Nachtrag, der auf der Erzählebene störend wirkt, aber auf der Bedeutungsebene unbedingt dazugehört.

Es wird auch erzählt, dass einmal, als Rotkäppchen der alten Großmutter wieder Gebackenes brachte, ein anderer Wolf ihm zugesprochen und es vom Wege habe ableiten wollen. Rotkäppchen aber hütete sich und ging gerade fort seines Wegs und sagte der Großmutter, dass es dem Wolf begegnet wäre, der ihm guten Tag gewünscht, aber so bös aus den Augen geguckt hätte: »Wenn's nicht auf offener Straße gewesen wäre, er hätte mich gefressen.« »Komm«, sagte die Großmutter, »wir wollen die Türe verschließen, dass er nicht hereinkann«. Bald darauf klopfte der Wolf an und rief: »Mach auf, Großmutter, ich bin das Rotkäppchen, ich bring dir Gebackenes.« Sie schwiegen aber still und machten die Türe nicht auf. Da schlich der Graukopf etliche Mal um das Haus, sprang endlich aufs Dach und wollte warten, bis Rotkäppchen abends nach Hause ging, dann wollte er ihm nachschleichen und wollt's in der Dunkelheit fressen. Aber die Großmutter merkte, was er im Sinn hatte. Nun stand vor dem Haus ein großer Steintrog, da sprach sie zu dem Kind: »Nimm den Eimer, Rotkäppchen, gestern hab ich Würste gekocht, da trag das Wasser, worin sie gekocht sind, in den Trog.« Rotkäppchen trug so lange, bis der große, große Trog ganz voll war. Da stieg der Geruch von den Würsten dem Wolf in die Nase, er schnupperte und guckte hinab, endlich machte er den Hals so lang, dass er sich nicht mehr halten konnte und anfing zu rutschen. So rutschte er vom Dach herab, gerade in den großen Trog hinein, und ertrank, Rotkäppchen aber ging fröhlich nach Haus, und tat ihm niemand etwas zuleid.

Die »Moral« des Märchens lautet also nicht: Hör nächstes Mal auf deine Mutter, und geh nicht vom Weg ab!, sondern: Du wirst in deinem Leben immer wieder auf Wölfe treffen. Wenn es ihnen nicht gelingt, dich zu verschlingen, werden sie dich eben verfolgen. Im Übrigen hast du nicht nur *einen* Schatten; dein Unbewusstes ist ein einziges Schatten*reich*. Und dort stapeln sich eine ganze Menge verdrängter Ereignisse, Erfahrungen und Erinnerungen, und die werden dir stets zu schaffen machen. Ständig bist du von Abstürzen bedroht. Da hilft keine Flucht vor den Wölfen; stellen musst du dich ihnen, sonst werden sie dein Leben lang hinter dir her sein.

Dem ersten Wolf zeigt sich Rotkäppchen nicht gewachsen. Ohne den Jäger hätte es ihn nie zu überwinden vermocht. Den zweiten überlistet es mithilfe der Großmutter. Und die steht hier stellvertretend für die Große Mutter, für jene Kraft also, aus der wir leben. Aber auch für die Vergangenheit, für das Tradierte, für unsere Wurzeln. Nicht zufällig wohnt die Großmutter »unter den drei großen Eichenbäumen«. Eichen überdauern Jahrhunderte. Und nicht von ungefähr steht ihr Haus »draußen im Wald«, also abseits von der Zivilisation und außerhalb der menschlichen Gemeinschaft. Zu der besteht nur noch ein loser Kontakt. Aber die Verbindung zu den eigenen Wurzeln ist immer noch da. Auch oder gerade deshalb kann der Wolf dem Rotkäppchen nichts anhaben, bevor es ihm nicht gelingt, die Großmutter zu verschlingen – will sagen, uralte Menschheitserfahrungen auszublenden.

Den dritten Wolf wird Rotkäppchen vermutlich allein bezwingen. Jedenfalls hat es nicht den Anschein, als würde es sich vor ihm fürchten. »Rotkäppchen ging fröhlich nach Haus, und tat ihm niemand etwas zuleid.«

Das erinnert an die in den *Fioretti* des heiligen Franz von Assisi enthaltene Legende von der Bekehrung des Wolfs von Gubbio. Diese alte Geschichte führt insofern über das *Rotkäppchen* hinaus, als sie zeigt, *wie* das Wölfische ins Leben zu integrieren ist.[8]

Zu der Zeit, als Franziskus in Gubbio weilt, wütet dort ein Wolf, der alle in Angst und Schrecken versetzt. Gingen die Bürger anfangs nur noch bewaffnet umher, ist es jetzt schon so weit, dass sie sich kaum mehr vors Haus wagen. Aus Mitleid mit ihnen

---

8  Die Fioretti 21, in: Franz von Assisi, Die Werke, Zürich 1979, 123–126; dort die folgenden Zitate.

beschließt Franziskus, den Wolf aufzusuchen. Als dieser sich ihm nähert, schlägt der Heilige das Zeichen des Kreuzes und redet ihn an: »Komm her, Bruder Wolf, ich gebiete dir im Namen Christi, nimmer Böses zu tun, weder mir noch irgendeinem anderen!« Sanftmütig wie ein Lamm nähert sich der Wolf Franziskus und legt sich ihm zu Füßen. Der nimmt ihm das Versprechen ab, von jetzt an keinen Schaden mehr anzurichten, und sichert ihm gleichzeitig zu, sich dafür einzusetzen, dass die Bewohner ihn mit Nahrung versorgen, auf »dass du künftig nicht mehr Hunger leidest; denn ich weiß wohl, dass du nur, weil du Hunger littest, alles Böse getan hast. Doch da ich diese Gunst dir erwirke, so will ich, Bruder Wolf, dass du mir versprechest, nimmermehr weder Mensch noch Tier Schaden zu tun. Versprichst du mir das?« Durch Kopfnicken und Schwanzwedeln tut der Wolf sein Einverständnis kund. »Und Sankt Franziskus streckte ihm die Hand entgegen, um sein Gelöbnis zu empfangen, und der Wolf erhob seine Pfote und legte sie freundlich in die Hand des heiligen Franziskus und gab, so gut er es vermochte, sein Treuegelöbnis.« Nun ist es an den Bürgern zu versprechen, dem Wolf zu geben, was er benötigt. Der wiederum gelobt dem versammelten Volk, sich an die Abmachung zu halten.

> Und der Wolf kniete nieder, neigte den Kopf und bekräftigte mit freundlichen Gebärden des Leibes, des Schweifes und der Ohren, wie er es vermochte, dass er den Pakt in jeder Hinsicht wahren wolle. [...] Der Wolf lebte noch zwei Jahre in Gubbio. Er ging zutraulich von Haus zu Haus, von Tür zu Tür, ohne irgendwem ein Leid zuzufügen und ohne dass ihm ein Leid widerfuhr; und er wurde liebevoll von allen gefüttert. Und wenn er durch den Ort von Haus zu Haus ging, bellte niemals ein Hund hinter ihm her. Schließlich nach zwei Jahren starb Bruder Wolf an Altersschwäche. Darüber waren die Bürger sehr traurig.

Wer wundert sich da noch, dass das Grab dieses Wolfes in der Franziskanerkirche zu Gubbio noch heute zu sehen ist?

Dass es sinnlos ist, vor dem Wolf in uns zu fliehen, deutet auch das Märchen vom Rotkäppchen an (indem es zu verstehen gibt, dass immer wieder »neue« Wölfe uns verfolgen). Nie und nimmer also kann es darum gehen, den Wolf zu töten; vielmehr gilt es, ihn zu zähmen. Die Franziskuslegende sieht im Wolf einen Bruder, dem man entgegengehen soll und den man an sich heranlassen darf. *Wenn er erhält, was ihm zusteht, wird er niemandem mehr schaden.* Den Wolf bezähmen heißt, die verdrängten und unterdrückten, von uns als »verboten« empfundenen Wünsche zu domestizieren, zu kultivieren, zu integrieren. Dann ist es möglich, dass der Wolf neben dem Lamm wohnt – und dass diese Vision des Jesaja in Erfüllung geht (vgl. Jesaja 65,25).

Das Märchen deutet an, dass Rotkäppchen das schaffen wird. Wenn Charles Dickens noch immer die Absicht hegt, es zu heiraten, macht er vielleicht nicht unbedingt eine *gute Partie* (wie man zu sagen pflegt). Aber es bestehen begründete Aussichten, dass die Ehe glücklich wird.

## Vom Mehrwert des Gebens
## Die Sterntaler

> Gebt, dann wird auch euch gegeben werden! Ein gutes, volles, gehäuftes, überfließendes Maß wird man euch in den Schoß legen; denn nach dem Maß, mit dem ihr messt, wird auch euch zugemessen werden.
> *Lukas 6,38*

In der Regel sind wir es gewohnt, das Alte Testament aus dem Blickwinkel des Neuen zu deuten. Das wurde schon in der frühen Christenheit so gehalten. Wenn die neue Glaubensgemeinschaft die Hebräische Bibel zitierte, hat sie diese Texte aus der Sicht ihres Jesusglaubens neu zu verstehen versucht. Gelegentlich trifft auch zu, dass neutestamentliche Verfasser alttestamentliche (oder außerbiblische) Überlieferungen aufgreifen und diese auf Jesus übertragen. Unter anderem gilt das für eine Episode, in deren Mittelpunkt eine Witwe steht, die ihre letzten Münzen wegschenkt, ohne sich darum zu kümmern, wovon sie fortan leben kann.

> Als Jesus [im Tempel] einmal dem Opferkasten gegenübersaß, sah er zu, wie die Leute Geld in den Kasten warfen. Viele Reiche kamen und gaben viel. Da kam auch eine arme Witwe und warf zwei kleine Münzen hinein. Er rief seine Jünger zu sich und sagte: Amen, ich sage euch: Diese arme Witwe hat mehr in den Opferkasten hineingeworfen als alle andern. Denn sie alle haben nur etwas von ihrem Überfluss hineingeworfen; diese Frau aber, die kaum das Nötigste zum Leben hat, sie hat alles hergegeben, was sie besaß, ihren ganzen Lebensunterhalt (Markus 12,41–44).

Diese Schilderung rührt schon deshalb ans Herz, weil der Verstand nicht mehr mitkommt. Entweder ist diese Frau völlig verzweifelt (sie hat jetzt überhaupt nichts mehr zum Leben), oder aber sie hat ein geradezu grenzenloses Gottvertrauen.

Es findet sich kein Hinweis, dass Jesus mit der Witwe gesprochen hat. Woher weiß er, dass sie ihr letztes Kleingeld hergegeben hat? Auch hinsichtlich der finanziellen Verhältnisse der übrigen Opfernden scheint Jesus bestens Bescheid zu wissen. Diese Ungereimtheiten lassen darauf schließen, dass wir es hier nicht mit einer historischen Begebenheit, sondern mit einer Beispielgeschichte zu tun haben. Literarisch gesehen handelt es sich um eine *Wandererzählung*, deren lehrhafter Charakter offenkundig ist.[1] Tatsächlich finden sich im Judentum um die Zeitenwende mehrere Parallelen zu dieser neutestamentlichen Episode. Eine davon berichtet von einer Frau, die eine Handvoll Mehl als Opfergabe in den Tempel bringt. Was der Priester abschätzig kommentiert: »Seht, was diese darbringt! Was davon soll man Gott opfern, und was davon essen (d. h. bleibt da überhaupt noch etwas übrig für die Tempelhüter)?« Doch dann wird dem Priester im Traum gesagt: »Verachte die Frau nicht! Denn sie hat, weil sie ihr Letztes gab, sich selbst dargebracht!« Ähnliche Geschichten zirkulierten in außerbiblischen Kulturen. Eine buddhistische Legende weiss ebenfalls von einer armen Frau, die anlässlich eines Festes ihre ganze Barschaft, nämlich zwei Kupfermünzen, opfert. Ein Mönch, der Einblick hat in die Gedanken der Menschen, macht dies bekannt, worauf der König die Spenderin zur Frau nimmt.

Was allen diesen Erzählungen eignet, trifft auch für unsere Geschichte zu: Entscheidend ist nicht die Quantität, sondern die Qualität einer Spende. Indem die Frau dem Tempel gibt, was sie für sich benötigen würde, opfert sie gleichsam sich selbst.

Gelegentlich kommt es vor, dass Menschen andere beschenken, weil sie sich dazu gedrängt fühlen: sei es, weil die Gepflogenheit, die Konventionen oder die Umstände es angeblich erfordern,

---

1  Vgl. Walter Schmithals, Das Evangelium nach Markus. Kapitel 9,2–16 (Ökumenischer Taschenbuchkommentar zum Neuen Testament 2/2), Gütersloh 1979, 552–554. Dort auch Hinweise auf die folgenden ähnlichen Episoden.

sei es, weil sie meinen, sich für einen Gefallen revanchieren zu müssen. Ganz anders verhält es sich, wenn wir ein Geschenk erhalten, das sorgfältig ausgewählt und liebevoll verpackt wurde und uns zusammen mit ein paar persönlich gehaltenen Zeilen überreicht wird. Dann spüren wir instinktiv, dass in dieser Gabe *etwas von der oder dem Gebenden selbst* enthalten ist. Das ist auch der Grund, warum wir es nur schwer über uns bringen, ein solches Geschenk einfach zu entsorgen, wenn wir nach Jahren in eine kleinere Wohnung umziehen und uns notgedrungen von vielen Dingen trennen müssen.

**Der Weg aufs Feld**

Nicht minder rührend als die Geschichte vom Scherflein der Witwe ist eine vom Alten Testament überlieferte Legende. Die handelt von der Begegnung des Propheten Elija mit einer armen Witwe, die ebenfalls ihr Letztes hergibt – und das erst noch einem Fremden.

> Elija machte sich auf und ging nach Sarepta. Als er an das Stadttor kam, traf er dort eine Witwe, die Holz auflas. Er bat sie: Bring mir in einem Gefäß ein wenig Wasser zum Trinken! Als sie wegging, um es zu holen, rief er ihr nach: Bring mir auch einen Bissen Brot mit! Doch sie sagte: So wahr der Herr, dein Gott, lebt: Ich habe nichts mehr vorrätig als eine Handvoll Mehl im Topf und ein wenig Öl im Krug. Ich lese hier ein paar Stücke Holz auf und gehe dann heim, um für mich und meinen Sohn etwas zuzubereiten. Das wollen wir noch essen und dann sterben. Elija entgegnete ihr: Fürchte dich nicht! Geh heim und tu, was du gesagt hast! Nur mache zuerst für mich ein kleines Gebäck und bring es zu mir heraus! Danach kannst du für dich und deinen Sohn etwas zubereiten. Denn so spricht der Herr, der Gott Israels: Der Mehltopf wird nicht leer werden und der Ölkrug nicht versiegen bis zu dem Tag, an dem der Herr wieder Regen auf den Erdboden sendet. Sie ging und tat, was Elija gesagt hatte. So hatte sie mit ihm und ihrem Haus viele Tage zu essen. Der Mehltopf wurde nicht leer und

der Ölkrug versiegte nicht, wie der Herr durch Elija versprochen hatte (1 Könige 17,10–16).[2]

Eine solche Geschichte zeugt von der Sehnsucht nach einer Welt, die so nicht existiert. Unser Menschenverstand – ob gesund oder nicht, spielt hier keine Rolle – sagt uns, dass keine Witwe auf dieser Welt ihre allerletzten Essensreste mit einem unbekannten Hungerleider teilen würde, wenn sie noch einen Sohn zu versorgen hat. Wo es um Sein oder Nichtsein geht, kämpfen Menschen oft wie Tiere, um das bisschen zu verteidigen, das ihnen noch geblieben ist, oder um einen Bissen zu ergattern, der sie vor dem Hungertod bewahren soll.

Oder vielleicht doch nicht?

Gleich von zwei Witwen, die sich ähnlich verhalten, ist in der Bibel die Rede. Die eine opfert dem Tempel ihre letzten Kupfermünzen, die andere teilt ihre letzte Mahlzeit mit einem dahergelaufenen Fremden, ohne Rücksicht auf ihren einzigen Sohn … Wer sich im Märchenland ein wenig auskennt, denkt bei der Lektüre dieser Erzählungen spontan an das Mädchen mit den Sterntalern. Dieses handelt nicht weniger selbstlos als die beiden biblischen Gestalten.

> Es war einmal ein kleines Mädchen, dem war Vater und Mutter gestorben, und es war so arm, dass es kein Kämmerchen mehr hatte, darin zu wohnen, und kein Bettchen mehr hatte, darin zu schlafen, und endlich gar nichts mehr als die Kleider auf dem Leib und ein Stückchen Brot in der Hand, das ihm ein mitleidiges Herz geschenkt

---

[2] Ein ähnliches Wunder wird von Elijas Schüler und Nachfolger Elischa berichtet. Wiederum ist es eine Witwe, die in Not geraten ist und die darüber hinaus von ihrem Gläubiger bedrängt wird. Außer einem Krug Öl ist ihr nichts mehr geblieben. Auf Drängen des Propheten borgt sie sich von ihren Nachbarn eine Unmenge Gefäße, die sie nun mit dem Öl füllt, das aus ihrem Krug zu fließen beginnt (2 Könige 4,1–7).

hatte. Es war aber gut und fromm. Und weil es so von aller Welt verlassen war, ging es im Vertrauen auf den lieben Gott hinaus ins Feld.

Da begegnete ihm ein armer Mann, der sprach: »Ach, gib mir etwas zu essen, ich bin so hungrig.« Es reichte ihm das ganze Stückchen Brot und sagte: »Gott segne dir's«, und ging weiter. Da kam ein Kind, das jammerte und sprach: »Es friert mich so an meinem Kopf, schenk mir etwas, womit ich ihn bedecken kann.« Da tat es seine Mütze ab und gab sie ihm. Und als es noch eine Weile gegangen war, kam wieder ein Kind und hatte kein Leibchen an und fror. Da gab es ihm seins; und noch weiter, da bat eins um ein Röcklein, das gab es auch von sich hin. Endlich gelangte es in einen Wald, und es war schon dunkel geworden, da kam noch eins und bat um ein Hemdlein, und das fromme Mädchen dachte: »Es ist dunkle Nacht, da sieht dich niemand, du kannst wohl dein Hemd weggeben«, und zog das Hemd ab und gab es auch noch hin.

Und wie es so stand und gar nichts mehr hatte, fielen auf einmal die Sterne vom Himmel, und waren lauter blanke Taler; und ob es gleich sein Hemdlein weggegeben, so hatte es ein neues an, und das war vom allerfeinsten Linnen. Da sammelte es sich die Taler hinein und war reich für sein Lebtag.

Weder im Märchen von den Sterntalern noch in den Erzählungen von den beiden biblischen Witwen ist davon die Rede, dass die Geberinnen auf einen Lohn *hoffen*. Vielmehr scheinen sie wörtlich zu nehmen, was Jesus in der Bergpredigt sagt: »Wer dich bittet, dem gib, und wer von dir borgen will, den weise nicht ab!« (Matthäus 5,42).

Die Geschichten von den beiden Witwen und das Märchen von den Sterntalern suggerieren, dass Selbstlosigkeit und Freigebigkeit belohnt werden. Besonders deutlich kommt das zum Ausdruck in unserem Märchen.

Ähnlich wie die zwei Witwen, die ihren Mann und damit ihren Ernährer verloren haben, ist das Kind im Märchen ganz allein geblieben. Vater und Mutter sind ihm weggestorben. Wir neigen wohl dazu, das arme Waisenkind zu bemitleiden. Gar nichts mehr hat es, kein Bettchen und kein Kämmerlein, in das es sich zurückziehen könnte. Wenn wir aber davon ausgehen, dass hier nicht ein Einzelschicksal, sondern ein allgemeiner Zustand geschildert wird, geht es um ein existenzielles Thema, das jeden Menschen betrifft. Sind wir denn nicht alle irgendwie »Waisen«? Ist es nicht allen bestimmt, sich irgendwann abzulösen von den Eltern, von den Erziehenden, von jenen, die über uns (zu Recht oder zu Unrecht) verfügen – und uns gegenüber dem Über-Ich zu behaupten? Das geschieht nicht, indem wir uns nach anderen Vorbildern umschauen, die dann gewissermaßen einen Ersatz darstellen für das, was wir hinter uns gelassen haben. Bevor ein Mensch sich nach Vorbildern umsieht, sollte er sich zuerst einmal über sich selbst im Klaren sein. Sonst werden Lehrmeister zu Idolen und Mentorinnen zu Abgöttinnen, an die man sich anlehnt, wobei es doch vor allem darum ginge, endlich auf eigenen Füßen zu stehen. Die Symbolsprache des Märchens ist da eindeutig. Das Mädchen begibt sich nicht zu irgendwelchen Verwandten, Freundinnen oder Bekannten, sondern aufs freie Feld. Es zieht sich aus der gewohnten Umgebung zurück so wie einst Buddha oder Jesus, die in die Wüste gingen, bevor sie sich öffentlich zu Wort meldeten.

Auf dem Feld trifft das Mädchen auf einen hungrigen Mann, der es um einen Bissen Nahrung bittet. Ganz direkt wird es konfrontiert mit menschlicher Not. Ausdrücklich heißt es, dass es dem Bittsteller das *ganze* Stück Brot und damit alles überlässt, was es zum Überleben bräuchte. Es ist, als wolle es damit sagen: Entscheidend ist nicht, was ich habe; wichtig ist vielmehr, was ich bin.

Nur – was oder wer bin ich? Um darauf eine Antwort zu finden, gilt es, sich innerlich von allem zu lösen, was, äußerlich gesehen, einen Menschen ausmacht: Ansehen und Aussehen, Rangabzeichen und akademische Titel, Vorzugsstellungen und Statussymbole. Mütze, Leibchen und Rock schenkt das Mädchen her, am Ende gar sein Hemdchen. Im Walddunkel sieht niemand, dass es jetzt völlig nackt dasteht – ohne Bild, dass es ganz und gar es selbst sein darf. Wenn immer ein Mensch hinfindet zu sich selbst, ist er, wie das Märchen sagt, tatsächlich »reich für sein Lebtag«.

**Bis zur Selbstaufgabe?**

Dennoch bleiben ein paar Fragen, vor allem wenn man das Märchen religionskritisch angeht. Das Mädchen verschenkt alles, was es besitzt. Nackt steht es da in der Dunkelheit, ganz erfüllt von einem grenzenlosen Gottvertrauen. Ein solches dürfen wir auch bei der Witwe voraussetzen, die ihr Scherflein spendet, und bei jener anderen, die mit dem Gottesmann Elija ihre letzte Handvoll Mehl und den letzten Tropfen Öl teilt.

Warum handeln Menschen so, scheinbar wider alle Vernunft?

Mitunter mag die Frömmigkeit Anlass sein zu solch barmherzigem Tun. Auf schon fast penetrante Weise betont das Märchen, wie »gut« und wie »fromm« das Mädchen ist. Einem hungrigen Mann gibt es nicht nur sein letztes Stück Brot, sondern wünscht ihm auch noch Gottes Segen.

Kommt eine solche Haltung in jedem Fall von innen? Könnte es nicht sein, dass das, was aus angeblich religiösen Motiven geschieht, vom Über-Ich diktiert ist? Dass da nachwirkt, was man schon in Kindheitstagen im Katechismusunterricht und später in Predigten zu hören bekam, nämlich dass man alles – ja: *alles*! – tun müsse, um fremde Not zu lindern? Dass es Gottes Wille entspreche, anderen bedingungslos zu helfen? Dass das eigene Wohlergehen dem Wohl anderer hintanzustellen sei? Dass der Verzicht Früchte trage, wenn nicht in diesem Erdenleben, dann ganz gewiss später, in Form von Jenseitszinsen?

Solche Vorstellungen führen dazu, dass das Gebot der Nächstenliebe dermaßen verinnerlicht wird, dass man meint, sich bis zur Erschöpfung aufopfern zu müssen. Wobei der Maßstab des Möglichen stets nach oben hin offen ist. Das hat unweigerlich zur Folge, dass jede Verweigerung einer Hilfeleistung Schuldgefühle bewirkt. Diese wiederum machen glauben, dass Gott will, dass man ohne jede Rücksicht auf sich selbst sein Allerletztes hergibt.

Die damit verbundene Selbstüberforderung führt zur Selbstaufgabe. Darüber macht sich das Märchen keine Gedanken. Es illustriert lediglich ein von der Apostelgeschichte überliefertes

Jesuswort, demzufolge »geben seliger ist als nehmen« (Apostelgeschichte 20,35).

Als nachahmenswertes Beispiel taugt das Sterntalerkind nicht. Schlimmstenfalls trägt es dazu bei, jenen, die selbst der Hilfe bedürften, ein schlechtes Gewissen einzureden. Menschen sollen sich durchaus Gedanken machen über ihre Grenzen. Wer spürt, dass die Hilfsbereitschaft die eigenen psychischen Kräfte oder materiellen Möglichkeiten übersteigt, braucht sich keine Vorwürfe zu machen. Niemandem wird abverlangt (vor allem wenn eine ganze Menge anderer Verbindlichkeiten bestehen), sich selbst aufzugeben. Das schließt ein, dass man anderen gegenüber auch einmal Nein sagen muss.

Das Märchen von den Sterntalern ist keine Einladung zur Selbstaufgabe. Es handelt sich um eine herzberührende, in jeder Hinsicht *erbauliche* Geschichte. Wie die beiden erwähnten biblischen Episoden erinnert es daran, dass oft gerade Menschen, denen es am Nötigsten mangelt, ein offenes Herz haben für jene, denen es ebenso schlecht oder noch schlechter ergeht als ihnen. Gleichzeitig appelliert es an jene, die auf der Sonnenseite des Lebens dahinspazieren. Sie vor allem sollen ihren Blick nicht abwenden von denen, die im Schatten dahinvegetieren.

Weder vom Sterntalerkind noch von den beiden biblischen Witwen wird gesagt, dass sie aus Mitleid handeln. Im Märchen ist lediglich davon die Rede, dass »ein mitleidiges Herz« dem Waisenkind ein Stück Brot geschenkt hat. Aber gehört zum Mitleid ganz wesentlich nicht auch das Mit-Leiden? Worin unterscheidet sich das eine vom andern?

**Kleiner Exkurs: Mitleid und Mit-leiden**

Was empfinden Beschenkte, wenn sie spüren, dass eine Hilfeleistung *bloß* aus Mitleid erfolgte? Worin besteht der Unterschied zwischen Mitleid und Mitleiden?

Mit dieser Frage setzt sich Stefan Zweig in seinem Roman *Ungeduld des Herzens* auseinander, der kurz vor Beginn des Ersten Weltkriegs in einer kleinen österreichischen Garnisonsstadt spielt.

Rein zufällig begegnen sich der 45-jährige mittellose Leutnant Anton Hofmiller und Edith von Kekesfalva, die 17-jährige Tochter eines reichen Gutsbesitzers, auf einer Abendgesellschaft in dessen Haus. Nach dem Essen fordert der Offizier Edith zum Tanz auf – ein ebenso peinlicher wie folgenschwerer Fauxpas, denn Edith ist teilgelähmt, ein »Krüppel«, wie man damals sagte. Schluchzend entfernt sie sich vom Tisch. Hofmiller ist derart geschockt, dass er seinerseits den Saal verlässt. Am folgenden Tag schickt er Edith einen Blumenstrauß und entschuldigt sich für sein Missgeschick. Schon bald ist er im Haus Kekesfalva ein täglich gern gesehener Gast.

Edith, die schon mehrmals versucht hat, sich das Leben zu nehmen, blüht auf und verliebt sich in den galanten Offizier. Der aber empfindet lediglich Mitleid mit ihr – und macht die junge Frau gleichsam zu seiner Lebensaufgabe. Dabei gerät er immer tiefer in einen unlösbaren Konflikt. Einerseits ist er stolz darauf, gebraucht zu werden, andererseits scheut er sich, Edith zu gestehen, dass er nichts Tieferes für sie empfindet. Die junge Frau indessen will kein Mitleid, sondern sehnt sich nach Liebe. Als Edith ihm ihre Zuneigung gesteht, fühlt Hofmiller sich geschmeichelt und verlobt sich mit ihr – aus purem Mitleid. Seinen Kameraden gegenüber streitet er die Verbindung ab. Nachdem Edith davon erfahren hat, stürzt sie sich von der Terrasse des Hauses, auf die sie sich in depressiven Phasen so oft geflüchtet hatte, in den Tod.

Mitleid ist nicht gleich Mitleiden. Den Unterschied erläutert Stefan Zweig an einer zentralen Stelle seines Romans.

> Es gibt eben zweierlei Mitleid. Das eine, das schwachmütige und sentimentale, das eigentlich nur Ungeduld des Herzens ist, sich möglichst schnell frei zu machen von der peinlichen Ergriffenheit vor einem fremden Unglück, jenes Mitleid, das gar nicht Mit-leiden ist, sondern nur instinktive Abwehr des fremden Leidens von der eigenen

Seele. Und das andere, das einzig zählt – das unsentimentale, aber schöpferische Mitleid, das weiß, was es will, und entschlossen ist, geduldig und mitduldend alles durchzustehen bis zum Letzten seiner Kraft und noch über das Letzte hinaus. Nur wenn man zum Ende geht, bis zum äußersten bitteren Ende, nur wenn man die große Geduld hat, kann man Menschen helfen. Nur wenn man sich selber aufopfert dabei, nur dann.[3]

Das »sentimentale«, oberflächliche Mitleid degradiert die leidende Person zum Instrument; es dient lediglich der Beruhigung des schlechten Gewissens und damit dem Selbstschutz. Krass ausgedrückt: Man nimmt sich etwas, indem man vorgibt, etwas zu geben.

### Welche Welt ist die wahre?

*Warum* Menschen handeln wie die beiden biblischen Witwen oder wie das Sterntalerkind, das sein letztes Hemd verschenkt, ist schwer zu sagen. Folgen diese Menschen unbewusst dem Diktat ihres Über-Ichs? Handeln sie aus reiner Nächstenliebe? Aus Barmherzigkeit? Ist Mitleid oder Mitleiden das Motiv? Spielen gleich mehrere Beweggründe eine Rolle? Wir wissen es nicht.

Eines jedoch steht fest.

Solche und ähnliche Geschichten taugen nicht als nachahmenswerte Verhaltensmuster. Aber sie sind wie Fenster, die einen Blick erlauben in eine andere Welt, in eine Welt der Humanität und Solidarität, in der nicht der Verstand oder die Vernunft das letzte Wort haben, sondern das Herz. Der Verstand sagt: Wir können nur geben, was wir haben. Wenn wir wenig haben, können wir bestenfalls von dem Wenigen geben, und wenn wir nichts haben, gibt es nichts zu geben. Und doch, und Gott sei's gedankt,

---

3 Stefan Zweig, Ungeduld des Herzens, Zürich o. J. [1957, Liz.-Ausg.], 207.

handeln wir manchmal ganz anders. Und stellen plötzlich fest, dass unsere Ressourcen oft größer sind, als wir selbst meinten.

Ein Mensch, der mit einem Unglücklichen leidet, ist plötzlich fähig, diesem unglaublich viel Zeit zu widmen, die er »eigentlich« gar nicht hat, und ihm ein Maß an Zuwendung zu schenken, das er selbst nie für möglich gehalten hätte. Und macht dabei die Erfahrung: Was wir für uns allein beanspruchen, trennt uns von den anderen, was wir aber den anderen schenken, verbindet uns mit ihnen. Es wird uns dabei nichts entzogen, wir verlieren gar nichts, sondern *gewinnen*, und zwar unendlich viel. Indem wir nicht einfach *etwas*, sondern *etwas von uns* verschenken, schaffen wir Gemeinsamkeiten. Daraus entsteht Gemeinschaft, in der und aus der heraus wir besser leben können. Wie viel Großherzigkeit in uns Menschen wohnt, entdecken wir erst, wenn wir auf die anderen zugehen, ohne vorher eine Rechnung aufzumachen. Gewiss sollen wir verantwortungsvoll handeln. Aber wenn wir ständig nur fragen: Was wird daraus werden? Wie kann das funktionieren? Wozu nützt mir dies und welchen Vorteil bringt mir jenes? – dann leben wir ausschließlich in jener Welt, die uns in den abendlichen Nachrichtensendungen vor Augen geführt wird. Aber ist diese reale Welt auch die wahre?

# Literatur
## (in Auswahl)

*Die Bibel* wird zitiert nach der 2016 erschienenen deutschen *Einheitsübersetzung der Heiligen Schrift.*

*Die Märchentexte* sind entnommen aus *Brüder Grimm, Kinder- und Hausmärchen*, München [15]1993 (abgekürzt: *KHM*).

Arnold W./Eysenck H. J./ Meili R. (Hg.), Lexikon der Psychologie, 3 Bde., Freiburg i. Br. u. a. [13]1995.

Bauschke M., Abraham und Aschenputtel. Brückenschlag zwischen Bibel und Märchen, Stuttgart 2006.

Bidermann H., Knaurs Lexikon der Symbole, Augsburg 2000.

Bittlinger A., Es war einmal. Grimms Märchen im Lichte von Tiefenpsychologie und Bibel, München 1994.

Diederichs U., Who's who im Märchen, München [2]1996.

Drewermann E., Wort des Heils – Wort der Heilung. Von der befreienden Kraft des Glaubens. Gespräche und Interviews, Hg. von B. Marz, Bd. 1, Düsseldorf 1988.

Drewermann E., Lieb Schwesterlein, lass mich herein. Grimms Märchen tiefenpsychologisch gedeutet, München 1992.

Drewermann E., Rapunzel, Rapunzel, lass dein Haar herunter. Grimms Märchen tiefenpsychologisch gedeutet, München 1992.

Drewermann E., Tiefenpsychologie und Exegese, Bd. I: Traum, Mythos, Märchen, Sage und Legende. 1. Auflage der Sonderausgabe, Olten 1991.

Drewermann E., Wer bin ich? Von Not und Gier. Grimms Märchen tiefenpsychologisch gedeutet, Ostfildern 2018.

Elhardt S., Tiefenpsychologie. Eine Einführung, Stuttgart/Berlin/Köln [12]1995.

Fromm E., Die Kunst des Liebens, Frankfurt a. M./Berlin/Wien 1956.

Geiger R., Märchenkunde. Mensch und Schicksal im Spiegel der Grimmschen Märchen, Stuttgart [4]1998.

Jellouschek H., Der Froschkönig, München [8]1990.

Jellouschek H., Beziehung und Bezauberung. Wie Paare sich verlieren und wiederfinden, gespiegelt in Märchen und Mythen, Freiburg i. Br. 2010.

Kast V., Liebe im Märchen, Olten und Freiburg i. Br. ²1992.

Kast V., Die Nixe im Teich. Gefahr und Chance erotischer Leidenschaft, Zürich 1995.

Kretschmer H., Lexikon der Symbole und Attribute in der Kunst, Stuttgart 2008.

Schmiedbauer W., Lexikon Psychologie, Reinbek bei Hamburg 2001.

Schmitt L. E. (Hg.), Jakob Grimm und Wilhelm Grimm: Werke. Forschungsausgabe. Anmerkungen zu den Kinder- und Hausmärchen der Brüder Grimm. 6 Bde. Neu bearbeitet von J. Bolte und G. Polívka, Hildesheim/Zürich/New York 1992–1994.

von Franz M.-L., Psychologische Märcheninterpretationen. Eine Einführung, München 1989.

von Franz M.-L., Erlösungsmotive im Märchen, München 1991.

*Die beiden Interpretationen der Märchen* Das Eselein *und* Der goldene Vogel *wurden 1999 im Benziger Verlag (Zürich und Düsseldorf) erstmals publiziert. In diesem Buch werden sie in einer überarbeiteten Fassung veröffentlicht.*

*Manche in der grimmschen Sammlung auftauchende altertümelnde Ausdrucksweisen wurden bewusst beibehalten. Die teilweise etwas eigenwillige Interpunktion in den Märchentexten wurde den heute geltenden Regeln angeglichen.*

## Dank

Danken möchte ich Bigna Hauser für die erste Durchsicht des Manuskripts und die Betreuung des Covers sowie Markus Zimmer für seine akribische Lektoratsarbeit und die zahlreichen Verbesserungsvorschläge. Zu Dank verpflichtet bin ich auch Imelda Casutt, die mir nicht nur bei der Beschaffung der Sekundärliteratur, sondern auch bei der Korrektur der Druckfahnen eine große Hilfe war.